»Manchmal habe ich das Gefühl,
das Fahrrad ist wie ein Zauberstab,
der Sprachbarrieren und
Berührungsängste auf magische
Weise zu überwinden hilft.«

– Gerhard Czerner –

GERHARD CZERNER • MARTIN BISSIG

Mountainbike Träume

BERGE, WÜSTEN UND VULKANE

ABENTEUER AUF DER GANZEN WELT

TRÄUME (ER-)LEBEN 22

1 MAROKKO: VON DEN MÖGLICHKEITEN, DIE IM SCHEITERN STECKEN 28
Nach zwölf Jahren zurück am höchsten Berg Nordafrikas

2 ITALIEN: KATHEDRALEN AUS FELS 46
Sella-Ronda-Tour im imposanten UNESCO-Weltnaturerbe

3 GRIECHENLAND: DER GÖTTERTHRON DES ZEUS 62
Auf historischen Spuren zum sagenumwobenen Olymp

4 OMAN: ZWISCHEN STURZFLUT UND SANDSTURM 78
Trailsuche in der Heimat von Sindbad dem Seefahrer

5 PORTUGAL: TANZ AUF DEM VULKAN 98
Feurige Abfahrten inmitten des Atlantiks

Über den Wolken am Kilimandscharo

| 6 | **CHINA: PILGERREISE MIT RAD** | **114** |

Auf der Kora des heiligen Khawa Karpo in Osttibet

| 7 | **KENIA: RETTUNG IN LETZTER MINUTE** | **138** |

Grenzerfahrungen am zweithöchsten Berg Afrikas

| 8 | **TANSANIA: ABFAHRTSRAUSCH VOM »DACH AFRIKAS«** | **166** |

Durch Regen, Schnee und dünne Luft zum Kilimandscharo

| 9 | **CHILE: DORT, WO DIE WEGE ENDEN** | **190** |

Horizonterweiterung am dritthöchsten Vulkan der Erde

| 10 | **PAKISTAN: EIN JUGENDTRAUM WIRD WAHR** | **212** |

Zum beeindruckenden Concordiaplatz im Karakorum

Asien, Australien und Ozeanien

Länder und Hauptstädte

- **RUSSLAND** – Moskau
- **KASACHSTAN** – Astana
- **MONGOLEI** – Ulan-Bator
- **CHINA** – Peking
- **NORDKOREA**
- **SÜDKOREA**
- **JAPAN** – Tokyo
- **TÜRKEI** – Ankara
- **GEORGIEN**, **ARM**, **AZ**
- **USBEKISTAN**, **TURKMENISTAN**, **KIRGISISTAN**, **TADSCHIKISTAN**
- **SYRIEN** – Bagdad *(IRAK)*
- **ISRAEL**, **JORDANIEN**, **RL** *(Libanon)*
- **IRAN** – Teheran
- **AFGHANISTAN** – Kabul
- **PAKISTAN**
- **SAUDI-ARABIEN** – Riad
- **KUWAIT**, **BAHRAIN**, **KATAR**, **UAE**
- **OMAN** – Maskat
- **JEMEN** – Sana
- **INDIEN** – Neu-Delhi
- **NEPAL**, **BHUTAN**, **BANGLADESCH**
- **MYANMAR**, **LAOS**, **VIETNAM** – Hanoi
- **THAILAND** – Bangkok
- **KAMBODSCHA**
- **TAIWAN** – Taipeh
- **PHILIPPINEN** – Manila
- **MALAYSIA** – Kuala Lumpur
- **BRUNEI**, **SINGAPUR**
- **INDONESIEN** – Jakarta
- **OST-TIMOR**
- **PAPUA-NEUGUINEA**
- **AUSTRALIEN** – Canberra
- **NEUSEELAND**
- **PALAU**, **MIKRONESIEN**, **MARSHALL-INSELN**, **NAURU**, **SALOMONEN**, **VANUATU**, **FIDSCHI**, **Neukaledonien**

Afrika (Ausschnitt)

- **ÄTHIOPIEN** – Addis Abeba
- **ERITREA**, **DSCHIBUTI**, **SOMALIA** – Mogadischu
- **SUDAN** – Khartum
- **UGANDA**, **KENIA** – Nairobi
- **BURUNDI**
- **TANSANIA** – Dodoma
- **MALAWI**, **SAMBIA**, **SIMBABWE**, **MOSAMBIK** – Maputo
- **SWASILAND**, **LESOTHO**
- **MADAGASKAR**

Inseln und Meere

- St. Lorenz-Insel
- Kurilen
- Midway-Inseln
- Nördliche Marianen
- Guam
- Sokotra
- Lakkadiven
- Andamanen, Nikobaren
- Malediven
- **SRI LANKA** – Colombo
- **SEYCHELLEN**, **KOMOREN**
- Tschagos-Inseln, Diego Garcia
- Mauritius, Réunion
- Crozet-Inseln, Prinz-Eduard-Inseln
- Kerguelen, Heard-Inseln
- Macquarie-Inseln (austr.)

- **Pazifischer Ozean**
- **Indischer Ozean**

Breitenkreise

- Nördlicher Polarkreis
- Nördlicher Wendekreis
- Südlicher Wendekreis

Markierungen

- 4 – Oman (Maskat)
- 6 – China
- 7 – Kenia
- 8 – Tansania
- 10 – Afghanistan/Pakistan

TRÄUME (ER-)LEBEN

Ich fühle mich, als würde ich in der Ursuppe des Weltalls schwimmen. Im Moment bin ich ein schwereloser Teil des Kosmos. Ein einzigartiges Gefühl. Umgeben vom wohltemperierten Wasser einer heißen Quelle oberhalb von San Pedro de Atacama in Chile, auf etwa 3500 Metern. Auf dem Rücken liegend treibe ich vollkommen überwältigt in einem kleinen Becken dieser natürlichen Wellnessoase durch die Nacht. Den Blick in die unendlichen Weiten des Weltalls gerichtet. Der Sternenhimmel über uns gehört zu dem Beeindruckendsten, was ich bislang sah. Viel mehr Sterne als am heimischen Himmel. Sogar unterschiedliche Färbungen erkennt man. Es sind ganze Nebel aus Sternen, so eng stehen sie beieinander.

Ich kann das Erleben kaum fassen, geschweige denn in Worte bringen. Würde ich es versuchen, es müsste eine endlose Aneinanderreihung von Superlativen werden. Ich entscheide mich für das Gegenteil und sage einfach: nichts. Genieße. Lasse mich treiben. Möchte gar nicht mehr weg von diesem wunderbaren Moment. Mich durchfährt ein Schauer des Glücks. Trotz des warmen Wassers bekomme ich kurz eine Gänsehaut, die aber schnell wieder verfliegt. Ich bin so dankbar, dass ich hier sein darf.

Es sind Momente wie dieser, welche mich immer wieder aufbrechen lassen. Die mich motivieren, monatelang eine Reise vorzubereiten, um einen meiner Träume

Fast jedes Wochenende fuhr ich im Sommer eine Trialshow und hüpfte auf Autos und Europaletten herum. – Schon früh war das Fahrrad für mich mehr als nur ein Hobby. Eine Weile gab es nicht viel anderes in meiner Freizeit (linke Seite).

zu verwirklichen, um Fantasien gegen Erfahrungen zu tauschen. Immer geht es mir dabei um das Erleben. Das Erleben von der Welt und letztlich von mir. Denn in jeder Situation, die mich aus meiner Gewohnheit bringt, in der ich meine Komfortzone verlassen muss, egal ob physisch oder mental, erfahre ich auch etwas über mich. So verändert sich bei jeder Reise mein Bild von der Welt und oft auch das von mir selbst.

Nein, ich glaube nicht, dass es einer weiten Reise bedarf, um etwas über sich zu erfahren. Das geht auch zu Hause.

Wer aber nicht nur dem Glauben schenken will, was uns jeden Tag von anderen, zum Beispiel in den Medien, von der Welt erzählt wird, der muss rausgehen und sie selbst entdecken. Von fast jedem Land haben wir ein Bild, eine Vorstellung im Kopf: durch Filme, Bücher, Bilder, Erzählungen. Wie anders ist oft die Realität, wenn man vor Ort ist. Menschen trifft, die dort nicht nur im Urlaub sind, sondern arbeiten, wohnen, aufgewachsen sind. Das Weltbild verändert sich mit den eigenen Erfahrungen. Doch bis dahin war es für mich ein langer Weg.

Als kleiner Junge war ich ängstlich und sehr vorsichtig unterwegs. Treppen ohne Geländer waren für mich ein fast unüberwindbares Hindernis. Zwar las und träumte ich von Amundsen und Scott, wie sie die Pole der Erde eroberten. Hörte Detektivgeschichten auf Kassette, wobei mich das Unbekannte, Geheimnisvolle faszinierte. Ich wollte Archäologe werden, um verborgene Stätten längst vergangener Kulturen zu entdecken. In der Realität aber rief ich bei jeder etwas höheren Rutsche lauthals nach meiner Mutter.

Meine Eltern sind weder Weltreisende noch Sportler mit Passion. Unsere Urlaube verbrachten wir dort, wo man mit dem Auto hinfahren konnte: in den Mittelgebirgen Deutschlands oder in Österreich. Nichts deutete darauf hin, dass meine Schwester oder ich mal weiter weg als nach Italien kommen sollten.

Ein Gerät gab es, das meinen Entdeckerdrang schon früh beflügelte: mein Fahrrad. Praktisch jeden Tag nach der Schule fuhr ich stundenlang im Wald damit umher und erweiterte meinen Aktionsradius Stück für Stück. Kam an Orte, wo ich noch nie vorher gewesen war. Auch wenn sie nur 15 Kilometer Luftlinie von der Haustüre entfernt waren: Es fühlte sich

Manche unserer Aufbauten für die Shows machten uns zu Beginn selbst Angst. Zum Beispiel dieses fünf Meter hohe Gerüst auf einer Messe in Augsburg. – Drei Tage verbrachten wir in der 1000 Meter hohen Granitwand des El Capitan im Yosemite Valley in Kalifornien (rechte Seite).

Einleitung

wunderbar an, Neues zu entdecken, sich immer weiter weg zu wagen. Eine mir bis dahin völlig unbekannte Art von Freiheit.

Meine Selbstsicherheit wuchs und ich lernte mir zu vertrauen in dem, was ich machte. Die folgenden Mehrtagestouren mit Rucksack waren richtige Abenteuer für mich. Nebenbei entwickelte ich meine fahrtechnischen Fertigkeiten. Ich sprang mit dem Bike auf allem herum, was sich nicht wegbewegen konnte. Nichts war vor mir sicher: Treppen, Bänke, Baumstämme, Tischtennisplatten. Die Umgebung wurde zu einem einzigen riesigen Spielplatz.

Aus diesem Spiel wurde bald ein ernsthaft betriebener Sport: Trial. Kurz beschrieben geht es dabei um das Überwinden von Hindernissen mit dem Fahrrad. Ich nahm an Wettkämpfen teil, fuhr meine ersten Shows und verdiente damit ein bisschen Geld. Da es bald nicht viel anderes gab als das Radfahren, begann ich nach der Schule eine Ausbildung zum Zweiradmechaniker. Nach wenigen Wochen aber war mir klar: Ich fahre lieber Fahrrad, als daran zu schrauben. Trotzdem zog ich die Lehre durch. Es war keine erfüllende Zeit. Dann, nach meinem Zivildienst, fiel die Entscheidung: Es war Zeit, den Traum zu leben und Mountainbiker zu werden. Das mit dem »richtigen« Arbeiten konnte ich mir so gar nicht vorstellen. Doch irgendwann musste ich erkennen: Wenn man sein Hobby zum Beruf macht, hat man kein Hobby mehr. Nur Rad fahren war mir nach einigen Jahren zu einseitig. Nach dem Ende meiner Wettkampfkarriere hängte ich bald auch die Trialshows an den Nagel. Ich war genügend Paletten hoch- und runtergehüpft.

Über die Kletterhalle kam ich zum Klettern und zum Bergsport. Finanziell hielt

ich mich mit dem Führen von Mountainbiketouren und mit Gelegenheitsjobs über Wasser. Sobald genügend Geld auf dem Konto war, ging ich auf Reisen. Meist zum Bergsteigen oder zum Klettern. Das betrieb ich genauso intensiv, wie ich früher jeden Tag auf dem Rad unterwegs war.

Einleitung

Das Tian-Shan-Gebirge in Kasachstan besuchte ich bei meinem Versuch, den 7010 Meter hohen Khan Tengri zu besteigen. – Die Snowboardabfahrt vom Elbrus (5642 m), einem der »Seven Summits«, konnten wir nach drei Tagen im Schneesturm endlich realisieren. Der Blick reicht weit in den Kaukasus (rechte Seite).

Große Wände, wie die 1000 Meter hohe Granitwand des El Capitan im Yosemite-Nationalpark in den USA, standen bald auf meiner To-do-Liste. Und da mich die ganz hohen Berge schon immer faszinierten, war ich auf einigen Expeditionen dorthin unterwegs. Ein paar erreichten die 7000-Meter-Marke.

Rückblickend muss ich gestehen, dass ich auch viel Glück hatte in dieser Zeit. Nicht nur einmal stieg ich solo in alpine Routen und befand mich plötzlich in haarsträubenden Situationen. In Chile zum Beispiel arbeitete ich mich alleine einen über 6000 Meter hohen Vulkan hinauf – ohne Karten, ohne Telefon, einfach, weil der Berg halt dastand und ich Lust dazu hatte. Kein Weg, keine Orientierung, nur dem Instinkt folgend ging es nach oben. Irgendwann hatte ich kein Wasser mehr. Daheim in den Alpen gibt es immer irgendwo einen Bach. Doch dort oben versickert alles Wasser im losen Lavagestein. Völlig ausgedörrt übernachtete ich. Die Rettung kam in der Nacht, als es schneite und ich Schnee schmelzen konnte. Aufgeben aber war keine Option. Am nächsten Tag stieg ich im völligen Whiteout weiter auf, bis ich nicht mehr konnte. Den Gipfel erreichte ich nicht und hätte auf dem Rückweg beinahe mein Zelt nicht mehr gefunden. Es gab viele Gipfel, zu welchen ich aufgebrochen bin, die ich aber nicht betreten habe. Doch schon immer waren mir der Weg und die Erfahrung wichtiger als der Erfolg. Das Unterwegssein in den Bergen erfüllte mich. Gipfel hin oder her. Meist dachte ich mir: Wieder was gelernt für das nächste Mal.

Der Faszination der Berge erliege ich noch heute. Auch das Radfahren macht mir nach wie vor Spaß. Also war es nur ein logischer Schritt, beides miteinander zu verknüpfen. Noch immer geht es mir in erster Linie darum, unterwegs zu sein. Dorthin, wohin mich meine Träume und Ideen führen. Das Rad nehme ich meist mit. Zwar machten manche meiner letzten Touren rein unter dem Aspekt des Mountainbikens ehrlich gesagt wenig Sinn. Aber das weiß man ja erst, nachdem man es ausprobiert hat. Genau dieses Ausprobieren, Entdecken, das anfängliche Nichtwissen, das macht eine Tour für mich oft erst interessant. Die Erlebnisse vor Ort wiegen weit mehr als ein paar gefahrene Kilometer. Ich muss nicht der Erste, Schnellste, Älteste oder Ähnliches irgendwo sein. Ich wähle meine Ziele auch nicht unter dem Aspekt der Vermarktbarkeit aus. Es sind meine ganz persönlichen Wünsche und Vorstellungen, die mich antreiben. Ich bin froh, das Privileg zu haben, mir viele von ihnen erfüllen zu können.

Ein riesiges Glück ist es auch für mich, in Martin Bissig einen Freund gefunden zu haben, der sich nicht nur oft für meine Ideen begeistern lässt, sondern dazu noch das Know-how hat, die Momente in großartigen Bildern festzuhalten. Selbst muss er ja auch fit und motiviert genug sein, um alle Strapazen unterwegs zu überstehen. Außerdem muss er Reserven haben, um nebenbei die Kamera zu zücken. Auch wenn er meist sein Fahrrad nicht dabeihat, ist das nicht immer leicht, denn es sind gewiss keine Fotoshootings, für die wir im Auto von einer Location zur anderen fahren, um schöne Bilder zu machen. Niemals hätte ich gedacht, dass ich mal ein Buch über meine Touren veröffentlichen würde. Der Gedanke kam mir gar nicht in den Sinn. Jetzt ist es so weit. Das vorliegende Buch ist jedoch kein Guide zu den Traumzielen für Mountainbiker/innen zum Nachfahren. Es ist auch keine Bedienungsanleitung für Abenteuerreisen mit dem Rad. Es sind meine persönlichen Erlebnisse, die ich teilen möchte, untermalt mit Martins ausdrucksstarken Bildern. Wer sich von meinen Berichten motiviert fühlt, sich seiner eigenen Träume anzunehmen und diese zu verwirklichen: Herzlich Willkommen. Es lohnt sich. Auch wenn es zwischendurch mal richtig anstrengend sein kann. Und niemand sollte sich davon abhalten lassen, nur weil Außenstehende das, was man vorhat, vielleicht für ein bisschen verrückt halten. Träume sind eben sehr individuell.

Einleitung

MAROKKO:
VON DEN MÖGLICHKEITEN, DIE IM SCHEITERN STECKEN

»Geduld und Humor sind zwei Kamele, die dich durch jede Wüste bringen.«

– Arabisches Sprichwort –

Die Begeisterung für die Gebirge dieser Erde hat mich in den letzten Jahren in viele Länder geführt. Ich habe mit dem Rad den Himalaya überquert, bin auf die höchsten Gipfel verschiedener Kontinente gestiegen und fuhr von über 5000 Meter hohen Bergen mit dem Snowboard ab. Das erhabene Gefühl, auf einem Gipfel zu stehen, der Blick von oben, welcher Orientierung und Überblick, eine andere Sicht auf die Dinge erlaubt, ist einfach mit nichts zu vergleichen.

Bei meinen früheren Mountainbiketouren hatte mir dieses grandiose Feeling oft gefehlt. Beim Bergsteigen wiederum empfand ich den Abstieg meist als wenig genussvoll. Sowieso laufe ich lieber zweimal hoch als einmal hinunter. Gerade bei sehr hohen Bergen, wo man sich oft über Tage zum Gipfel arbeitet, war mir der lange Abstieg manchmal ein echter Dorn im Auge. Noch dazu auf technisch leichter Strecke. Wie oft habe ich gedacht: Wenn ich jetzt nur mein Mountainbike dabeihätte …

Zu Hause in den Alpen hatte ich diese zwei Disziplinen, den Berg- und den Radsport, schon oft vereint. Trug mein Fahrrad hier und dort hinauf, um anschließend abzufahren. Für mich die ideale Verbindung. In Marokko dann wagte ich dieses wunderbare Zusammenspiel das erste Mal außerhalb der Alpen: am höchsten Berg Nordafrikas – die Idee dazu lieferte mir viele Jahre zuvor eine gescheiterte Snowboardtour. Um es kurz zu machen: Ich war begeistert! Und meine noch immer andauernde Reise zu den Bergen der Welt mit meinem Mountainbike begann …

Ab dem Lager auf 3200 Metern bleiben unsere Bikes bis zum 4167 Meter hohen Gipfel des Djebel Toubkal auf den Schultern.

Die meist in traditioneller Lehmbauweise errichteten Dörfer passen sich perfekt in die Landschaft ein. Auf den ersten Blick sind sie fast nicht zu erkennen, wie hier im Norden des Atlasgebirges.

NACH ZWÖLF JAHREN ZURÜCK AM HÖCHSTEN BERG NORDAFRIKAS

»Ich laufe nicht gerne dort runter, wo ich auch mit dem Rad fahren könnte.«

– Gerhard Czerner –

Wir sitzen in Imlil, dem Chamonix des Hohen Atlas, wie die Marokkaner diesen Ort liebevoll nennen, und lassen entspannt den Charme unserer Umgebung bei einigen Gläsern extrasüßen Minztees auf uns wirken. Für uns hat dieser Ort wenig gemeinsam mit der Bergsteigermetropole am Fuße des Montblanc. Und doch gibt es eine nicht von der Hand zu weisende Entsprechung: Beide Orte sind Ausgangspunkt für den jeweils höchsten Berg des Landes. Was der Montblanc in den Alpen, ist der Djebel Toubkal im Hohen Atlas. Dieses Gebirge teilt Marokko in eine Nord- und eine Südhälfte. Der höchste Punkt ragt mit 4167 Metern fast genauso weit über das Meer hinaus wie der höchste Berg der Alpen.

Und was hat das mit dem Mountainbiken zu tun? Ganz einfach: Wir wollen da hinauf! Bis auf den Gipfel, um mit unseren Bikes fahrbares Gelände bergab zu finden. Doch genau für dieses Vorhaben machen uns die Einheimischen wenig Hoffnung. Unser Begleiter Mohammed – wir haben den Eindruck, alle Männer heißen hier so – meint, wir seien von allen guten Geistern verlassen. Zwar würden bis zum Basecamp immer mal wieder Biker kommen. Nur dass wir mit den Fahrrädern auf den Gipfel wollen, das verstehen letztlich weder er noch Mohammed der Hotelbesitzer und auch Mohammed unser Fahrer nicht.

Noch bin ich guter Dinge, dass das, was ich vor zwölf Jahren hier gesehen habe, mit dem Bike doch Sinn machen kann. Und ich hoffe aus tiefstem Herzen, dass diese Geschichte nicht so endet wie unsere damalige Reise. 2001 nämlich wollte ich mit meinem Freund Jakub den Djebel Toubkal und weitere 4000 Meter hohe Gipfel im Hohen Atlas mit dem Snowboard befahren. Leider blieb es beim Wollen. Mangelnder Schnee verhinderte das Unterfangen. Es gab noch keine zuverlässigen, weltweiten Schneehöhenberichte im Internet. Ein Anruf bei einer Hütte am Berg musste uns als Information genügen. Die geschäftstüchtigen Betreiber versicherten uns, natürlich habe es Schnee – woraufhin wir ganze 14 Tage unsere komplette Wintersportausrüstung durch die Hitze Marokkos trugen. Keinen Meter konnten wir damit fahren. Nicht selten ernteten wir erstaunte Blicke, wenn wir mit unseren Riesenrucksäcken und den Snowboards in öffentlichen Verkehrsmitteln unterwegs waren.

Wann immer sich eine Pause bietet, gibt es eine Kanne »Berber Whiskey«, den landestypischen Minztee.

In unserer Vorstellung hatten wir uns afrikanischen Firn hinuntergleiten sehen. In der Realität liefen wir die Berge hoch und runter. Jeder von uns mit etwa 25 Kilogramm Gepäck auf dem Rücken. Am Djebel Toubkal konnten wir an den schneefreien Stellen einen Trail erkennen und machten leicht frustrierte Scherze, dass das Mountainbike wohl im Moment das bessere Sportgerät wäre. Dass ich zwölf Jahre später tatsächlich hier mit meinem Bike im Gepäck sitze und Tee trinke, hätte ich damals sicher nicht gedacht.

Peter, mein jetziger Begleiter und guter Freund, den ich daheim schnell von diesem Abenteuer überzeugen konnte, sieht mich fragend an. »Na ja, ganz sicher bin ich auch nicht, ob das geht«, gebe ich zu, denn so richtig viel hatte ich damals vom Weg nicht gesehen. »Es ist ja schon eine Weile her«, meine ich noch. Dennoch: Sehr steil ist das Gelände in meiner verblassten Erinnerung nicht. Da es ein beliebter Berg ist und viele Bergsteiger dort unterwegs sind, sollte es auch einen Weg geben. Ob dieser fahrbar ist? Immer Ansichtssache, aber ich denke schon. Was sonst

Morgendlicher Start in der 800-Seelen-Gemeinde Imlil am Fuß des Hohen Atlas. Wie überall im Atlasgebirge, spielen auch bei den Händlern hier europäische Hygienestandards keine Rolle. Auf unserem Weiterweg haben Kinder Spaß mit unseren Fahrrädern – und wir mit ihnen.

Marokko

sollte uns dazu motivieren, das Bike vom Hotel in Imlil auf 1700 Metern bis auf 4167 Meter zu schieben und zu tragen?

Am nächsten Morgen kommt ein Marokkaner mit zwei Eseln, die unser Gepäck bis zur Neltner Hütte transportieren. Denn auf eine solche Schlepperei wie vor zwölf Jahren habe ich keine Lust mehr. Also gönnen wir uns diesen kleinen Luxus, letztlich verdienen ja die Einheimischen damit auch Geld. Wir werden dort unser Basecamp auf 3200 Metern aufschlagen. Tagesgepäck und unsere Bikes nehmen wir natürlich selbst: Ehrensache!

Anfangs folgen wir der Straße durchs Dorf bergauf. Vorbei an Gemüseständen, kleinen Gemischtwarenläden und Fleischhandlungen, die ihre mit Fliegen übersäten Waren im Freien zum Kauf anbieten. Dazwischen einige Touristenläden mit Teppichen, Ketten, Lampen und all den Dingen, die wohl keiner auf dem Weg zum Gipfel braucht. Aber vielleicht wird hier mancher auf dem Rückweg fündig, um sich ein Andenken mitzunehmen. Wir werden von einer Schar Kindern umringt, von denen jedes einzelne einige Meter auf unseren Bikes fahren will. Eine Weile gönnen wir ihnen und auch uns den Spaß. Energisch müssen wir uns losreißen, um weiterzukommen.

Die Piste endet und wird zum Trampelpfad. Gegenüber liegt das Dorf Aroumd. Wie Vogelnester wirken die an die Hänge gebauten Dörfer mit den ockerfarbenen Lehmhäusern. Davor liegen auf treppenartig angelegten Terrassen die Felder. Jeder Quadratmeter nutzbarer Boden wird sorgfältig gehegt und gepflegt. Die letzten Häuser lassen wir nach der Durchquerung eines ausgetrockneten Flussbettes hinter uns und damit auch den fahrbaren Teil der Strecke. Wir tragen und schieben unsere Bikes und ziehen damit die Aufmerksamkeit auf uns. Peter dreht sich zu mir um: »Ich glaube, hier sind echt nicht viele mit dem Rad unterwegs.« – »Schaut nicht so aus«, lache ich zurück.

Ein bunt gemischtes Volk begleitet uns auf dem steinigen Weg. Viele verschleierte Frauen und ältere Menschen reiten auf Eseln hinauf, um sich zur Moschee im Pilgerort Sidi Chamharouch zu begeben. Eseltreiber kommen uns mit bepackten Tieren entgegen und grüßen uns mit »as-salām 'aleikum«, Frieden sei mit dir. Oft kommt uns aus den wettergegerbten Gesichtern ein skeptischer Blick entgegen mit der Frage: »Summit?« – »Yes, we try«, ist unsere Antwort, woraufhin sich die Skepsis nicht selten in ein Lachen wandelt. Daumen nach oben! Es fühlt sich nicht nach einem Auslachen an, sondern eher nach Freude über unser Unterfangen. Nach kurzer Zeit der Unterhaltung mit Händen und Füßen werden wir verabschiedet mit »barak-allahu feek«, Allahs Segen sei mit euch.

Die Strecke ist nicht steil, aber sehr verblockt, und immer wieder schauen wir uns Stellen an, um später eine fahrbare Linie für unsere Abfahrt zu finden. »Das wird sicher spannend hier runter«, stöhne ich bei der Betrachtung einiger engen Serpentinen am Weg. Nach etwa sieben

Esel haben Vorfahrt: Sie können die Größe der Last auf ihrem Rücken nicht einschätzen. – Der Weg ist lang zum Gipfel des Djebel Toubkal, daher brechen wir zur letzten Etappe sehr zeitig auf (rechte Seite).

Stunden erreichen wir unseren Lagerplatz unweit der Hütte. Bei meinem ersten Besuch gab es hier nur eine Unterkunft. In der Zwischenzeit wurde eine zweite, die Mouflon-Hütte, in nächster Nähe errichtet. Das zeugt von dem großen Ansturm, der hier an manchen Tagen herrscht. Heute ist es eher ruhig.

Unser Gepäck ist schon lange vor uns mit den Eseln angekommen. Wir bauen unser Zelt auf und fangen an zu kochen. Nicht aber, ohne zuvor einen Blick auf den weiteren Aufstieg zu werfen. Der verheißt leider nichts Gutes. Schon von hier erkennen wir riesige Steine, welche den Weg versperren. An die kann ich mich gar nicht erinnern, denke ich. Wieder einmal streift mich Peters fragender Blick.

Am Morgen des nächsten Tages erleuchten unsere Stirnlampen den immer steiler werdenden Weg. Wir zirkeln um einige Felsblöcke, die weit über unsere Köpfe ragen. Die Sonne geht auf und lässt die Berge in einem sanften Rot erleuchten. Bald neigt sich das Gelände ein wenig. Die Hoffnung auf eine sich lohnende Abfahrt keimt auf. Ein Trail, etwa 50 Zentimeter breit, mit feinem Geröll bedeckt, schlängelt sich nach oben. Wir kommen gut voran mit den Bikes auf den Schultern und genießen die sich einstellende Monotonie beim Laufen. Jeder sucht seinen eigenen Rhythmus. Wir versuchen, die Bewegung und das Atmen zu synchronisieren: zwei Schritte, ein Atemzug. Das kenne ich von anderen hohen Bergen, auf welchen ich bisher ohne Bike unterwegs war. Die Konzentration auf die Atmung hat etwas Meditatives. Die Gedanken werden ruhig. Ich fühle mich ganz im Hier und Jetzt. Keine Ablenkung. Es gibt nichts zu tun, außer einen Fuß vor den anderen zu setzen. Stunde um Stunde.

Am Grat reicht der Blick weit in den Süden. Dort liegt ein riesiger Sandkasten: die Sahara, mit neun Millionen Quadratkilometern die weltweit größte Trockenwüste.

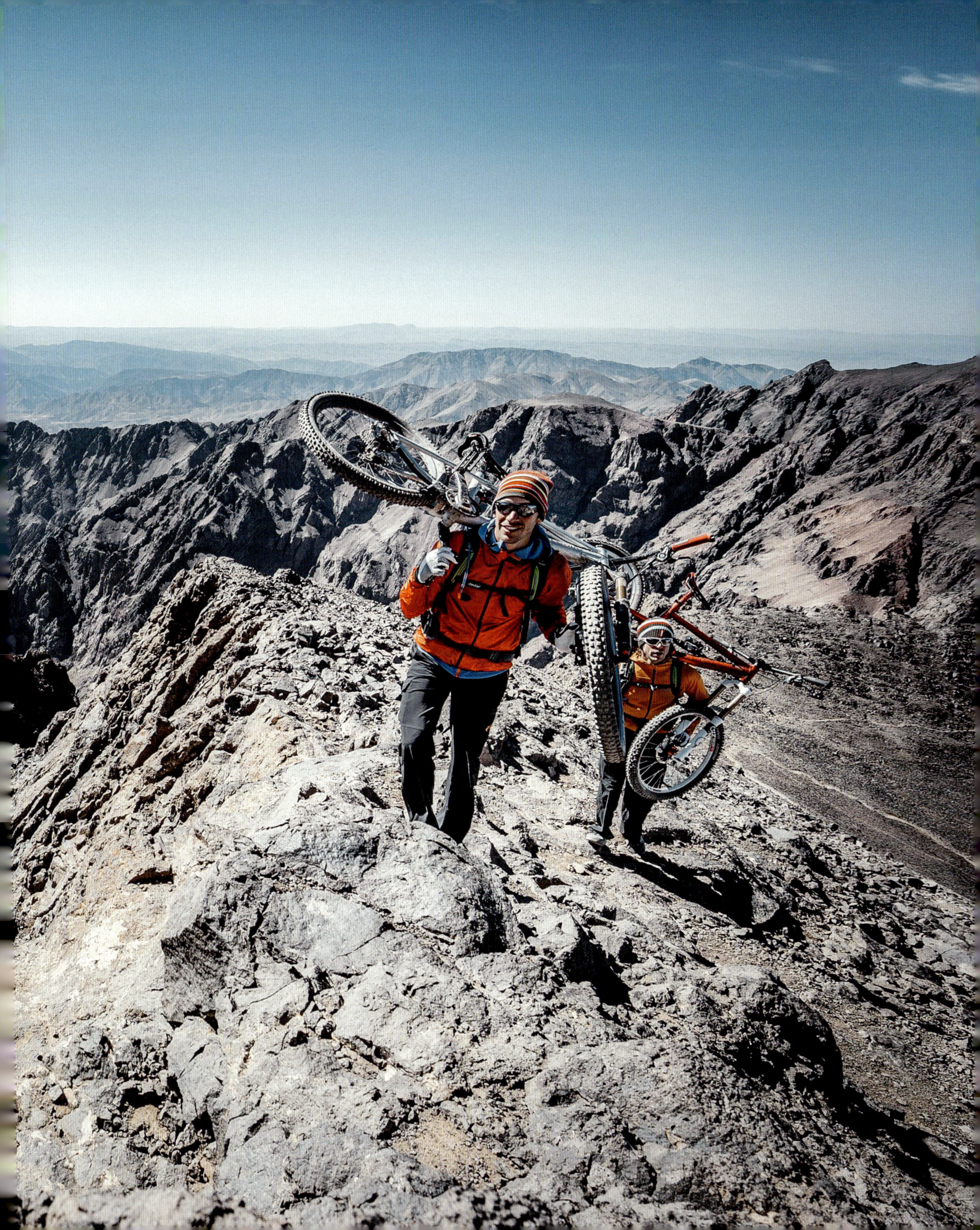

Etwa zwölf Kilo wiegt das Bike, sieben der Rucksack. Wir gewöhnen uns schnell an die Last und können die Aussicht auf über 4000 Metern trotzdem genießen. – Die aufsteigende Sonne spendet Wärme. Und schließlich: Erleichterung und Freude – nach zwölf Jahren wieder am Gipfel des Djebel Toubkal (rechte Seite).

So steigen wir bei bestem Wetter langsam, aber stetig nach oben. Einige Gipfelbezwinger kommen uns entgegen und schütteln lachend ihre Köpfe bei unserem Anblick: »Was habt denn ihr vor?« Völlig selbstverständlich entgegnet Peter ihnen spontan: »Rad fahren, was sonst?« Es kommt eine freundliche Unterhaltung in Gang. Freudig wünschen sie uns gutes Gelingen und wir posieren noch für ein gemeinsames Foto. Viele der Bergsteiger sind völlig am Ende ihrer Kräfte und können sich wohl nicht vorstellen, jetzt auch noch Rad fahren zu müssen. »Hoffentlich sind wir nicht auch so platt«, rufe ich Peter zu, als wir wieder alleine im Hang stehen. Auf knapp 4000 Metern machen wir eine längere Pause auf einem Grat. Es eröffnet sich uns das erste Mal ein Blick in den Süden des Landes. Man erkennt einige Oasen. Danach, weiter Richtung Süden, kommt nur noch Sand: die Sahara. Neben den Wüstengebieten und den Gebirgszügen gibt es eine weitere vorherrschende Landschaftsform in Marokko: die Küstengebiete. Das Land hat rund 470 Kilometer Mittelmeer- und 1300 Kilometer Atlantikküste und bietet damit eine enorme Abwechslung auf engstem Raum. Das hat mich schon bei meiner ersten Reise, noch vor meiner Snowboardtour, hierher begeistert. Fast zwei Monate sind wir damals zu zweit mit einem Jeep kreuz und quer durch das Land gereist.

Auf den letzten Metern merken wir dann doch ziemlich die Höhe und atmen schwer. Immerhin sind wir nun auf über 4100 Metern. Da gibt es bei uns in den Alpen nur noch ewigen Schnee. Hier ist es schneefrei. Fast wie damals, schießt mir durch den Kopf. Die rostige Stahlpyramide, die hier das Gipfelkreuz ersetzt, ist mir schon bekannt. Ich freue mich aber nicht weniger als vor Jahren, sie zu sehen. Wir gratulieren uns und genießen völlig allein am Gipfel die Sonne und den endlosen Blick in alle Richtungen. »Der Aufstieg war lässig. Ob das mit dem Bergabfahren was wird, sehen wir noch«, lacht Peter in meine Richtung. »Ja, da bin ich auch gespannt«, grinse ich zurück, denn eine Portion Humor kann bei solchen Unternehmungen nie schaden. Damit fällt alles leichter, auch wenn mal etwas nicht so läuft wie erhofft.

Marokko

Die Vorfreude auf die Abfahrt wächst mit jeder Minute. Irgendwann können wir es nicht mehr erwarten. Was für ein grandioses Gefühl, auf 4167 Meter Höhe in kurzer Hose auf die Bikes zu steigen. Ein wenig müssen wir uns an das Fahren im tiefen Schotter gewöhnen. Aber dann rollt es perfekt. Nur der Atem ist kurz, sehr kurz. Und so pausieren wir öfter, um wieder Luft zu bekommen und die Konzentration nicht zu verlieren. Die Höhe macht uns zu schaffen, und Passagen, die vor der Haustüre eigentlich locker bewältigt werden würden, erfordern hier oben volle Konzentration. Eine neue Erfahrung für uns.

Eine steile Sequenz mit extrem lockerem Schotter trauen wir uns nicht zu fahren. Wir steigen vorsichtshalber ab und schieben die Bikes ein paar Meter. Auch in den Blockfeldern im unteren Teil vor der Hütte werden wir hin und wieder aus dem Sattel gezwungen. Wir wollen nicht zu viel riskieren, denn wir befinden uns ja nicht in den Alpen, wo im Ernstfall Rettungskräfte mit dem Hubschrauber geflogen kommen. Nicht einmal ein Esel könnte uns hier abtransportieren.

Das grandiose Panorama können wir nur in den Pausen genießen. Der Weg verlangt volle Konzentration.

Marokko

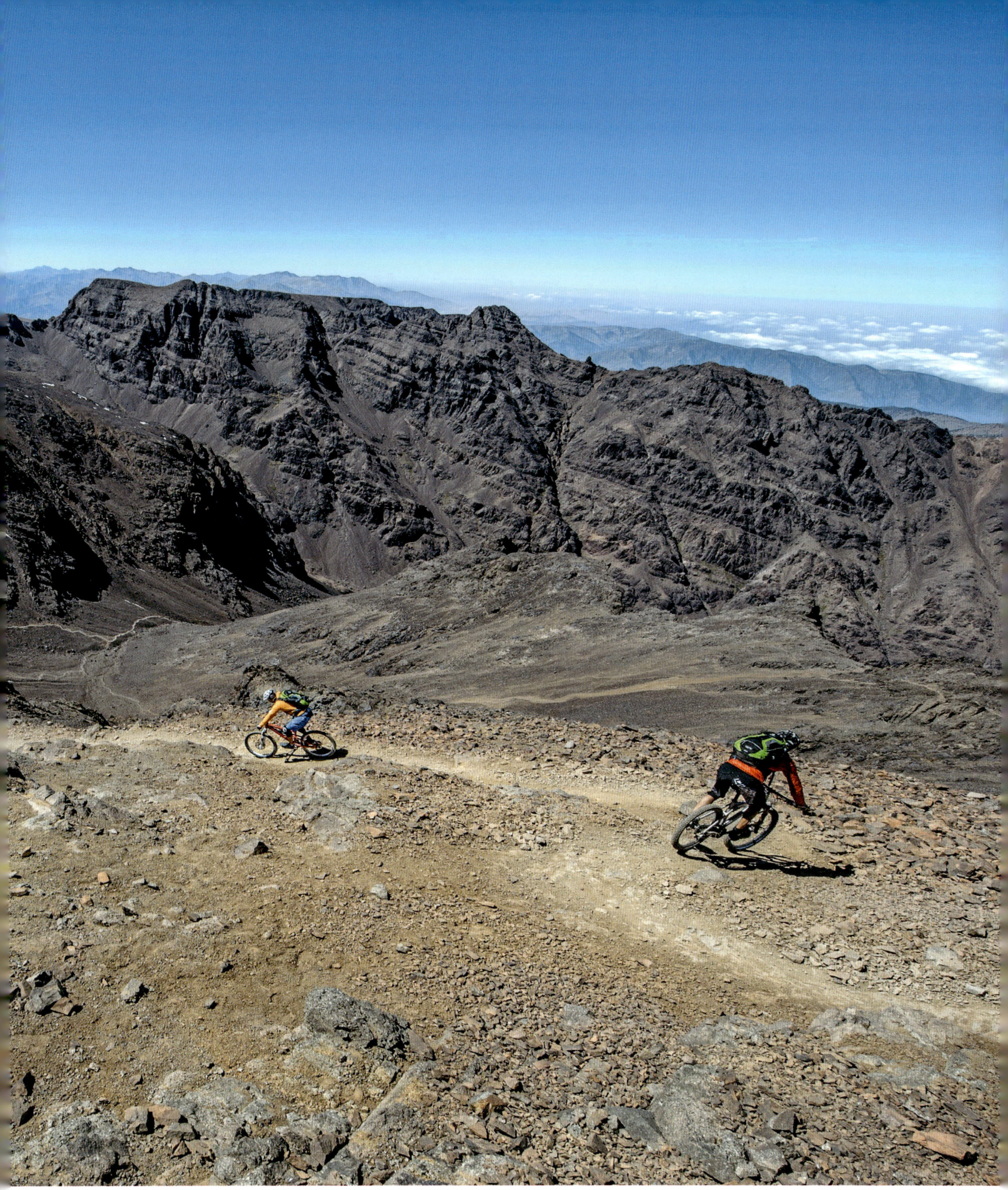

Marokko

Ausgelaugt, aber überglücklich erreichen wir die Hütte. Erfreulich viel vom Weg war fahrbar! Geschätzt konnten wir bis auf 200 Höhenmeter alles per Bike bewältigen. High five! Die Freude ist riesig. Wir gönnen uns eine Kanne »Berber Whiskey«, wie in Marokko der süße Minztee genannt wird. »Dafür trage ich mein Rad gerne mal ein paar Stunden auf einen Berg. Dann muss man wenigstens nicht bergab laufen!«, freue ich mich und wir stoßen nochmals an. Abends sind wir zu müde zum Kochen und kehren in der Neltner Hütte ein. Wir bestellen ein Tajine-Gericht. Der Topf aus Lehm ist das traditionelle Kochgerät der Nomaden Nordafrikas. Es besteht aus zwei Teilen: einem flachen, runden Boden und einem konisch geformten Hut. Die Hitze verteilt sich perfekt und das Gargut, Fleisch und Gemüse, wird dank der zugeführten Gewürze wunderbar aromatisch.

Am nächsten Morgen packen wir zusammen und machen uns auf, um den Rest der Abfahrt unter die Räder zu nehmen. Etwas skeptisch fahren wir los. Der Pfad hat doch sehr holprig ausgesehen beim Anstieg. Bald sind wir aber völlig begeistert. Es findet sich immer eine fahrbare Linie und es kommt richtig Fahrfluss auf. Manch einer würde gar von Flow sprechen. Bis nach Imlil steigen wir nur vom Bike, um Esel und Touristen passieren zu lassen oder uns ein Getränk am Wegesrand zu gönnen. Es ist ein nicht enden wollender Trailspaß, der nach unten hin immer flüssiger zu fahren ist. Damit hätten wir beim Aufstieg nicht gerechnet. Wir fahren wieder durch die kleinen Gassen zurück ins Dorf – ohne einen Teppich oder eine Lampe zu ersteigern. Die Erlebnisse im Kopf sind uns mehr wert als Gegenstände, welche wir zur Erinnerung kaufen könnten.

Auch im unteren Abschnitt bleibt der Trail anspruchsvoll. – Kurze Pause am Wegesrand bei der Abfahrt. Nachts in Marrakesch am Djemaa el Fna, dem »Platz der Gehängten« oder der »Gaukler« – je nach historischer oder touristischer Lesart.

Ein Taxi bringt uns noch am gleichen Abend zurück nach Marrakesch, wo wir in das pulsierende Leben am Djemaa el Fna, dem »Platz der Gehängten« eintauchen. Früher wurden hier öffentliche Hinrichtungen durchgeführt. Doch die Zeit ist glücklicherweise vorbei. Heute haben sich Schlangenbeschwörer, Musiker, Hennamalerinnen, Verkaufsbuden und diverse Essensstände breitgemacht. Wir setzen uns mitten ins bunte Treiben und lassen die einmalige Atmosphäre auf uns wirken. Der perfekte Abschluss für unser Bikeabenteuer in Marokko! Ein Abenteuer, das zugleich der Beginn meiner langjährigen Zusammenarbeit und Freundschaft mit Martin Bissig ist, der hier auch als Fotograf und Filmer mit dabei ist. Bei einem Glas »Berber Whiskey« kommt mir meine Reise zwölf Jahre zuvor nochmals in den Sinn. Wie skurril das eigentlich alles ist. Rückblickend war jene Tour der Startpunkt für all meine weiteren Reisegeschichten mit dem Bike. Das vermeintliche Scheitern erwies sich Jahre später als Glücksfall. Wenn es meterweise Schnee gehabt hätte, wären wir, mein Freund Jakub und ich, damals Snowboard gefahren und hätten großen Spaß gehabt. Aber mein Lebensweg wäre sicher nicht der gleiche gewesen. Auf die Idee, mit dem Bike hierherzukommen, wäre ich wahrscheinlich nie verfallen.

Wenn heute Dinge mal nicht so laufen, wie ich sie mir vorstelle, denke ich oft genau daran zurück. Dann hilft nur abwarten und schauen, was das Leben mir damit für eine Chance geben möchte. Es wird einen Grund haben, warum es jetzt und hier genau so sein muss, wie es ist. Auch wenn ich ihn in diesem Moment vielleicht noch nicht begreifen kann. Aber ich habe gelernt darauf zu vertrauen, dass es das Leben gut mit mir meint. Die Erfahrung hat gezeigt, dass es sich lohnt. Nur manchmal muss ich ganz schön lange warten, um zu erkennen, welcher Sinn dahintergesteckt hat. Das kann auch mal zwölf Jahre dauern.

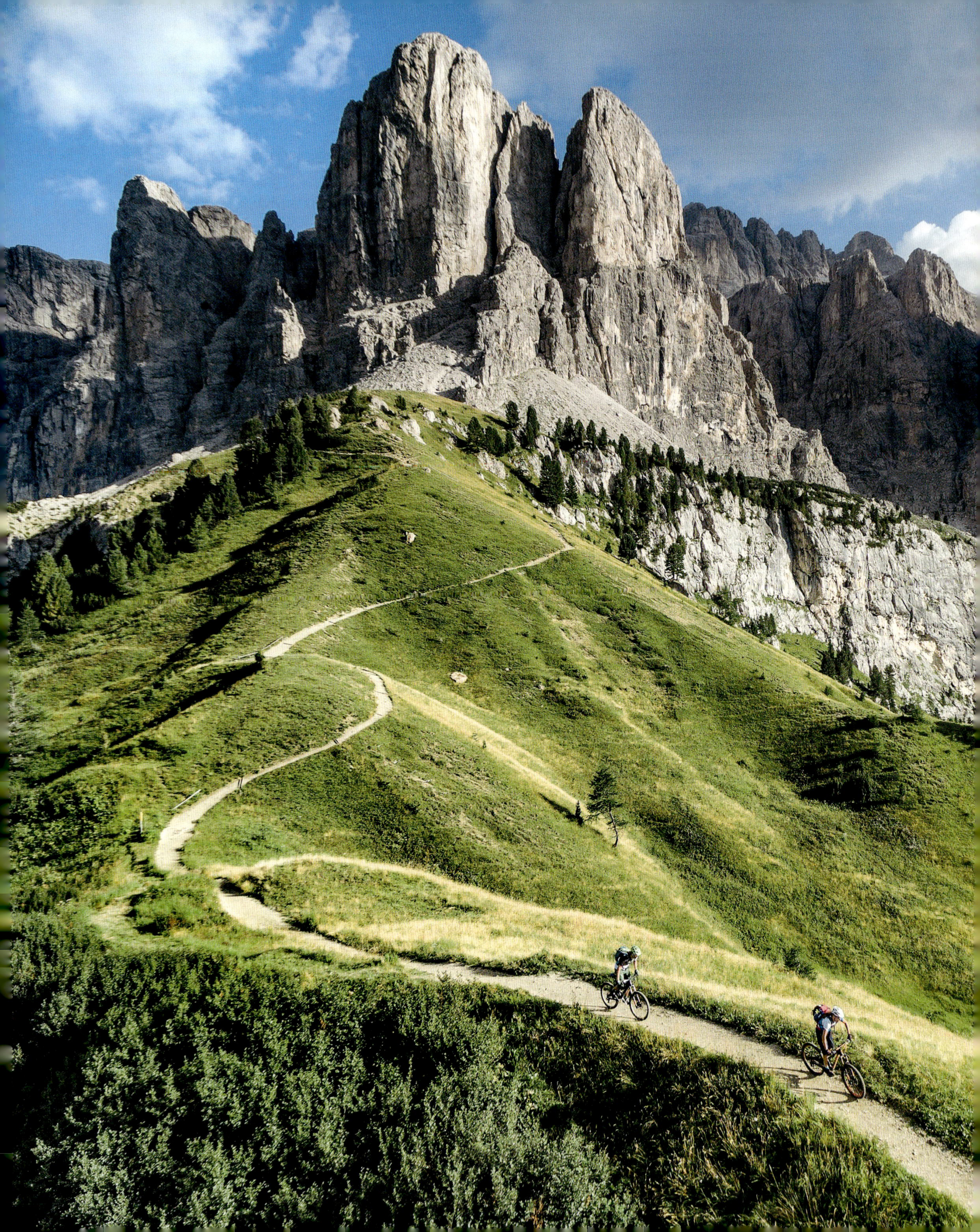

ITALIEN: KATHEDRALEN AUS FELS

»Die Alpen sind eines der großartigsten Bikereviere der Welt.«

– Gerhard Czerner –

Wie spitze Zähne ragen ihre Gipfel in den Himmel. Sie erinnern an Kirchtürme überdimensionaler Kathedralen aus Fels. Wer die Dolomiten besucht, fährt über uralte Korallenriffe und kraxelt quer durch die Erdgeschichte. Denn wie die gesamten Alpen, so haben auch die Dolomiten vor Jahrmillionen begonnen, sich vom Meeresgrund emporzuheben und aufzufalten.

Die Alpen sind im Vergleich zu anderen Gebirgen relativ jung. Vor etwa 100 Millionen Jahren begab sich die Afrikanische Platte auf die Reise: Sie driftete nach Norden und drückte dabei heftig gegen den eurasischen Kontinent. Dadurch wurde das Gestein gestaucht. Es faltete sich wellenförmig auf und hob sich unter dem großen Druck schließlich über den Meeresspiegel hinaus. Die so entstandene Inselgruppe wurde immer weiter nach oben gepresst und schob sich zu einem Hochgebirge auf. Während der Kaltzeiten schürften dann gewaltige Gletscher tiefe Täler in das Gestein. Erst jetzt bildete sich die Hochgebirgslandschaft der Alpen, wie wir sie kennen.

Bis heute driftet die Afrikanische Platte nach Norden. Jedes Jahr kommen sich München und Venedig einen halben Zentimeter näher. Das ist zwar nicht viel, aber es ist messbar. Schon früh wurde dieses Gebirge als Kulturlandschaft gestaltet von vielerlei Nutzern. So finden wir heute eine Wegevielfalt in den Alpen, wie sie wohl einmalig ist auf der Welt. Und das ist nur ein Grund, sich dort auf Entdeckungsreise zu begeben.

Die gewaltigen Türme der 3152 Meter hohen Sellagruppe sind beliebte Kletterziele.

Mit einer genussvollen Abfahrt im letzten Tageslicht, hier am Grödner Joch, sollten alle Tage enden.

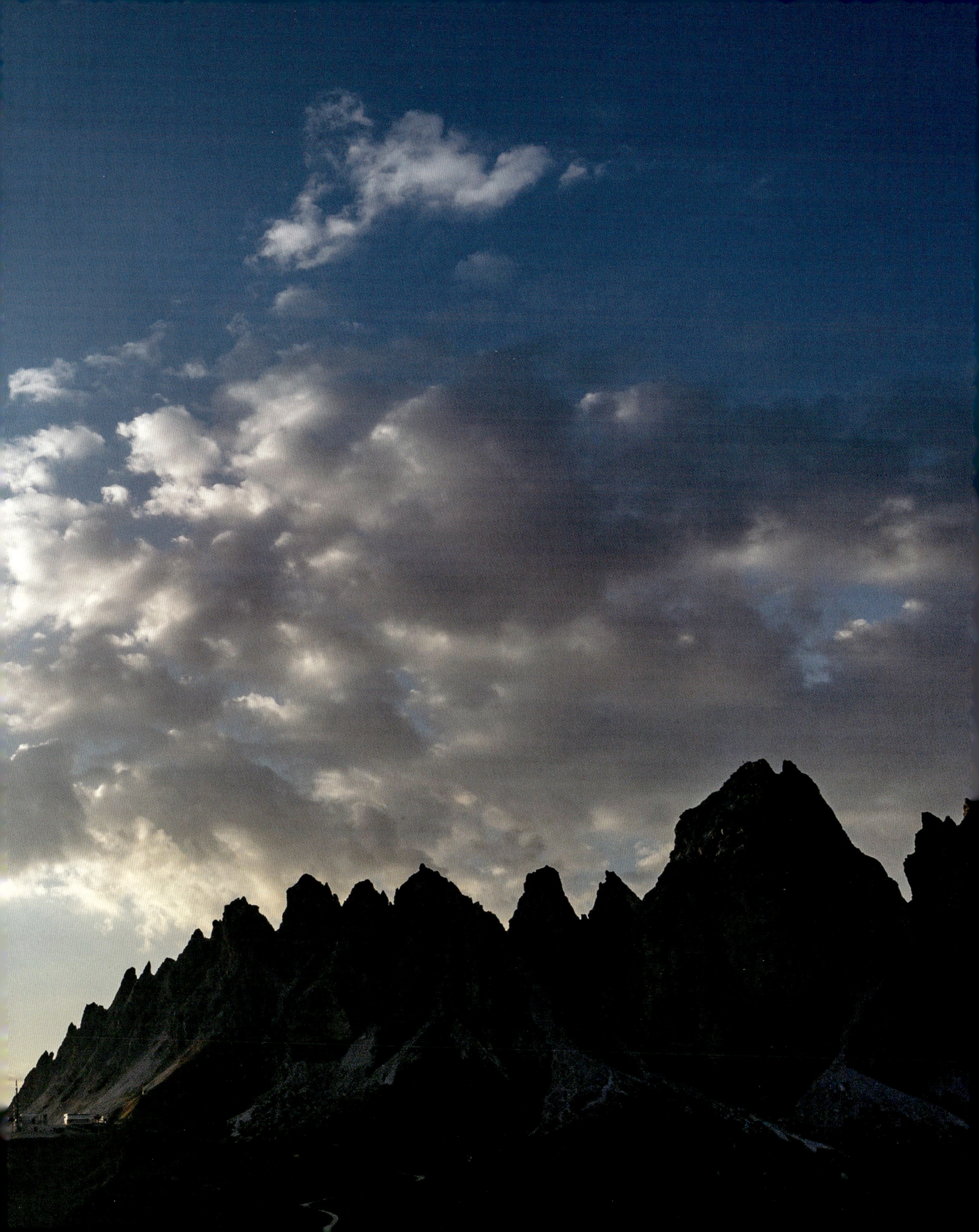

2 SELLA-RONDA-TOUR IM IMPOSANTEN UNESCO-WELTNATURERBE

»Mit kleinem Budget und kurzer Anreise kann man in den Alpen eindrucksvolle Touren erleben.«

– Gerhard Czerner –

Die Alpen gehören sicher zu den großartigsten Bikerevieren der Welt. Natürlich bin auch ich dort viel und oft unterwegs. Und bevor ich mich in die weiter entfernten Regionen dieser Erde traute, sammelte ich dort jede Menge Erfahrungen und erlebte viele Biketage. Doch was macht die Alpen zu einem so einmaligen Platz für uns Biker/innen?

Erst mal liegen sie fast vor der Haustür. Man muss nicht weit fliegen, kann mit wenig Geld und einem geringen Zeitbudget Großartiges erleben. Die geografische Lage in der Mitte Europas ist Garant für gute klimatische Bedingungen. Zwischen Juli und Oktober sind die meisten der Passübergänge frei von Schnee und damit befahrbar. Mit einer Ausdehnung von 1000 Kilometern in Ost-West-Richtung und etwa 400 Kilometern von Nord nach Süd bieten die Alpen ziemlich viel Platz. Die Abwechslung ist nicht nur aufgrund der geologischen Vielfalt riesig, auch kulturell gibt es einiges zu entdecken. Ich bin immer wieder fasziniert, wenn ich mich mit einer Region tiefer auseinandersetze, welch große Unterschiede es auf engstem Raum gibt.

Doch was den Alpenbogen für den Geländeradsport noch viel attraktiver macht, ist die Tatsache, dass er schon seit Jahrhunderten intensiv genutztes Kulturland ist. Dadurch ist eine wohl einmalige Wegevielfalt entstanden, welche wir heute zu nutzen wissen. Schon vor über 5000 Jahren bewirtschafteten Bauern an der schweizerisch-österreichischen Grenze die Almen und Matten der Silvretta. In über 2000 Metern Höhe. In der Bronzezeit, ab etwa 2000 v. Chr., lockten wertvolle Bodenschätze immer mehr Siedler in die Alpen. Kupfer aus den Bergen wurde zum begehrtesten Rohstoff und Motor der alpinen Geschichte.

Der Erste, der die Alpen mit einem riesigen Heer überquerte, war 218 v. Chr. der karthagische Feldherr Hannibal. Die Römer durchzogen die Alpen mit einem eindrucksvollen Straßennetz. Vor allem dominierten hier militärische und wirtschaftliche Beweggründe. Säumer im Mittelalter transportierten Waren über die Berge und nutzten dafür nach ökonomischen Gesichtspunkten angelegte Pfade. Jäger, Bauern, Almhirten – sie alle trampelten Steige in die Alpen, weit bevor der Tourismus diese für sich entdeckte. Die ersten Gipfelstürmer rief der Berg im 18. Jahrhundert in die Alpen. Der Montblanc wurde 1786, das Matterhorn 1865 zum ersten Mal bezwungen. Die Entwicklung des Wegenetzes für touristische Zwecke nahm mit der Gründung der Alpenvereine richtig Fahrt auf.

Neben den Touristen gab es eine weitere Gruppe von Menschen, die beim Anlegen der Wege weniger ökonomisch motiviert war: das Militär. Vor allem unter Napoleon und später im Ersten Weltkrieg zogen sich die Grenzen durch den südlichen und westlichen Teil der Alpen. Viele strategisch wichtige Punkte wären unter wirtschaftlichen Aspekten nie erreicht worden. Dafür gab es leichtere und niedrigere Übergänge.

Fotomotive, wohin das Auge blickt. Auch die Terrassen der Hütten überbieten sich mit spektakulären Aussichten, wie hier am 2136 Meter hohen Passo Gardena bzw. Grödner Joch.

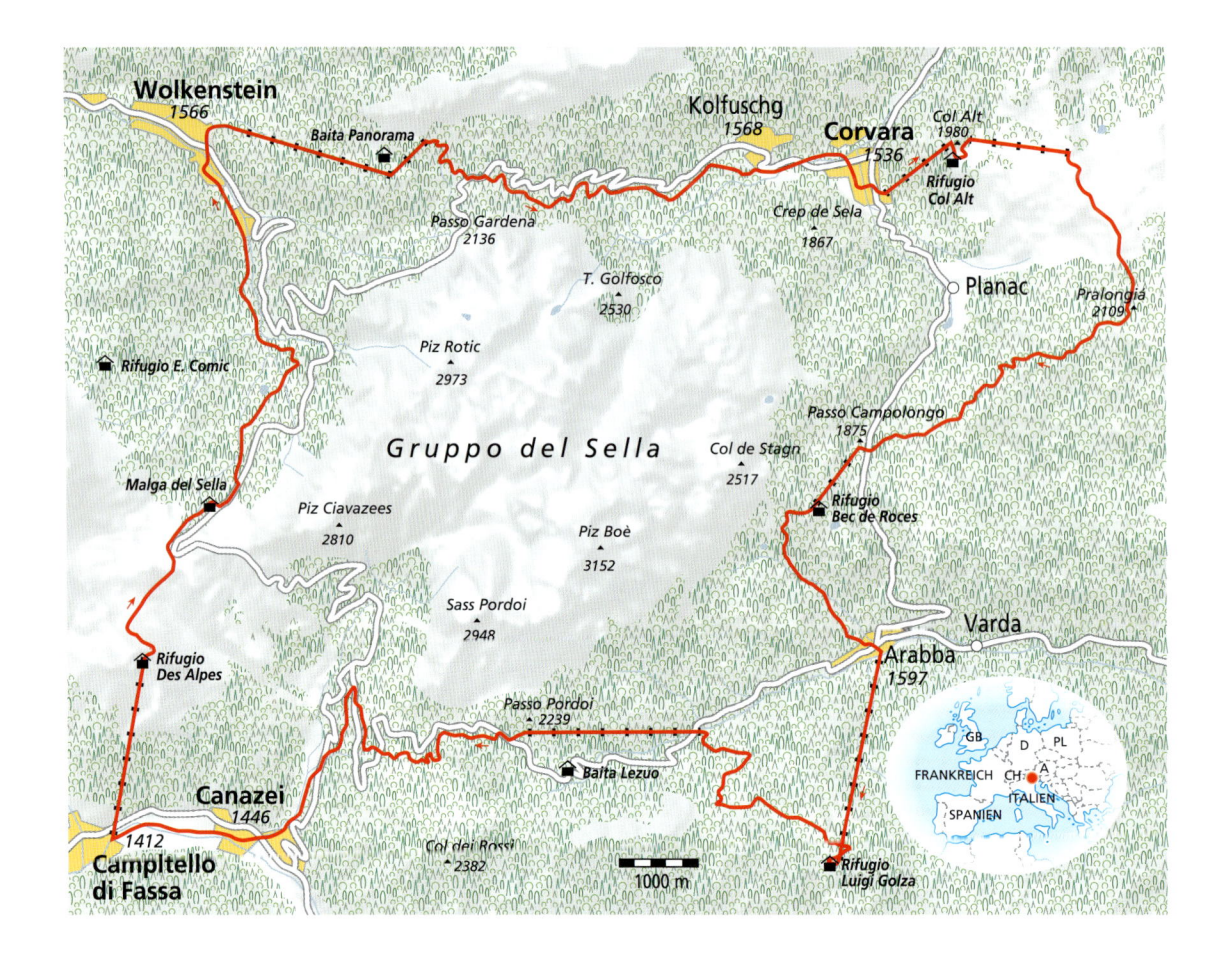

Eine Region ist besonders bekannt für die vom Militär angelegten, oft unglaublich steilen Wege bis hinauf in höchste Höhen: die Dolomiten. Ab 1915 läuft die Frontlinie zwischen Österreich und Italien mitten durch sie hindurch. Die Spuren des Krieges ziehen sich noch heute vom fast 3900 Meter hohen Ortler bis an das Nordufer des Gardasees, vom Etschtal bis ins heutige Dreiländereck zwischen Italien, Österreich und Slowenien. Manche Stellungen können nur erfahrene Alpinisten und versierte Kletterer erreichen, andere liegen direkt an der Straße oder an leichten Wanderwegen.

Für mich Bergbegeisterten zählen die Dolomiten mit zu den schönsten Berggestalten der Alpen. Kaum vorstellbar ist heute, dass die mächtigen Felsen und Gipfel einst ein riesiges Korallenriff waren, das sich im Urmeer Tethys gebildet hat. Die besondere Zusammensetzung des Gesteins wurde erstmals vom französischen Geologen Déodat de Dolomieu (1750–1801) bestimmt und definiert: Kalziumbikarbonat und Magnesium. Es verleiht den Dolomiten ihr außergewöhnliches Strahlen. Das bis dahin unbekannte Mineral wurde nach seinem Entdecker unter dem Namen »Dolomite« registriert.

Die Sellagruppe liegt inmitten der Dolomiten. Das Bergmassiv verteilt sich auf die drei italienischen Provinzen Südtirol, Trentino und Belluno. Den höchsten Gipfel des Sellastocks stellt der Piz Boè mit 3152 Metern dar. Er wurde am 30. Juli 1864 von Paul Grohmann und G. Ischara erstbestiegen. Auch die Sellatürme sind bei Kletterern sehr bekannt. Unter den Mountainbikern und Skifahrern ist dagegen der Name »Sella Ronda« klangvoll, weil er die sportliche Herausforderung mit aussichtsreichen Panoramen verknüpft.

Italien

Mein brillantes Dolomitenabenteuer begann, als ich auf einer Veranstaltung Klaus Isara kennenlernte, der ein Hotel in Alta Badia betreibt und oft um den Sellastock unterwegs ist. Er erzählte mir begeistert von diesem Gebiet, doch noch war ich zögerlich. Touristisch überlaufene Regionen besuche ich normalerweise nur außerhalb der Saison. Auch in den Dolomiten hatte ich so im Oktober schon traumhafte Tourentage. Aber im Juli …?

»Ich verspreche, wir fahren einige Wege, die auf keiner Karte zu finden sind«, grinste Klaus. Damit hatte er mich. »Das klingt gut, ich bin dabei!«, gab ich begeistert zurück. Meine Freundin Caroline konnte ich auch kurzfristig für die Idee begeistern.

Und dann ist es so weit: Die Umrundung des Sellastocks steht bevor und wir entscheiden uns für den Uhrzeigersinn. In dieser Richtung ist es möglich, mehr Seilbahnen zu benutzen, und wir müssen weniger Höhenmeter bergauf selbst treten. Auch können fahrtechnisch anspruchsvollere Trails in dieser Fahrtrichtung verknüpft werden. Möglich ist aber beides, je nach Gusto. Wir haben eh das Gefühl, dass hier für Radfahrer fast alles möglich ist. Die meisten Seilbahnen laden die Bikes gerne ein. Trails wurden parallel zu den Fußwegen gebaut und so ist sichergestellt, dass die Interessen von Wanderern und Bikern gewahrt werden. Einmal im Jahr wird sogar die ganze Sella Ronda für den Straßenverkehr gesperrt und bleibt den Radfahrern vorbehalten. Am »Sella Ronda Bike Day« heißt es dann: kein Lärm, kein Verkehr, nur die 56 Kilometer, die vier Pässe und wahrscheinlich 22 000 Radfahrer!

Mit 3343 Metern bildet die Marmolata den höchsten Punkt der Dolomiten und den perfekten Hintergrund für eine kleine Flugeinlage.

Tatsache ist, dass das Radfahren hier in der Region eine sehr lange Tradition hat. Bereits 13 Mal war der Passo Pordoi der höchste Punkt des Giro d'Italia, das als zweitwichtigstes Radsport-Etappenrennen der Welt gilt. Hier oben thront außerdem das Denkmal für Fausto Coppi, dreifacher Radrennweltmeister aus Italien. Auch der »Maratona dles Dolomites« zählt seit 1987 zu den wichtigsten Veranstaltungen in der Region. 2015 nahmen über 9300 Radsportler daran teil.

Für uns stehen die vier Pässe der Sella Ronda mit ihren glanzvollen Namen heute ebenfalls auf dem Programm. Passo Campolongo, Passo Pordoi, Passo Sella und Passo Gardena. Doch anders als die Teilnehmer des Marathons, bedienen wir uns bergauf der ein oder anderen Liftunterstützung. Gleich zu Beginn hat Klaus ein kleines Extra für uns auf der Liste. Wir fahren in La Villa mit der Gondel hinauf auf den Piz La Ila, der nicht zur eigentlichen Ronda gehört. Der Blick auf den Sellastock im Morgenlicht ist grandios. Wir staunen und sind sprachlos. Der Ausschuss der UNESCO, welcher die Dolomiten 2009 als serielles Weltnaturerbe anerkannt hat, war sicher nicht schwer davon zu überzeugen, dass hier eine einzigartige, weltbedeutende Naturstätte liegt. Wir auf jeden Fall sind davon sofort überzeugt.

Der Lago Fedaia dient der Energiegewinnung und dem Hochwasserschutz. Die Betonmauer hinunter ins Fassatal ist 57 Meter hoch. Darüber wacht die »Königin der Dolomiten« – die Marmolata.

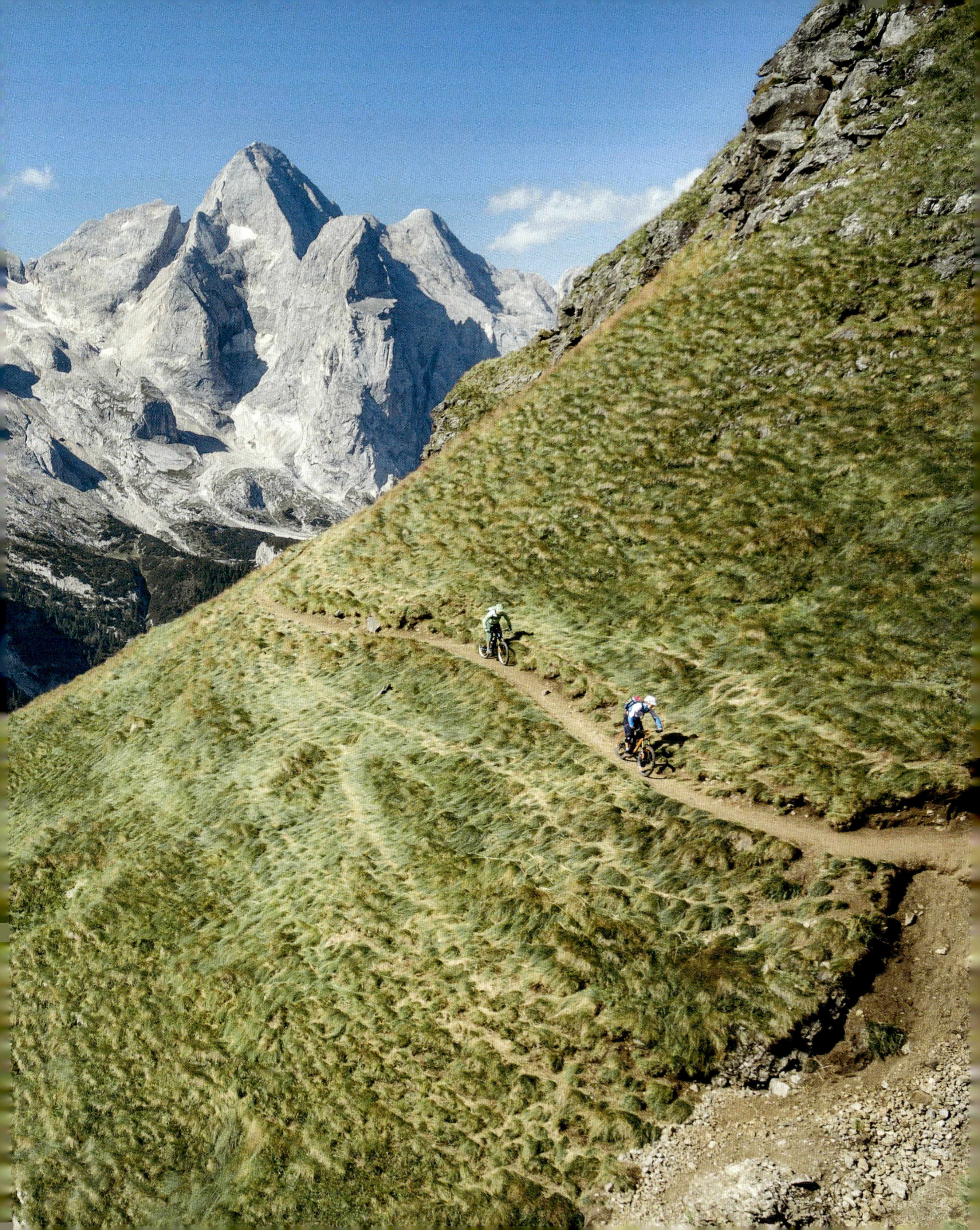

Die Trails weiter in Richtung Passo Campolongo sind so früh am Morgen menschenleer. Und auch auf unserem Weiterweg nach Arabba treffen wir kaum andere Biker. Die Gondel bringt uns von dort hinauf auf 2478 Meter, zur Porta Vescovo. Die Gipfelstation liegt direkt gegenüber der Marmolata, mit 3343 Metern der höchste Gipfel der Dolomiten. Der Blick auf den erhabenen Gletscher ist so ergreifend, dass wir uns gar nicht sattsehen können. Der Wind pfeift ganz ordentlich hier oben. Fröstelnd ziehen wir die Windjacken über. Ein wärmender Kaffee wäre jetzt hilfreich, aber leider hat hier im Sommer alles geschlossen.

Klaus vertröstet uns: Auf dem Passo Pordoi gebe es genügend Möglichkeiten für eine gemütliche Einkehr. Also lösen wir uns von der Aussicht und versuchen, uns auf die Abfahrt zu konzentrieren. Das aber fällt uns nicht leicht: Immer wieder wird der Blick von der beeindruckenden Landschaft angezogen. Doch spätestens als wir das kurze Stück auf der Forststraße hinter uns gelassen haben, brauchen wir volle Konzentration. Der Trail ist handtuchbreit und zur falschen Zeit wäre ein Sturz talwärts nicht gleich abzufangen. Kleine Anstiege erhöhen die Körpertemperatur, und bis wir am Pass angekommen sind, haben wir die Jacken schon wieder abgelegt.

Auf der bisherigen Strecke begegneten wir nur wenigen Menschen. Ganz anders hier oben auf der Passhöhe. Wir reihen uns in die lange Warteschlange von Radfahrern ein. Nicht, um Essen zu fassen, sondern um das begehrte Foto mit dem Schild »passo Pordoi« zu schießen. Denn auch wir wollen natürlich den Beweis mit nach Hause bringen, hier gewesen zu sein. Es dauert sicher zehn Minuten, bis wir an der Reihe sind. Unterdessen können wir beobachten, dass Kreativität keine Grenzen gesetzt sind. Manche halten ihr Fahrrad in die Höhe, andere hängen sich von unten an das Schild. Diverse Posen werden versucht, Kopfstände vollführt, Küsschen verteilt, gelacht, Grimassen geschnitten und alles fotografiert. Das Treiben um das gänzlich mit Aufklebern zugepflasterte Schild ist eine Attraktion für sich.

Doppelte Freude am Sellajoch. Oben ankommen heißt auch: Vorfreude auf die Abfahrt! – Im Sommer herrscht an den Dolomitenpässen Hochbetrieb, außerhalb der Saison sind die Parkplätze oft leer. Manch Besucher will sich verewigen, wie das Schild am Passo Pordoi zeigt. Viermal hat man auf der Sella Ronda dazu Gelegenheit (oben).

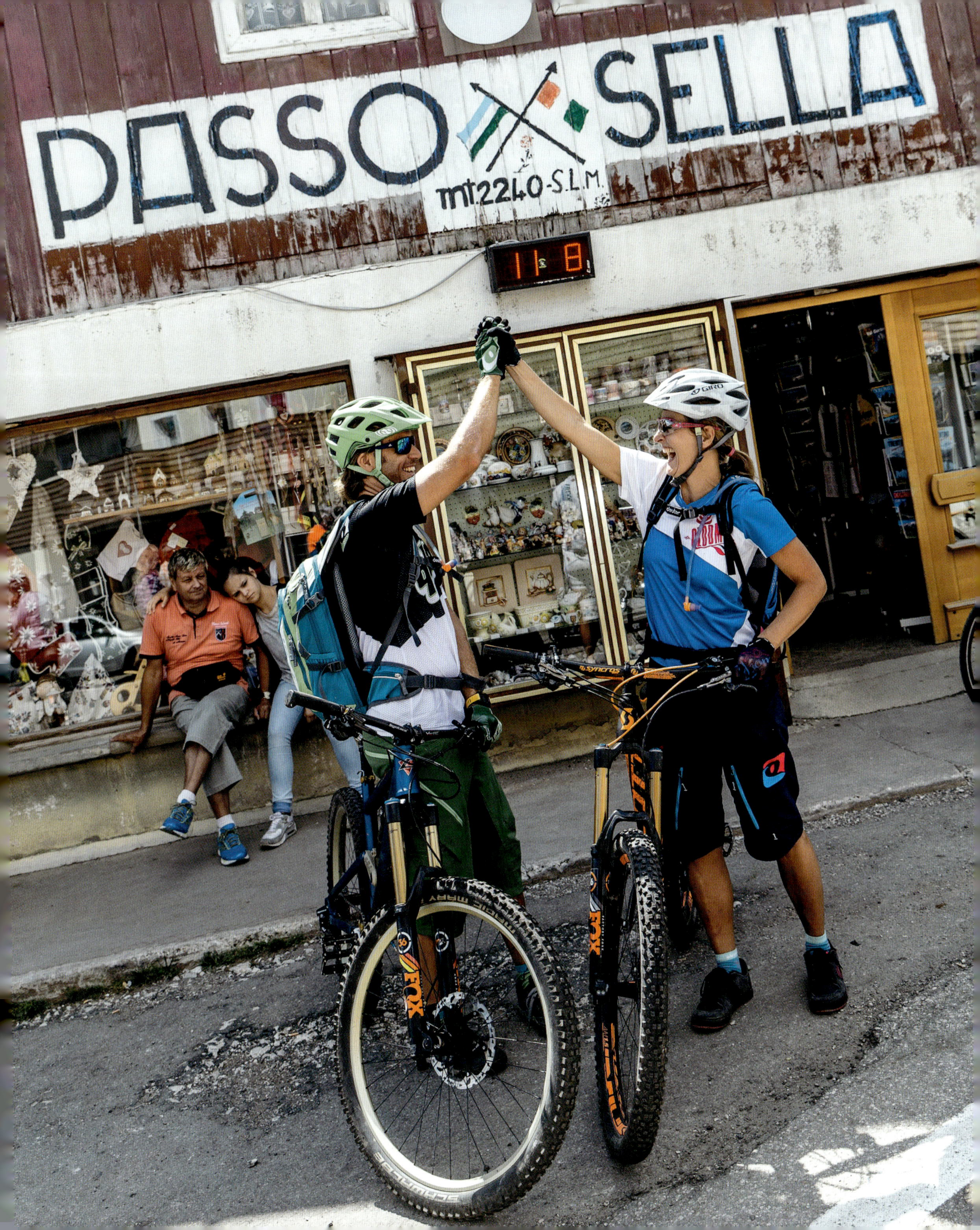
PASSO SELLA
mt.2240-S.L.M.

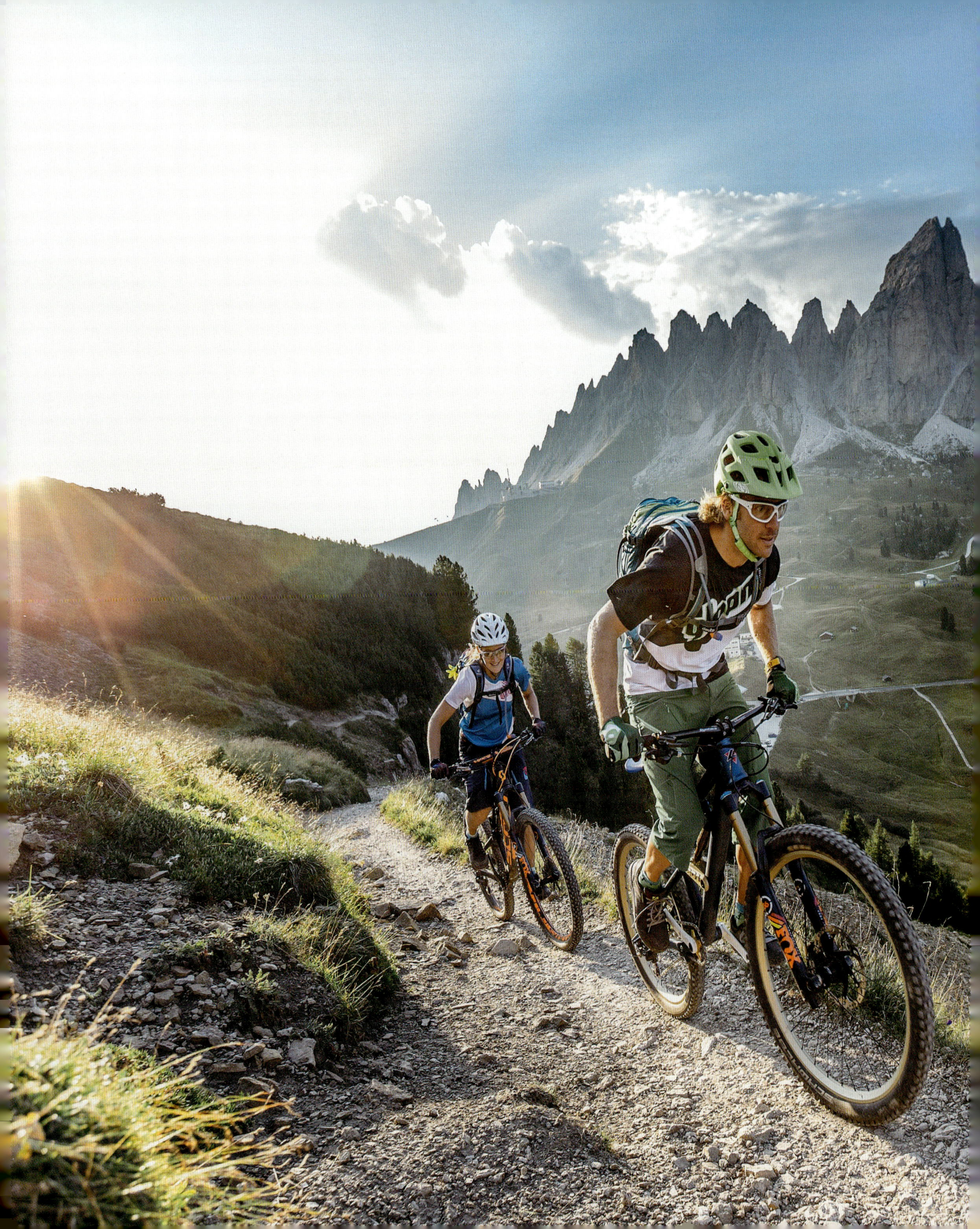

Die prägnanten Cirspitzen über dem Grödner Joch zeigen eindrucksvoll die Verwitterung des Dolomitgesteins. – Vom Sellajoch blickt man auf den Langkofel (3181 m). Der Name bedeutet so viel wie »langer Berg« (oben).

»Mein Magen hängt am Boden«, stöhne ich, als wir das begehrte Foto ergattert haben. Also nehmen wir auf einer kleinen Terrasse Platz. Der Ausblick ist perfekt. Wir sehen genau auf den höchsten Punkt der Straße, wo sich ganze Heerscharen von Motorradfahrern, Autofahrern und Wohnmobilisten um die wenigen Parkplätze rangeln. Zwischendurch schlängeln sich immer wieder Rennräder, E-Bikes und wenige Mountainbikes hindurch. Menschen aus aller Herren Länder finden sich hier ein. Ein bunter Sprachenmix tönt vom Souvenirstand hinter uns herüber. Zur quirligen Szenerie werden kulinarische Spezialitäten serviert. Ein Mix aus traditionsreicher Tiroler Küche und italienischen Einflüssen macht auch die Speisekarte zu einem Erlebnis. Viele der Produkte wie Käse, Schinken und Wein stammen von den Bauern aus der Umgebung. Zum Abschluss darf natürlich ein Espresso nicht fehlen. Dieser treibt unseren Motor endgültig wieder an und wir fühlen uns bereit für die nächste Abfahrt.

Italien

Die Mischung der Trails ist fantastisch. Neben naturbelassenen Wegen gibt es auch Trails, die extra für Biker gebaut wurden. Andere dagegen wurden nur optimiert – die gröbsten Steine herausgenommen, die Wegführung angepasst und fahrbare Übergänge über Weidezäune installiert. Die gebauten Passagen haben nicht den Charakter der aalglatten Brechsandpisten, wie sie heute oft in Bikeparks üblich sind. Klar, es gibt auch Anlieger, zwischendurch kleine Sprünge, aber der natürliche Untergrund wurde über weite Teile erhalten. So haben wir fast immer das Gefühl, auf einem natürlichen Trail unterwegs zu sein, nur eben ein bisschen auf den Biker zugeschnitten. Auch auf der Abfahrt vom Passo Sella geht das Konzept für uns sehr gut auf, wir haben Spaß auf so gut wie jedem Meter. Doppelt groß ist das Vergnügen, weil wir es in der einzigartigen Umgebung der Dolomiten genießen dürfen.

Am Passo Gardena, unserem letzten Pass für den heutigen Tag, machen wir nochmals Pause, um den Sonnenuntergang zu bewundern. Rötlich färbt sich der Himmel und mit ihm erglühen die zerklüfteten Felswände um uns herum. Der Verkehr ist fast völlig ausgestorben und die Stille des Abends erobert den Moment. In sich gekehrt steht jeder von uns fasziniert einfach so da. Wir saugen diesen Augenblick tief in uns ein.

Die Marmolata besteht, anders als der größte Teil der Dolomiten, nicht aus Dolomit-, sondern aus Kalkstein. Den Kühen ist das egal. Sie genießen die unerwarteten Streicheleinheiten. – Der Gipfel des Langkofel wurde 1869 das erste Mal bestiegen. Wir genießen den imposanten Anblick von unten (linke Seite).

Man muss nicht immer weit weg, um Einzigartiges zu finden. Oft liegt das Gute genau vor unseren Füßen. Wir müssen nur die Augen öffnen. Unsere grandiose Sella-Ronda-Tour zeigte mir vieles. Zum Beispiel, wie man es schaffen kann, den Bedürfnissen verschiedener Nutzergruppen gerecht zu werden. Denn es ist klar: Wo viele Menschen mit verschiedenen Interessen den gleichen Raum betreten, kann es immer wieder zu Problemen kommen. Rücksicht, Vorsicht und die Motivation zum Verzicht gehören meiner Meinung nach zu einem friedlichen Miteinander zwingend dazu. Allerdings: Nicht zu jeder Zeit an jedem Tag macht jede Tour Sinn. Daher ist eine angemessene Tourenplanung auch und gerade in gut besuchten Regionen wichtig.

Und noch etwas bekam ich wieder vor Augen geführt: Auch wenn die Alpen eine sehr touristische Region sind, lassen sich ruhigere Winkel finden. Wo man den ganzen Tag einsam über alte Pfade und Wege kurbeln kann, ohne einen Menschen zu treffen. Man muss sie nur suchen. Denn die Säumer, Hirten, Jäger und auch das Militär haben selbst in den entlegensten Regionen ihre Spuren hinterlassen. Nicht viele Gebirge dieser Welt bieten eine solche Wegevielfalt, wie ich auf einigen meiner Touren erfahren durfte. So lässt sich manches Juwel genauso gut vor der Haustür entdecken.

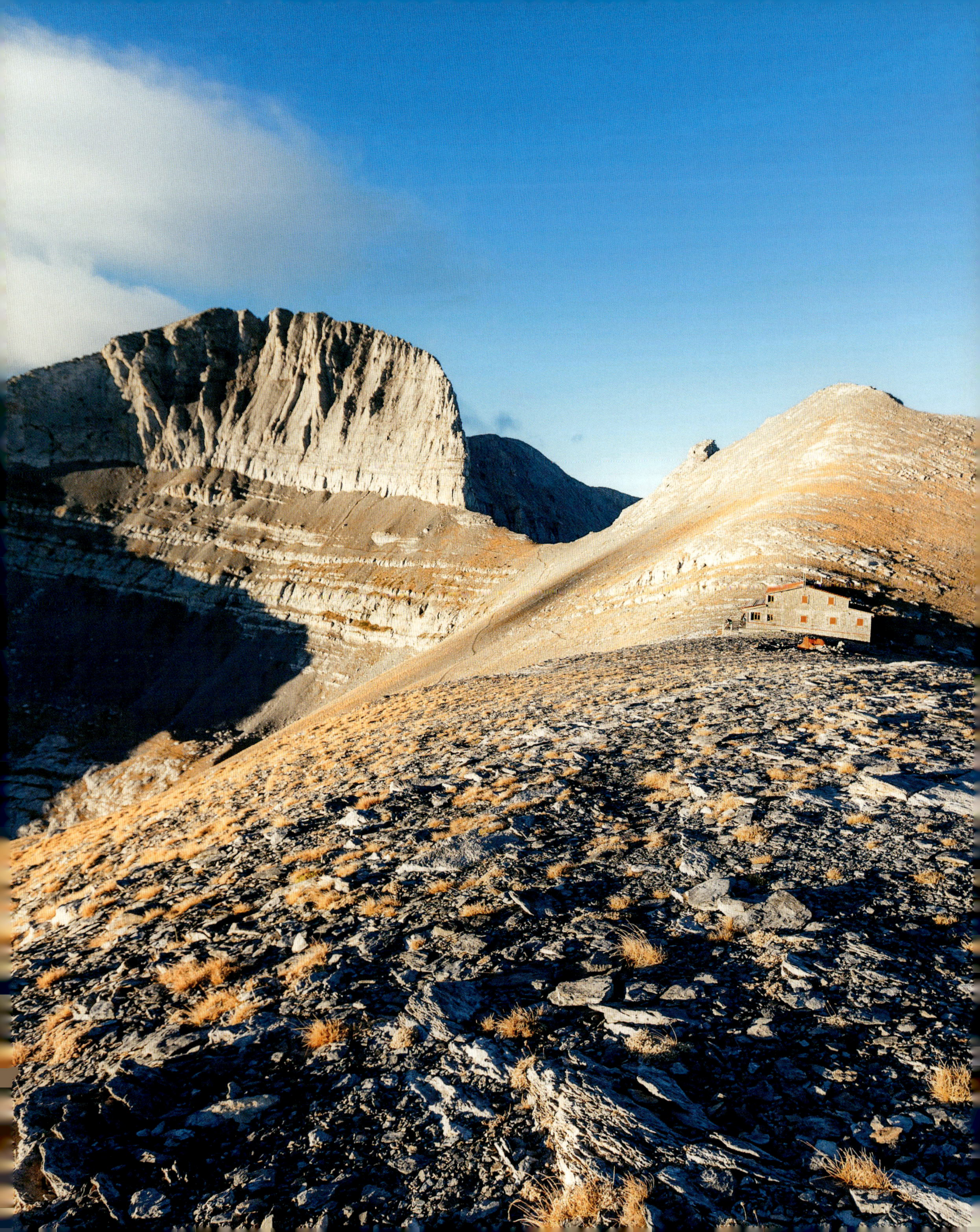

GRIECHENLAND:
DER GÖTTERTHRON DES ZEUS

»Was mich immer wieder auf solchen Reisen
fasziniert, ist, wie wenig man wirklich braucht,
um glücklich zu sein.«

– Gerhard Czerner –

Die Geschichten der griechischen Mythologie faszinierten mich schon immer: abenteuerliche Sagen von hundertarmigen Riesen, gewaltigen Zyklopen und Göttern, welche Donner und Blitz erschufen. Unmittelbar hängen sie mit dem höchsten Berg des Landes zusammen, dem Olymp. Was mich außerdem als Mountainbiker am höchsten Gipfel Griechenlands interessierte: Man kann eine Abfahrt von knapp 3000 Metern über dem Meer bis an den Strand realisieren. Ohne dabei viel Wegstrecke zurücklegen zu müssen. Wo geht das schon?

Es war ein Glücksfall, dass ich bei meinen Recherchen auf Stefan Etzel und seine Erstbefahrung des Berges gestoßen bin. Ich las den Abenteuerbericht »Die Bergwelt Griechenlands« und kontaktierte ihn. Neben vielen eindrucksvollen Anekdoten über seine damalige Reise ließ er mir auch ein paar seiner Originalaufnahmen zukommen. Unvorstellbar, welch Pionierleistung seine Unternehmung damals war! Mit welcher Selbstverständlichkeit kommen wir dagegen heute an Informationen von überall auf der Welt. Wobei, so ganz genau wussten auch wir nicht, was uns erwarten wird.

Das Refugio Seo mit der Ostwand des Mytikas. Dieser Gipfel ist mit 2918 Metern der höchste Punkt des Olymp.

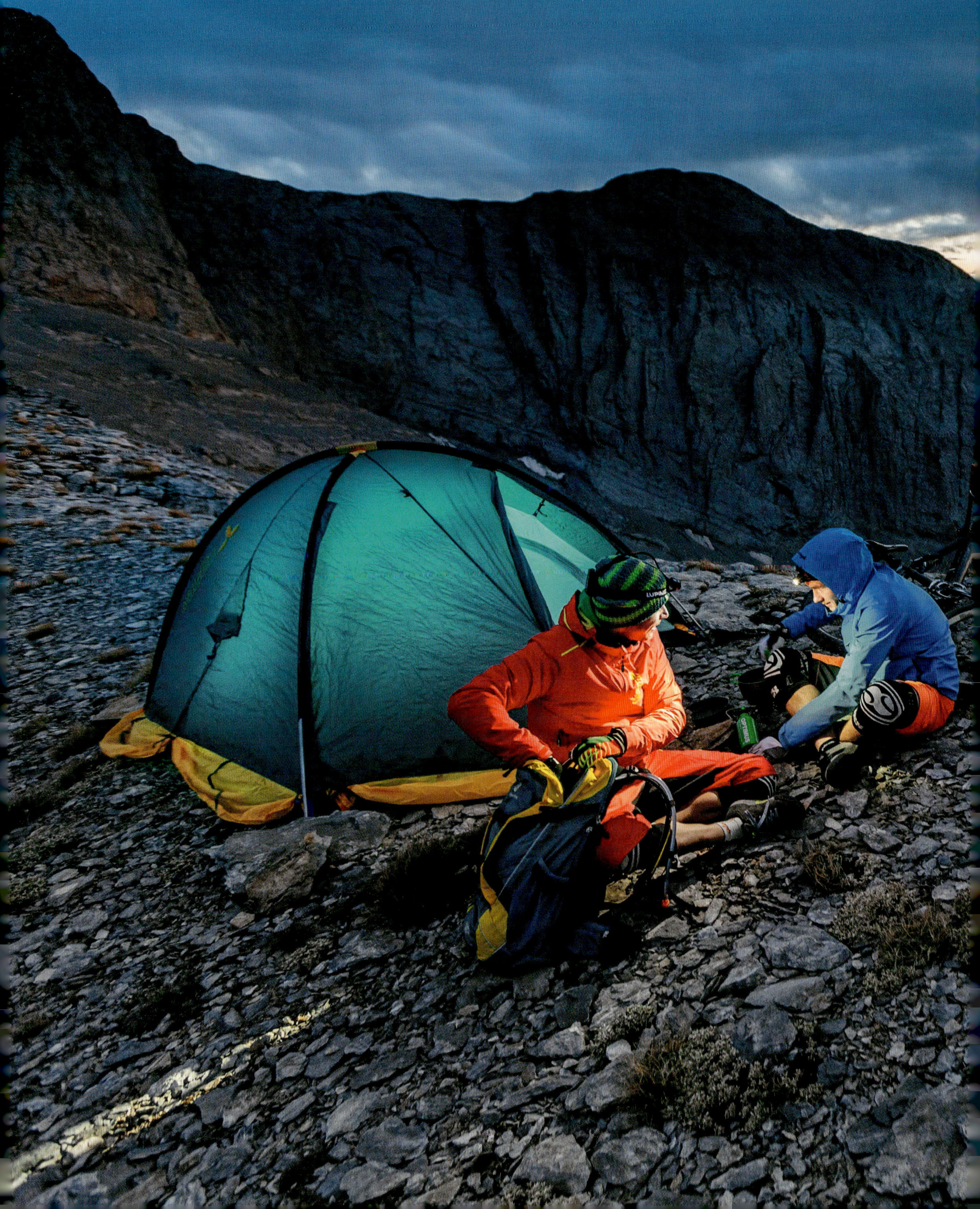

Fast hätte der Wind in der Nacht unser Zelt auf dem Plateau der Musen weggeweht. Aber wir wollten ja unbedingt mit Aussicht übernachten.

3 AUF HISTORISCHEN SPUREN ZUM SAGENUMWOBENEN OLYMP

»In meinem Leben geht es mehr darum, Augenblicke zu sammeln anstatt irgendwelche Dinge.«

– Gerhard Czerner –

Es ist mir ein Rätsel, warum Zeus und seine elf Götterkollegen ausgerechnet hier oben residiert haben sollen. Der Wind fegt so eisig über die steinige Gipfelwüste des Olymp, dass meine Daunenjacke ihn kaum abwehren kann. Ganz schön ungemütlich für so einen Gott in Sandalen und leichtem Flattergewand. Wieder rollt ein Gänsehautschauer über meinen Rücken.

Die ganze Nacht über zerrten die Böen an unseren Zeltwänden. Auch Kumpel Michael scheint bei dem Geknatter kaum geschlafen zu haben. Seine verquollenen Augen scannen gerade den Morgenhimmel: keine Wolke in Sicht. So ganz zornig scheint Zeus also doch nicht auf uns zu sein. Der griechischen Mythologie nach jagt er unwillkommene Besucher mit Blitz und Donner von seinem Hof. Hoffentlich bleiben wir davon verschont.

Wie eine Festung ragt das 2918 Meter hohe Massiv des Olymp knapp hinter der Ostküste im Norden Griechenlands auf. Ein Bollwerk mit mehreren, fast gleich hohen Gipfeln, das geradezu nach einer Durchquerung schreit. Wir sind aber nicht die ersten Biker, die diesen Ruf hörten. Während meiner Reiserecherche stieß ich im Internet auf den Erstbefahrungsbericht von Stefan Etzel und Christian Smolik. Die beiden Deutschen starteten ihr Olymp-Abenteuer bereits 1989.

Wie sehr der Mountainbikesport zu der Zeit noch in den Kinderschlappen steckte, kann man in der Reportage immer wieder zwischen den Zeilen lesen. Nur ein Beispiel: Um in den steilen, ausgesetzten Passagen nicht über den Lenker zu gehen, setzten sich die Pioniere einfach auf den Gepäckträger. Der Gepäckträger wurde im Laufe der Zeit gegen Federgabeln getauscht, was das Abfahren wesentlich komfortabler macht.

Bei den Telefonaten, welche ich mit Stefan Etzel führte, berichtete er mir viel von den Ungewissheiten, die sie damals hatten. Es gab ja noch kein Internet, das uns heute wie selbstverständlich Bilder in Echtzeit fast aus der ganzen Welt liefert und uns jegliche erdenkliche Information ins Wohnzimmer bringt. Stefan und Christian liefen damals nur mit der Idee und den Informationen von Einheimischen Pfade bergauf, die mit Rohrisolierung gepolsterten Fahrräder auf den Schultern. Dazu war der höchste Berg des Landes nur der Abschluss einer fünfwöchigen Durchquerung Griechenlands per Rad. Das macht das Unterfangen nochmals eindrucksvoller für mich.

Begegnung der dritten Art: Christian Smolik, bereits im Jahr 1989 mit Stefan Etzel auf dem Olymp mit dem Mountainbike unterwegs, trifft am Berg auf einen überraschten Schäfer.

Für Stefan sind hingegen die heutigen technischen Errungenschaften der Bikes und die damit verbundene Weiterentwicklung der Fahrtechnik beeindruckend. Als er das Video von unserer Befahrung des Djebel Toubkal in Marokko sah, meinte er zu mir am Telefon: »Mit der Abfahrt vom Olymp werdet ihr sicher keine Probleme haben. Wenn ich das sehe, wie ihr die Fahrräder beherrscht und mit welchem Material ihr fahrt.« Schon lange hatte er sich nicht mehr mit dem Mountainbikesport befasst. So war der erneute Einblick ein ziemliches Aha-Erlebnis. Und ich machte, motiviert durch unsere Gespräche, mit meinen Vorbereitungen weiter.

Nun sitzen wir in Griechenland. Mitten auf dem höchsten Berg des Landes. Michael und ich sind gespannt, wie sich die beschriebenen Passagen mit heutiger Technik anfühlen werden. Doch von der Olymp-Abfahrt trennen uns noch einige Höhenmeter bergauf. Auch unterscheiden sich unsere Pläne ein wenig von denen der Erstbefahrer. Wir wollen nicht den leichtesten Weg zum Gipfel, sondern den, der uns auf der Karte am spannendsten erscheint. Ohne zu wissen, ob er denn tatsächlich fahrbar ist.

Rund um den Berg wurde bereits 1938 ein Naturschutzgebiet eingerichtet. Daher ist es unerlässlich, sich vorab genau zu informieren, auf welchen Routen man mit dem Bike unterwegs sein darf. Für unsere Runde haben wir zwei Tage eingeplant, mit Übernachtung im Zelt. Von Litochoro kämpften wir uns gestern bereits bis auf 2700 Meter Höhe. Der oft tiefe und grobe Schotter war schon gemein anstrengend. Dazu blies der Wind mit zunehmender Höhe immer stärker und kälter. Bei manchen Böen hatten wir sogar Angst, über den Grat gefegt zu werden. Zur Sicherheit riskierte ich immer wieder einen Blick zum Gipfel, ob da nicht doch ein Zeus im Flattergewand steht und einen Blitz auf uns hinunterpeitscht.

Zum Glück hatten wir kein sperriges Gepäck auf dem Rücken. Unsere Campingausrüstung schleppten Mulis für uns auf den Berg. Das Buch von Stefan Etzel hatte ich natürlich auch dabei.

Nachdem wir das Zelt aufgebaut hatten, las ich, im Schlafsack liegend, Michael zur Motivation laut vor: »... ich sitze auf dem Gepäckträger, Bauch gegen den Sattel, Lenker und Bremsen fest im Griff, und schlittere die Schotterpiste runter, dass es eine wahre Freude ist. Niedrigster Schwerpunkt, maximale Rückenlage, alle Probleme scheinen gelöst, und die mangelnde Fahrkunst kann ich mit den Füßen ausgleichen, durch steten Fußkontakt mit der Rollbahn ...«

Wir bogen uns vor Lachen. Aber natürlich hatten wir auch größten Respekt vor der Leistung. Wie viel einfacher ist es doch heute. Kurz wünschte ich mir, ich hätte mir einen Gepäckträger montiert, um nachempfinden zu können, wie es damals war. Die Vorstellung brachte mich zum Schmunzeln. Motiviert wünschten wir uns eine gute Nacht. Beim Versuch einzuschlafen hofften wir, dass der Wind, welcher laut am Zelt rüttelte, sich bis zum nächsten Tag legt.

Wir sind die einzigen Gäste im Refugio Seo. Die Bergsteigersaison endet meist im Oktober. Oft werden die Hütten mithilfe von Pferden, manchmal auch Eseln, versorgt. Auch unser Zelt kam so auf den Olymp.

Doch statt sich über Nacht zu beruhigen, scheint der Wind heute Morgen noch etwas zorniger geworden zu sein. Es dauert, bis wir Zelt und Campinggeschirr wieder in die Taschen gestopft haben. Schließlich ergreifen wir mit klammen Fingern unsere Lenker und setzen den Aufstieg fort. Im Visier haben wir den Skolio-Gipfel. Er ist zwar mit 2911 Metern sieben Meter kleiner als der Hauptgipfel Mytikas, aber er gilt dafür als komplett fahrbar mit dem Bike.

Lenkerbreit quert der Weg bald die fast senkrechte Mytikas-Ostwand. Man rollt auf dem Pfad ganz leicht dahin, aber ein unachtsamer Schlenker würde reichen, um vom Götterthron direkt ins Reich des Hades zu stürzen. Ich stelle mir gerade vor, wie uns dort der dreiköpfige Höllenhund zerreißen würde, als der Weg auf einmal steiler wird. Im Zickzack klettert er nun die Westseite des Berges hinauf. Wir müssen absteigen und die Bikes schultern. Während wir keuchend bergauf stapfen, blicke ich immer wieder zurück und muss grinsen: Niemals würde ich auf die Idee kommen, hier auf dem Gepäckträger sitzend runterzufahren! »Das waren wirklich harte Kerle damals«, versuche ich in Richtung Michael den Wind zu übertönen.

Oben auf dem Skolio empfängt uns das Gipfelkreuz in Gestalt einer achteckigen Steinsäule. Daran ist sogar ein Gipfelbuch befestigt. Wir blättern kurz darin, um zu sehen, ob sich noch andere Biker eingetragen haben, aber der Wind reißt so an den Seiten, dass wir das Buch lieber wieder zuschlagen.

In Sachen Wind und Temperatur ist der Oktober vielleicht nicht der optimale Monat für diese Tour – aber in Sachen Aussicht schon. Wer weiß, ob man im Spätsommer auch so eine geniale Fernsicht hat. Gegenüber ragt die Felswand des Mytikas empor. Wie ein riesiges Segel aus Stein steht sie im Wind. Weit im Westen bricht der Rücken des Pindos-Gebirges aus dem Boden. 250 Kilometer lang reicht diese gewaltige Gebirgskette bis an die Grenze Albaniens. Luchse, Wölfe und Bären sollen heute noch in seinen Naturparkwäldern leben. Blickt man gen Osten, schimmert das Ägäische Meer jetzt silbrig in einem unendlich weit entfernten Horizont.

Ach ja, das Meer! Dort hatten wir es gestern vor Tourstart noch so richtig schön warm. Jetzt wartet auf uns eine fast 3000 Höhenmeter lange Abfahrt bis zum Strand. Etwas ungelenk von der

Kälte und dem langen Fußmarsch steigen wir wieder in die Sättel. Das lose Geröll hilft nicht gerade beim Finden von Fahrgefühl und Rhythmus, doch spätestens unter den Steinsegeln des Mytikas sind unsere Bewegungen wieder rund und geschmeidig. Hochkonzentriert, um nicht vom schmalen Weg abzukommen, geht es bergab. Je weiter unten wir sind, umso flüssiger zu fahren ist das Gelände. Jetzt flammt der Fahrspaß wieder so richtig auf.

Richtung Muses Plateau kommen wir am Refugio Seo vorbei, eine der vier bewirtschafteten Hütten am Olymp. Das steinerne Haus ist sehr spartanisch eingerichtet, passt damit aber in die unwirtliche Mondlandschaft dieser Bergseite. Wir nehmen auf einer abgewetzten Holzbank Platz und bestellen einen »Greek Coffee«. Der tiefschwarze Mokka rinnt mir noch die Speiseröhre hinunter, da versetzt er den Synapsen in meinem Hirn bereits kleine Stromschläge. Herrlich. In einem angeregten Gespräch mit dem Hüttenwirt erfahren wir, dass er von Juni bis Oktober geöffnet hat und Platz bietet für bis zu 100 Bergsteiger. An Wochenenden und in den Sommermonaten muss man aber früh reservieren, weil er oft völlig ausgebucht ist. Radfahrer hingegen sieht er selten hier oben.

Die Blicke der begeisterten Bergsteiger folgen uns bei der Abfahrt. – Mit dem Buch von Stefan Etzel versuchen wir, seine und Smoliks Route nachzuvollziehen. Hoch die Räder: Gipfelfreude am Skolio auf 2911 Metern. Das Massiv des Olymps zählt insgesamt 52 Gipfel (linke Seite).

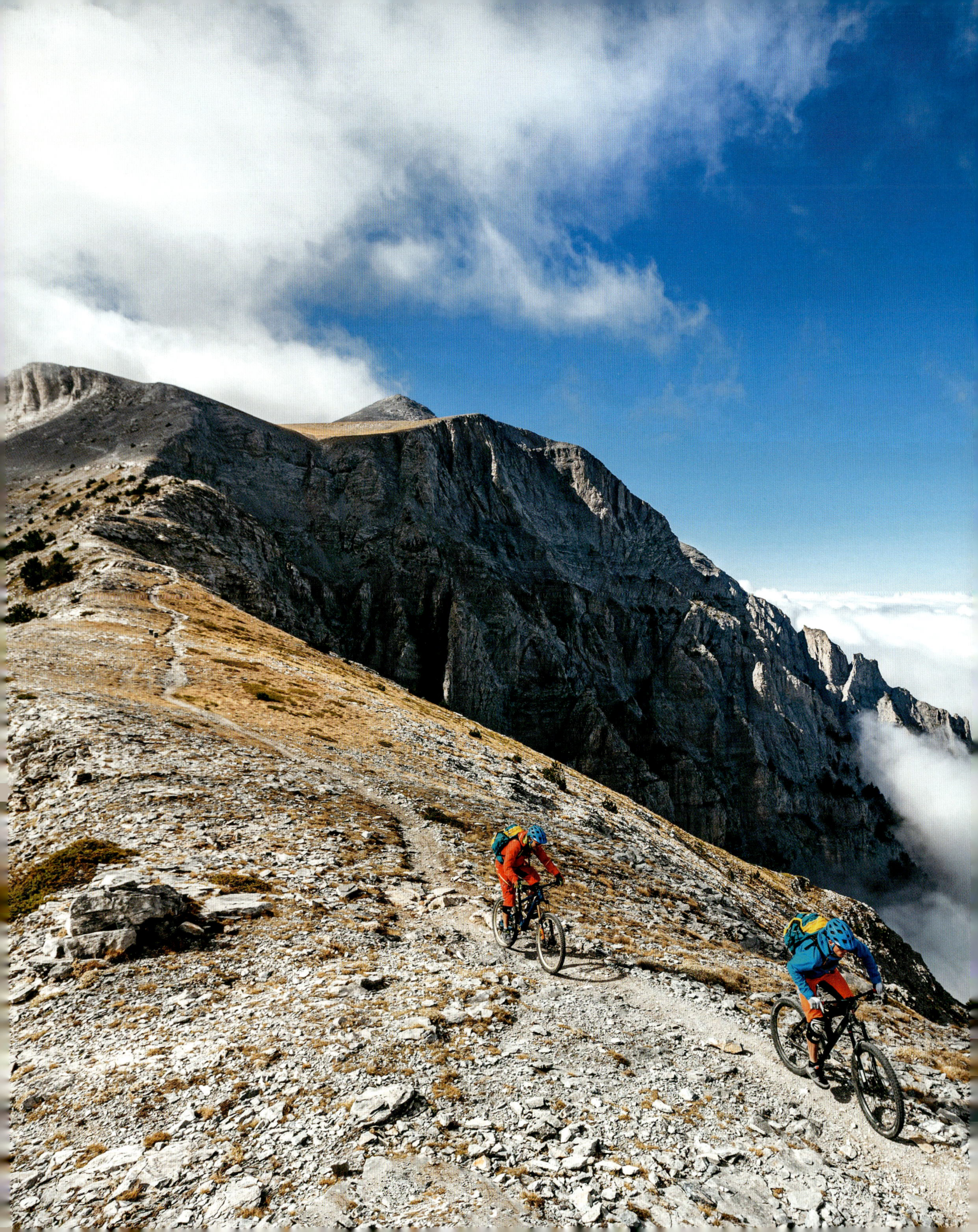

»Los, weiter geht's. Ich kann es kaum erwarten.« Michael ist genauso aufgeregt wie ich. Voll motiviert starten wir wieder. Die nächsten paar Hundert Meter des schmalen Trails sind schon sichtbar und wirken sehr einladend. Eine schmale Pfadspur, mit feinem Schotter übersät und nie richtig steil. Von beiden Seiten branden die unter uns liegenden Wolkenfelder an den Berg. Wir befinden uns über ihnen und geben Gas. Die wenigen größeren Steine zwischendurch scheinen uns wie von Trailbauern platziert und laden zu kleinen Flugeinlagen ein. Die endlose Aussicht unterstützt das Gefühl des Fliegens. Auch wenn es wohl nur kurze Momente sind, die ich in der Luft verbringe.

Einige Hundert Meter weiter unten fordern ein paar knifflige Spitzkehren in felsdurchsetztem Gelände volle Aufmerksamkeit. Wir jubeln innerlich. So hatten wir es uns erhofft, ein Wechsel zwischen Dahinrollen und fahrtechnischen Leckerbissen. »Jetzt nur keinen Blödsinn machen«, ermahnen wir uns gegenseitig zur Vorsicht. Beide sind wir vom langen Tag etwas müde. Ein Absturz in das spitze Geröll ist dringend zu vermeiden. Keiner möchte verletzt auf dem Rücken eines Mulis ins Tal gebracht werden. Da sind uns unsere Bikes schon lieber.

Als wir die 2000-Meter-Marke nach unten durchfliegen, tauchen wir nach all dem grauen Gestein wieder mit voller Wucht in den Farbtopf: Dichter griechischer Herbstwald aus dicken Eichen und imposanten Kiefern empfängt uns. Bereits beim Bergauffahren hat uns dieser Bergwald beeindruckt. Schon weil wir in Griechenland gar nicht mit so viel Wald gerechnet hätten. Immer wieder interessant, wenn Fantasien sich in Erfahrungen verwandeln. Und wie unterschiedlich beide oft sind ...

Traumtrail über dem Wolkenmeer. Bikerherz, was willst du mehr?

Griechenland

Die letzten Meter zum Gipfel sind zu steil, um bergauf zu fahren. Am Weg bieten sich immer wieder fahrtechnische Leckerbissen. – Die Wolken geben uns oft das Gefühl, viel weiter oben zu sein, als wir es tatsächlich sind (rechte Seite).

Griechenland

Wir kurven den Waldweg hinunter und spüren jetzt nur noch unseren eigenen Fahrtwind. Die Luft ist deutlich wärmer. Es war doch gut, für die Tour den Herbst gewählt zu haben. Im Sommer sollen ganze Heerscharen von Wanderern über das Gebirge wieseln. Heute aber begegnen wir nur einer Handvoll griechischer Bergsteiger. Begeistert stoppen sie uns kurz, weil sie ein Foto mit uns schießen wollen. Dann schicken sie uns mit einem »Kalo taxidi« – gute Reise – wieder auf den Weg.

Litochoro, die kleine Stadt mit etwa 7000 Einwohnern am Fuß des Berges, kennt scheinbar keine Hektik. Wir rollen durch die sehenswerte Altstadt mit ihren vielen kleinen Gassen und traditionellen Gebäuden. Neben der griechisch-orthodoxen Kirche im Zentrum angekommen, nehmen wir im Hof einer Taverne Platz. Über den roten Ziegeldächern thront der Gipfel des Olymp. Wir blicken dorthin zurück, wo wir heute Morgen gestartet sind. »Das ist schon echt weit. Eine richtig lange Abfahrt«, freue ich mich. Michael kann nur nicken, weil er gerade ein großes Stück Bougatsa im Mund verschwinden lässt. Das süße Gebäck aus Filoteig und Grießcreme ist typisch für die Gegend hier und extrem lecker. In zig verschiedenen Variationen, auch herzhaft mit Spinat oder Käse, kann man es an jeder Ecke erwerben.

Den Abend wollen wir am Meer verbringen. Auf dem Weg dorthin schlendern wir noch über den Markt, wo allerlei verführerische Waren angeboten werden. Knackiges Obst und Gemüse, frische Oliven, Käse von den Bauern aus der Umgebung und natürlich fangfrischer Fisch. Wir kaufen eine Brotzeit für später ein und laden die Sachen in den Rucksack. Die Straße führt schnurgerade hinunter ans Meer. Zu unserer Freude geht es noch immer bergab.

Die tief stehende Sonne färbt die kleinen Kabbelwellen der Ägäis gerade tiefblau, als wir den menschenleeren Strand erreichen. Wir sammeln Treibholz und zünden ein Lagerfeuer an. Der Feta und die frischen Oliven schmecken herrlich zu den Brotscheiben, die wir über dem Feuer geröstet haben. Wieder lese ich im Buch: »Nicht im Traum bin ich vorher schon mal so etwas gefahren, merke aber bald, dass Christian recht hat, wenn er sagt, das Geheimnis liege im rechten Schwung und Rhythmus, mit dem man solche topographische Melodie durchfährt. Muss man anhalten und steht vor ein paar Stufen, sackt das Herz gleich in die Hose, kommt man aber mit einem gewissen Tempo angerollt, geht es einfach hopp-hopp-hopp drüber weg. Ob die höchsten Stufen tischhoch gewesen sind?«

Tischhohe Stufen haben wir zugegebenermaßen keine gefunden. Aber eine wunderschöne Abfahrt von einem wahrlich mythischen Berg. Es hätte mich in diesem Moment nicht gewundert, wenn Poseidon aus dem Wasser gestiegen wäre und uns einen Fisch gereicht hätte.

Natürlich habe ich Stefan nach unserer Rückkehr angerufen und berichtet. Ich bedankte mich bei ihm auch herzlich, weil uns seine Geschichten und Erzählungen motivierten und während der ganzen Reise begleiteten. Sie machten diese Zeit für uns zu einem ganz speziellen Erlebnis.

Griechenland

Würdiger Abschlussabend am Strand der Ägäis. Die tiefste Stelle des Ägäischen Meeres befindet sich östlich von Kreta und liegt 3543 Meter unter der Wasseroberfläche. Tiefer, als der Olymp hoch ist!

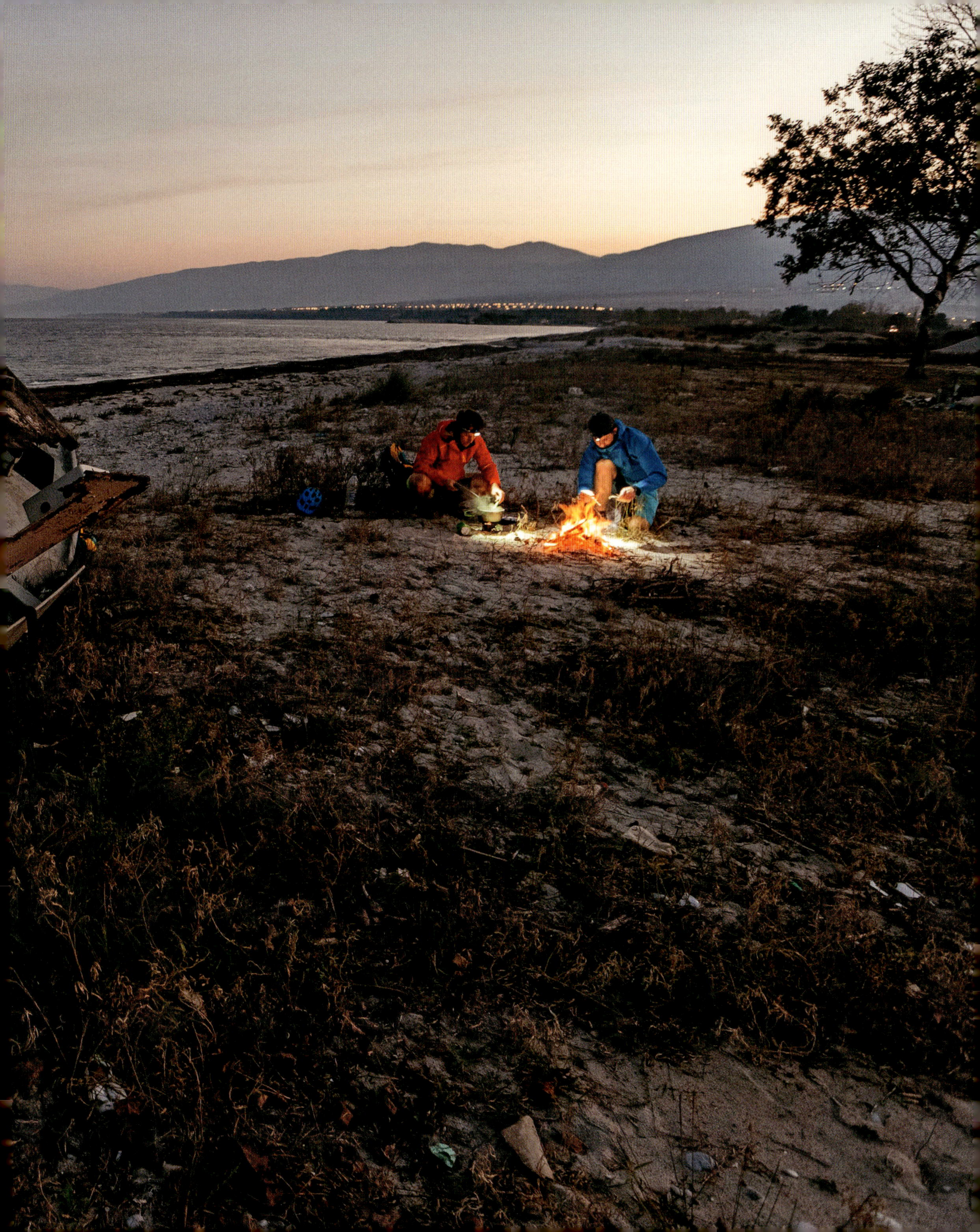

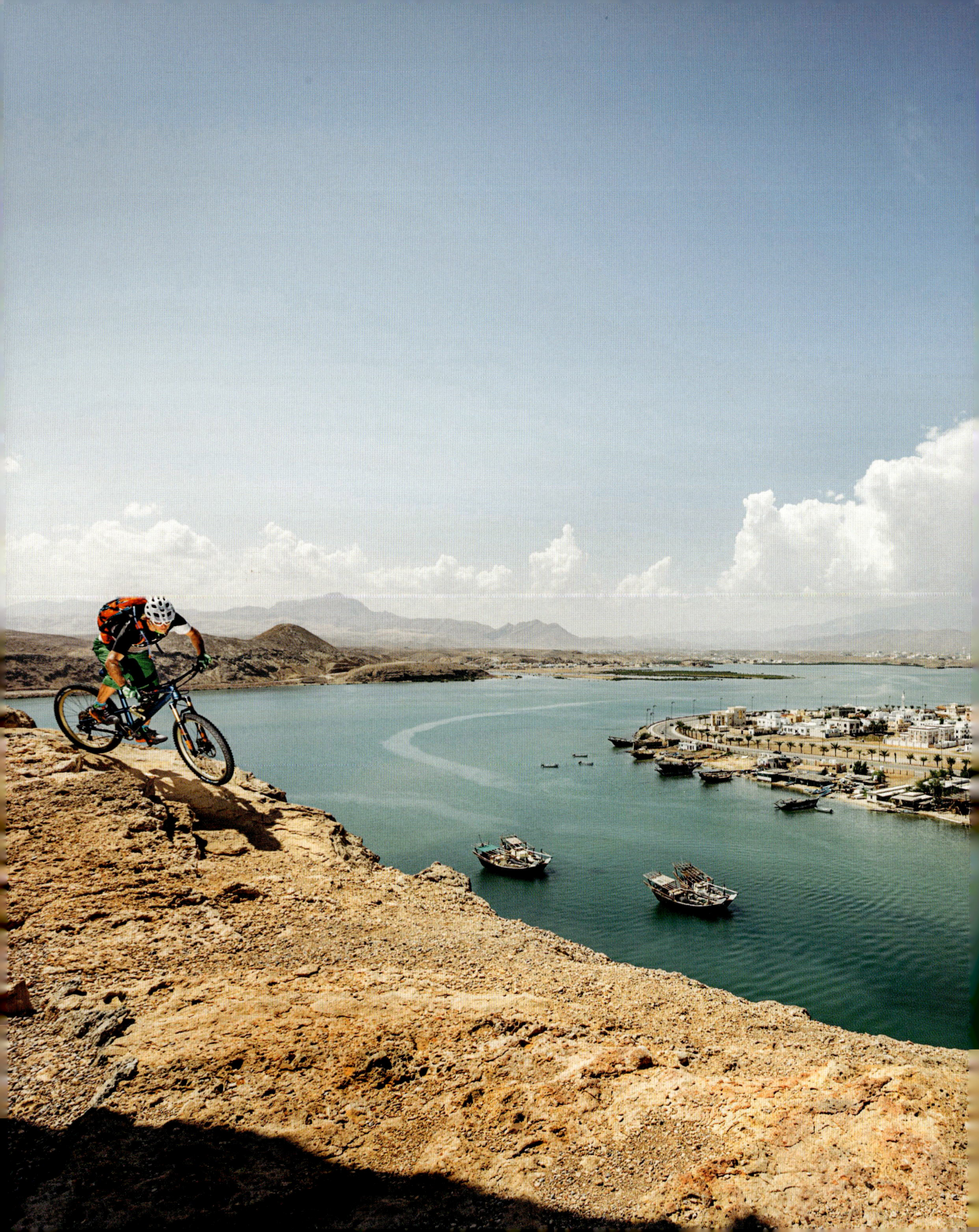

OMAN:
ZWISCHEN STURZFLUT UND SANDSTURM

»Das Fahrrad hilft, Berührungsängste und Barrieren der Sprache und Kultur auf wundersame Weise zu überwinden.«

– Gerhard Czerner –

Nach den Touren der letzten Jahre war meine Abenteuerlust geweckt. Ich war auf der Suche nach weiteren Zielen. Gerne durften sie auch exotischer sein. Auf einem Flug nach Südfrankreich blätterte ich im Bordmagazin und las einen Artikel über das sicherste Reiseland Arabiens, den Oman: Küsten, Traumstrände, Wüsten und bis zu 3000 Meter hohe Berge – so könnte eine kurze Zusammenfassung des Artikels aussehen.

Damit war sie erwacht, meine Neugierde. Denn wo es so hohe Berge gibt, müsste man auch Biken können – dachte ich. Und wenn das Gebirge dazu noch unweit der Küste liegt, umso besser, dann wäre für Abwechslung gesorgt. Also startete ich die Recherche im Internet, kaufte einen Reiseführer und wurde gefangen genommen von den Geschichten über sagenhaft reiche Karawanenstädte, von Weihrauchhäfen und den Legenden von Sindbad dem Seefahrer, dessen Geburtsstadt auch im Oman zu finden ist. Dass sich die Reise in dieses faszinierende Land etwas anders gestalten würde als gedacht, konnte ich zu diesem Zeitpunkt nicht ahnen …

Die Hafenstadt Sur liegt fast am östlichsten Punkt der Arabischen Halbinsel.

Aufgewirbelter Sand färbt den Himmel oft gelblich und schafft einzigartige Lichtstimmungen, wie hier am Plateau des Djebel Shams.

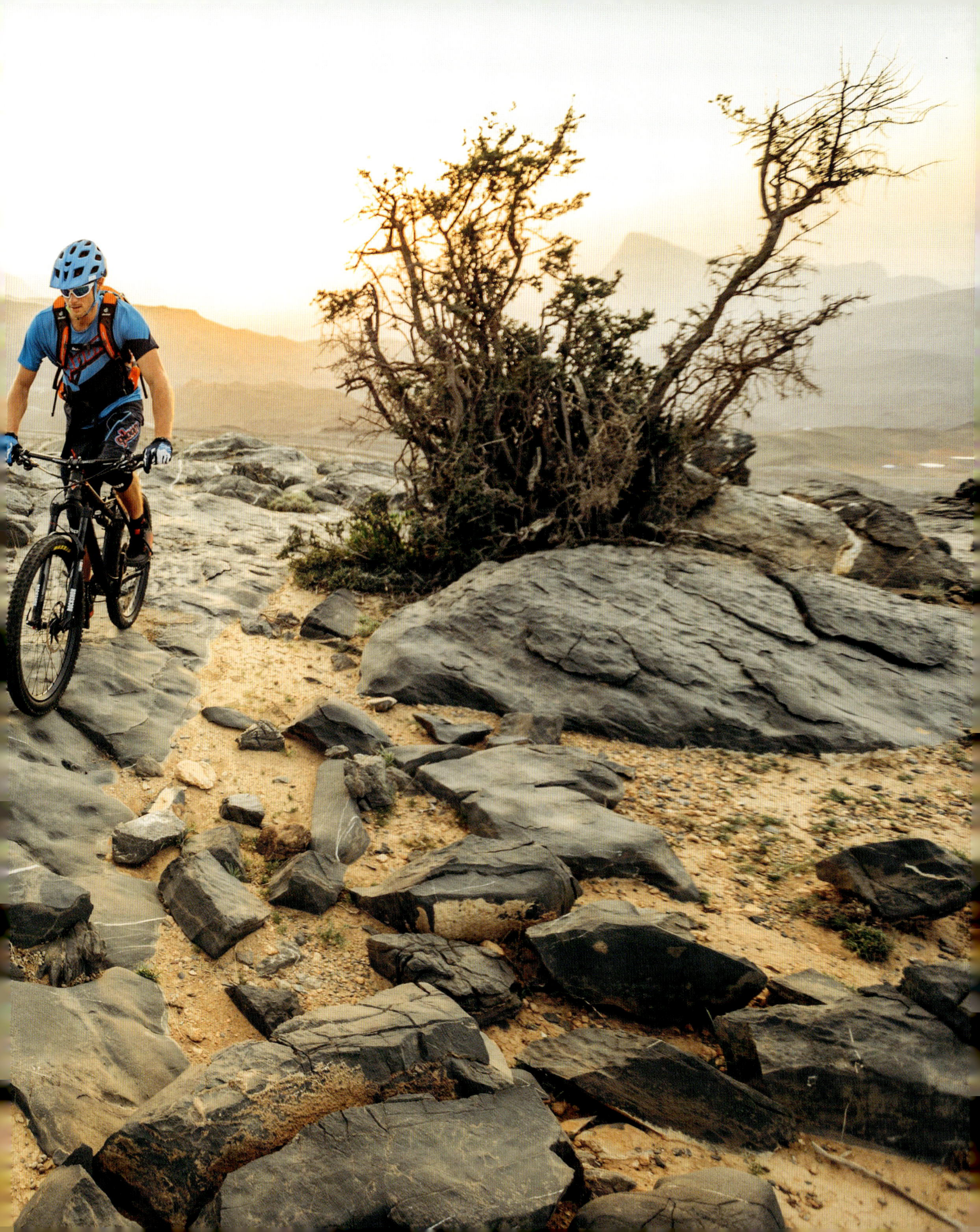

4 TRAILSUCHE IN DER HEIMAT VON SINDBAD DEM SEEFAHRER

»Jeder trägt seine ganz persönliche Landkarte
von der Welt in sich.«

– Gerhard Czerner –

Jeder hat sie in sich. Seine ganz persönliche Landkarte von der Welt. Da gibt es Länder, die wir kennen, weil wir dort leben oder schon einmal zu Besuch waren. Es gibt auch solche, die uns nur vom Hörensagen, von Freunden, aus Nachrichten oder aus Büchern bekannt sind. Und dann sind da Länder, die uns noch nie begegnet sind, zu denen wir keinen Bezug haben, vielleicht noch nicht einmal ihren Namen hörten. Weiße Flecken auf der Landkarte nennen wir diese oft. Einer dieser Flecken war für mich der Oman.

Die innere Landkarte meines Freundes Bernhard hatte hier in Südarabien einen nicht ganz so weißen Fleck. Der Oman stand schon länger auf seiner Reise-Wunschliste. Perfekt, ein Reisegefährte war also schnell gefunden. Ende Oktober schien ein guter Zeitpunkt zu sein: Die Bikesaison in der Heimat neigt sich dem Ende zu und die Tageshöchsttemperaturen des omanischen Sommers von bis zu 48 Grad werden geringer.

Wir Radfahrer sind letztlich angewiesen auf Infrastruktur, auf Wege. Daher suche ich bei meinen Vorbereitungen in Gegenden, wo Mountainbiking nicht verbreitet oder üblich ist, oft nach Wanderrouten. So auch im Oman. Pisten und Straßen sind nicht unbedingt das, was ich gerne fahre. »Trails« lautet das Zauberwort unter Bikern. Das Ergebnis war ernüchternd. Viele gab es nicht. Trotzdem, oder vielleicht genau deswegen, war mein Entdeckerdrang geweckt. Vielleicht liegen ja dort die unentdeckten Juwelen für uns? Und selbst wenn nicht, die sportlichen Möglichkeiten sind letztlich nur ein kleiner Teil einer solchen Reise. Das Land erfahren, schmecken, riechen, die Begegnungen mit Menschen vor Ort, die gemeinsame Zeit mit Freunden, das sind alles Dinge, die viel mehr wiegen. Erst viel später sollte ich begreifen, warum es völlig absurd war, in den Bergen des Omans ein Netz von Wanderwegen zu erwarten.

»Was ist denn das, hat wer die Heizung angemacht?«, platzt Bernhard spontan heraus. Als wir aus dem Flughafengebäude treten, um unseren gebuchten Geländewagen in Empfang zu nehmen, stockt uns der Atem. Wer hat was von erträglichen Temperaturen gesagt? Die Anzeige im Auto meldet 42 Grad. Schon beim Verladen der Bikes rinnt uns der Schweiß übers Gesicht. Gut, dass unsere erste Station auf etwa 2000 Metern über dem Meer liegt, denke ich. Dort ist es hoffentlich etwas kälter.

Wir sind erstaunt: Fast alle Kinder hier können Rad fahren, obwohl sie meist keine eigenen Räder besitzen. Am Rande des Wadi An Nakhur lebt dieser Hirte mit seinen Ziegen. Wenngleich wir uns nicht verständigen können, lädt er uns in sein spartanisch eingerichtetes Heim ein.

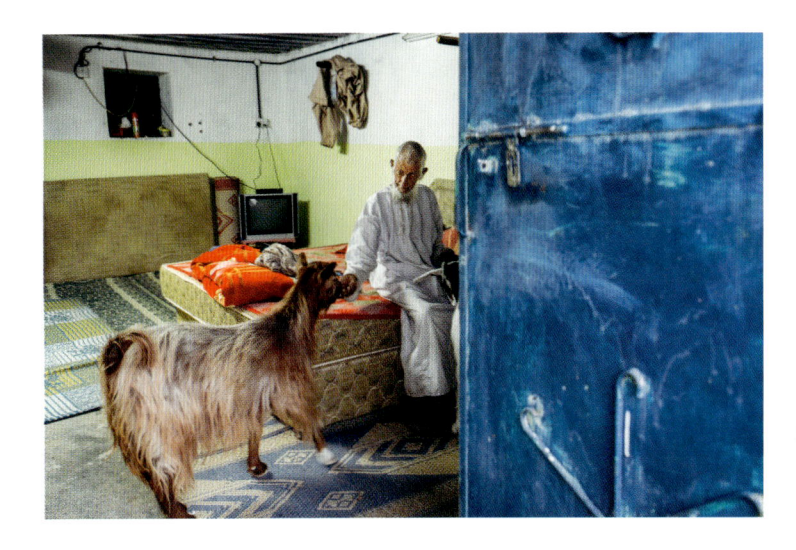

Oman

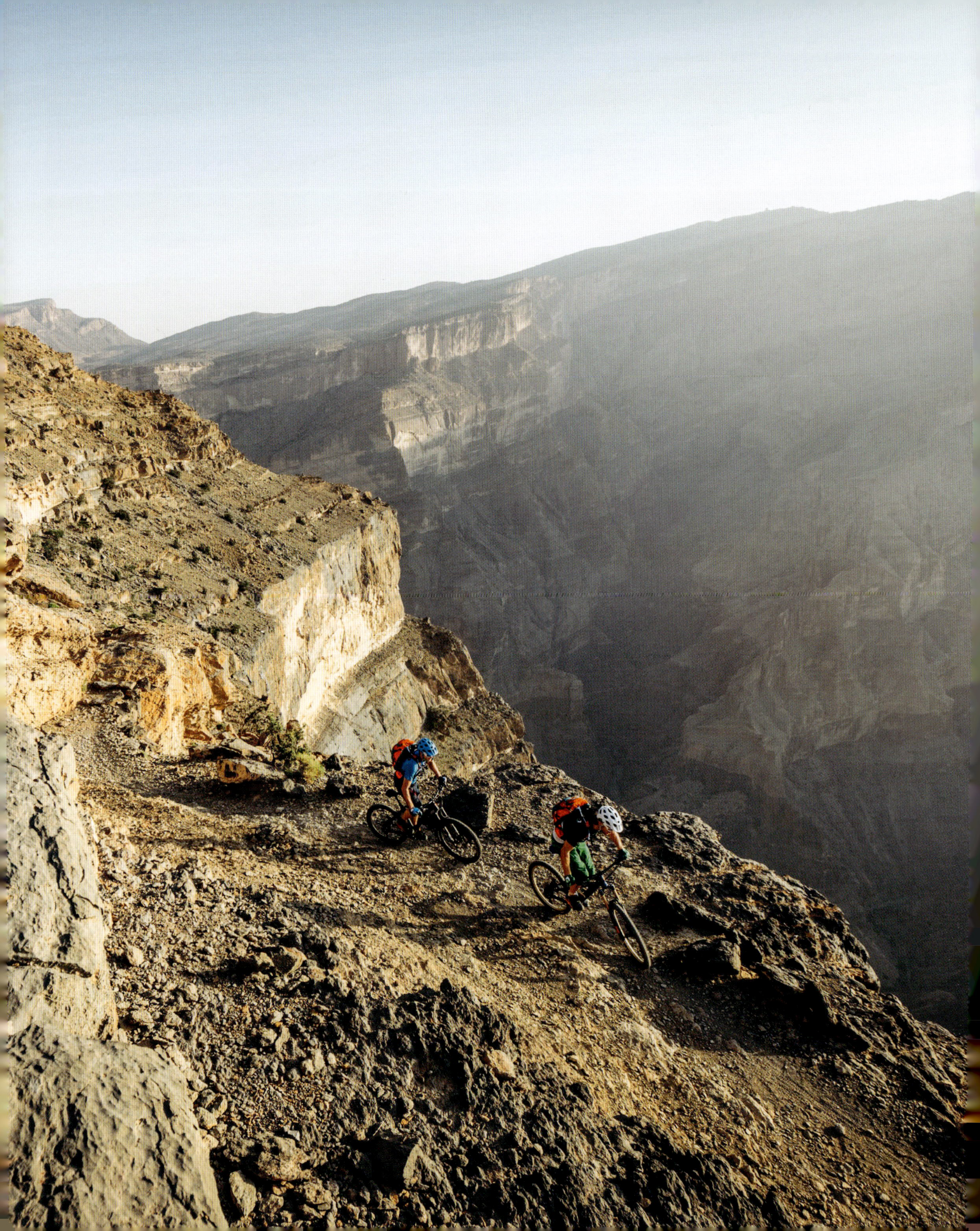

Wir starten die Fahrt gut klimatisiert, aber nicht ohne zuvor Vorräte, vor allem Wasser, gebunkert zu haben. Es fühlt sich gar nicht exotisch an bis hierher. Die perfekt ausgebaute Autobahn führt hinein in eine rötlich gelbe Hügellandschaft. Nur langsam werden die Berggestalten höher und das Streckenprofil ändert sich. Anfangs noch geteert, geht es bald auf einer löchrigen Schotterstraße steil bergauf. Die uns umgebenden Tafelberge werden im Sonnenuntergang in ein faszinierendes Licht getaucht. Erst als es stockdunkel ist, erreichen wir die Bungalowanlage, checken ein und sind erfreut über die kühle Abendluft.

Der Balcony Walk ist ein alter Eselsweg, der zur verlassenen Siedlung As Sab führt – immer am Rand des steilen Abbruchs.

Unsere Unterkunft befindet sich auf dem Plateau des Djebel Shams. Die Bergkette trägt den Namen des höchsten Berges Arabiens, welcher mit seinen 3005 Metern direkt gegenüber in den Himmel ragt. Dazwischen liegt ein Naturschauspiel, wie es eindrucksvoller kaum sein kann: der Wadi An Nakhur. Mit seinen 1100 Meter senkrecht abfallenden Wänden versperrt der Grand Canyon des Omans den direkten Weg zum Gipfel des höchsten Berges. Vom Resort sind es gerade einmal 400 Meter bis zur ungesicherten Kante am Canyonrand. Die Tiefe saugt uns fast hinab. Wir erspähen einen schmalen Pfad, der etwa 150 Meter weiter unten auf einer Art Terrasse am Rande der Schlucht entlangführt. Das muss er sein, der Balcony Walk, die wohl bekannteste Trekkingroute im Oman. Die Szenerie zieht uns völlig in ihren Bann. Der Beschluss ist schnell gefasst: Da fahren wir am nächsten Morgen.

Oman

Meist führt der Weg gemächlich in den Canyon, zwischendurch wird es aber richtig steil. Ringsum ist die Vegetation spärlich – auch am Plateau des Djebel Shams. Beeindruckend: 20 Kilometer lang ist der imposante Wadi An Nakhur. – Rund 1000 Meter unter uns liegt das Dorf Al Nakhar an einem Fluss (rechte Seite).

Um der größten Hitze aus dem Weg zu gehen, starten wir bereits weit vor Sonnenaufgang. Ein paar niedrige Steinbauten tauchen auf, mit ihnen quietschfidele, neugierige Ziegen, die uns hinterherlaufen. Eine farbige Markierung zeigt den Einstieg in den Weg. Einige Stufen hinab durch eng aneinanderliegende, mannshohe Felsen und wir sind in einer anderen Welt. Die Sonne schiebt sich gerade über den Djebel Shams, als wir die ersten Meter am Canyonrand rollen. Die Felswand links wird immer höher und hat bald 150 Meter erreicht. Rechts geht es 800 Meter tief in die Schlucht. Oft ist es vom Pfad an die Kante nicht mehr als eine Körperlänge. Also bloß nicht stürzen, das bedeutet hier das sichere Aus.

Über weite Strecken gut fahrbar, geht es immer weiter hinein in das riesige Ungetüm der Felsenschlucht. Bald gibt es nur noch senkrechte Wände um uns herum. Die grandiosen Ausblicke können wir nur während unserer Pausen wirken lassen, da der Weg zu 100 Prozent unsere Aufmerksamkeit fordert. Fünf riesige Bartgeier kreisen erwartungsvoll nur wenige Meter über unseren Köpfen, als wir kurz durchschnaufen und uns von der mittlerweile doch sehr fordernden Strecke erholen.

Der Weg in den Canyon ist eine Sackgasse, an dessen Ende die Wand 1000 Meter senkrecht in die endlose Tiefe reicht. Unglaublich, hier in einer Höhle stehen die steinigen Überres-

Oman

Geologen bezeichnen den Oman als »größtes geologisches Museum der Welt«. Ein Querschnitt durch alle Gesteine unseres Planeten liegt hier offen da. – Starke Regengüsse: Innerhalb von Minuten stehen ganze Landstriche unter Wasser. Das Szenario fasziniert und beängstigt zugleich (rechte Seite).

te einer Behausung. Der Weg führt noch ein wenig weiter zu einem kleinen Becken an einem trockenen Wasserfall. Das war sicher auch der Grund für die Bewohner, sich hier niederzulassen. Wasser ist am ganzen Berg Mangelware. Die Sonne brennt mittlerweile unerbittlich. Meine Wasservorräte sind schon seit Längerem verbraucht und ich fühle mich nicht gut. Mist, das kann ich hier gar nicht brauchen. Bernhard zaubert eine Orange aus dem Rucksack, die mich rettet. Nach einigen Minuten Erholungspause im Schatten treten wir den Rückweg an.

Zurück am Eingang des Balcony Walk wechselt die Szenerie schneller, als wir es erfassen können. Eine Horde Kinder springt auf uns zu und alle wollen eine Runde auf unseren Bikes drehen. Die dadurch entstehende Pause machen wir nur zu gerne. Jetzt herrscht hier ein Riesentumult: Geschrei, viele lachende Kindergesichter, besorgte Mütter, kläffende Hunde, umherspringende Ziegen, es geht zu wie auf einem Jahrmarkt. Wie schon öfter hilft das Fahrrad, Berührungsängste und Barrieren der Sprache und Kultur auf wundersame Weise zu überwinden. Wir genießen den ungezwungenen Kontakt zu den Einheimischen sehr.

Zurück am Resort, bauen sich um uns riesige Wolkentürme auf. Die Betreiber versichern uns, dass es heute noch regnen wird. Der erste Regen seit Monaten. Dementsprechend groß ist die Freude bei ihnen. Bei uns dagegen nicht so. Wir wollten auch auf den höchsten Berg des Landes, aber bei diesen Wetteraussichten ist es ein zu risikoreiches Unterfangen. Wir entscheiden uns schweren Herzens dagegen. Wie sich wenig später herausstellt, die goldrichtige Entscheidung.

Wir verabschieden uns vom Berg. Der Himmel wird immer dunkler. Bald ist die Straße klitschnass und von Rinnsalen überzogen. Hier hat es wohl schon richtig geregnet. Auf einem Aussichtspunkt ist eine Ansammlung von Fahrzeugen. Wir halten auch und sehen sofort, warum die hier versammelten Omaner begeistert mit Kameras und Smartphones herumhantieren. Riesige Wasserfälle stürzen von der gegenüberliegenden Felswand, die gestern noch strohtrocken war. Wir kommen uns vor wie im falschen Film. Wüstenstaat? Es sieht eher aus wie auf Island!

Noch sind wir begeistert vom Spektakel. Am Talboden angekommen, ändert sich das in Sekunden. Sturzbäche ergießen sich vom Himmel, die Sicht im Auto ist gleich null. Wir fühlen uns, als bräche die Sintflut über uns herein. Sofort lösen sich neben der Straße Muren und Schlammlawinen und versuchen bedrohlich, die Straße zu erobern. Im Schritttempo tasten wir uns langsam durch das Unwetter. Die Straße steht teilweise schon völlig unter Wasser. Um uns herum poltert es immer wieder. Wir wollen nichts wie raus aus dem Inferno.

Nach etwa zwei Stunden ist das Furcht einflößende Szenario beendet. Die Wolken lichten sich, der Regen lässt nach und die Umgebung ist völlig verändert. Von allen Bergen stürzen jetzt Wasserfälle ins Tal. Die kleinen Bachläufe am Straßenrand sind zu reißenden, tiefbraunen Flüssen angeschwollen. In Schlangenlinien tasten wir uns durch diverse Murenabgänge zu einer völlig überfluteten Tankstelle. Straßen sind auf mehrere Hundert Meter nicht mehr passierbar, weil Sturzbäche über ihnen wüten. Hunderte Leute stehen ungläubig vor den Wassermassen. Wir flüchten über eine noch freie Route hinaus aus den Bergen und suchen uns ein Hotel am Straßenrand. Wie wir dort am nächsten Morgen erfahren, sind sechs Leute in den Fluten gestorben, etliche Häuser untergegangen und viele Straßen wurden verschüttet. Wir sind mehr als froh, nicht mehr in den Bergen unterwegs zu sein.

Wir haben genug vom Wasser und beschließen, weiter in die Wüste zu fahren. Nur sechs Stunden Fahrt sind es bis zum Rand der mit 15 000 Quadratkilometern recht kleinen Inlandswüste Ramlat al-Wahiba. Unterwegs besuchen wir Nizwa, das zu den sehenswertesten Orten des Omans gehört. Die leuchtend blau-goldene Kuppel der Sultan-Qaboos-Moschee und der gigantische Wehrturm der benachbarten Festung ragen schon von Weitem über die Wipfel der Palmen und bestimmen die Silhouette dieser geschichtsträchtigen Oase.

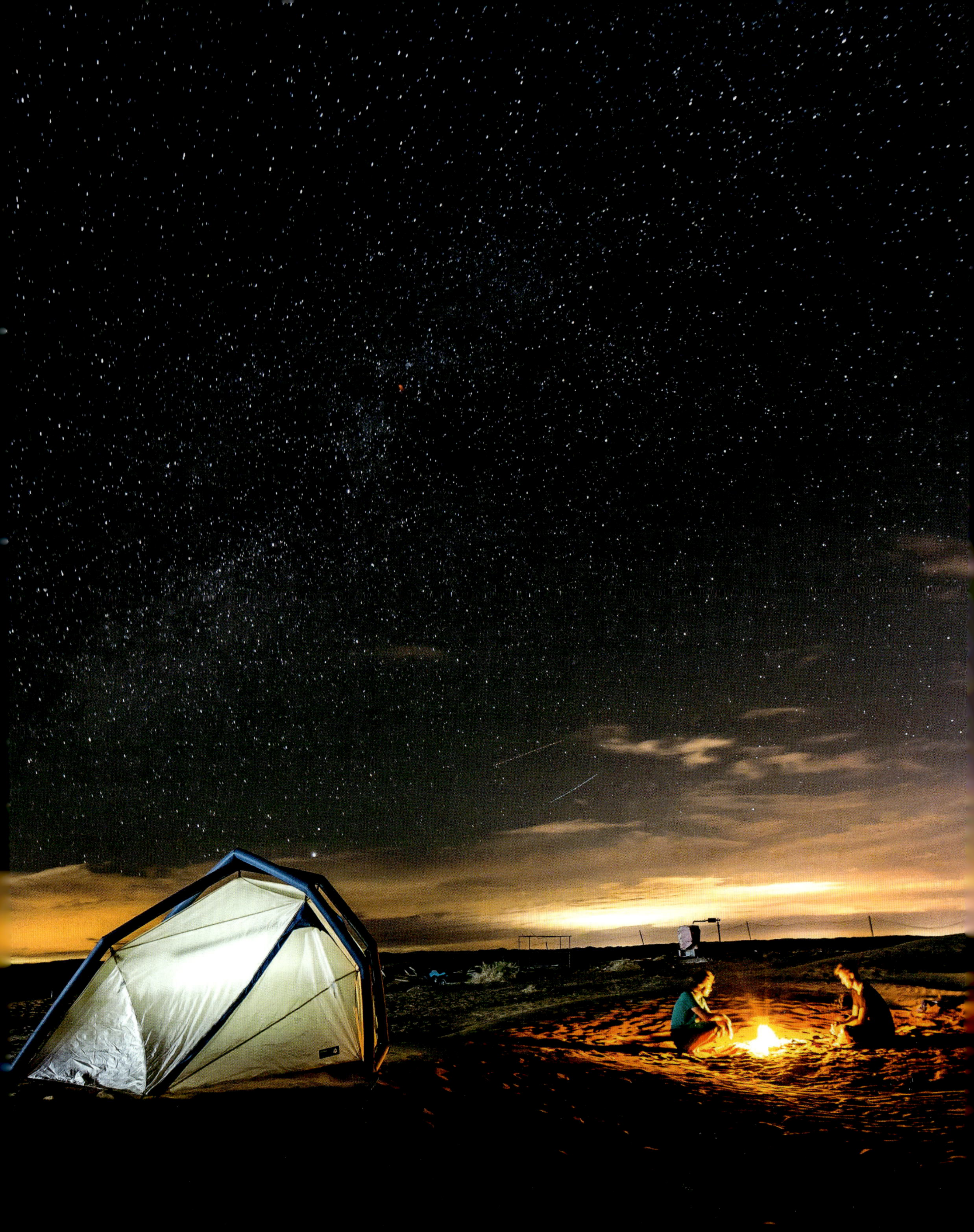

Im 17. Jahrhundert war Nizwa ein blühendes Zentrum von Religion, Philosophie, Kunst und Handwerk. Auch heute werden am quirligen Souq, dem großen Markt, viele handwerkliche Gegenstände, vor allem Töpferwaren, angeboten. Die gut erhaltenen Lehmbauten zeugen vom Reichtum der Stadt. Eine Gruppe von Männern in den typischen knöchellangen Gewändern, den Dishdasha, kommt begeistert auf uns zu und möchte sich mit uns fotografieren lassen. Stolz stehen sie neben uns, während wir jedem die Hand schütteln müssen und viele Fragen zu unseren Bikes und dem Grund unserer Reise in den Oman beantworten. Sie sind sichtlich begeistert und bedanken sich ständig, dass wir ihr Land besuchen.

»Regnet es da vorne schon wieder?« Bernhard blickt verdutzt aus dem Fenster. Auch ich traue meinen Augen nicht. Wieder verdunkelt sich langsam der Himmel auf unserer Weiterfahrt. Doch irgendwie sieht es anders aus. Die Sonne scheint fahl und gelblich durch den dunklen Himmel vor uns. Da ich schon einige Male in der Wüste unterwegs war, wird mir schnell klar, was da vor uns in der Luft liegt: Sand! Und tatsächlich fahren wir kurz darauf in einen waschechten Sandsturm. Das kann doch nicht sein! Wir flüchten vor den Regenfluten und landen in den Fängen des umherwirbelnden Sandes!

Wieder einmal tasten wir uns langsam voran, Richtung Al-Hawiyah, der Oase, die der Eingang zur Ramlat al-Wahiba ist. Dort, wo die Teerstraße endet und die Piste beginnt, stehen trotz der sehr schlechten Sicht einige Jeeps, die sich in die Wüste aufmachen. Ein riesiger Spielplatz für erwachsene Männer: Alle schießen mit ihren monströsen Geländewagen oder Sandbuggys durch die Dünen. Die aus dem Ölverkauf erzielten Deviseneinnahmen bescherten dem Land einen märchenhaften Wohlstand. Hier toben sich wohl viele der reichen Väter und Söhne aus.

Auch wir fahren in die Wüste. Eine Nacht umgeben nur von Sand und Sternen ist etwas sehr Eindrucksvolles. Auf einer erhabenen Düne errichten wir unser Nachtlager. Das Himmelsgewölbe strahlt unbeschreiblich, fast surreal. Es gibt keine Lichtverschmutzung hier draußen und so kommen die Sterne und sogar die Milchstraße in einer Helligkeit zum Vorschein, wie wir sie zu Hause nicht kennen.

Am nächsten Morgen kommen zwei Beduinen mit einem Kamel vorbei. Sie betreiben ein Wüstencamp unweit von unserem Nachtplatz und hatten Sorge, ob wir den Sandsturm heil überstanden haben. Nicht viele übernachten in der Wüste ohne die Begleitung von ortsansässigen Führern. Die beiden laden uns auf einen Kaffee in ihr Camp ein und wir nehmen gerne an.

Kaffee, hier Qahwa genannt, hat eine lange Tradition und ist fast so etwas wie ein arabischer Zaubertrank. Er ist das Paradesymbol arabischer Gastfreundschaft und bringt auf zauberhafte Weise Menschen aus den verschiedensten Kulturen zusammen. Jeder hat sein persönliches Geheimrezept der Zubereitung. Mit ein paar Kaffeebohnen ist es nicht getan. Zusätze wie Kardamom, Rosenwasser oder auch Weihrauch kreieren ein individuelles Geschmackserlebnis. Dazu werden, wie überall im Land,

Zeltnächte in der Wüste gehören zum Eindrucksvollsten, das ich je erlebt habe. Da es keine Lichtverschmutzung gibt, kann man besonders viele Sterne erkennen. – Die Beduinen sind ziemlich überrascht, als sie am Morgen auf unser Nachtlager in der Ramlat al-Wahiba stoßen (oben).

Oman

Datteln gereicht. Diese waren schon früher die wichtigste Handelsware der Wüstenbewohner und sind nach wie vor ein grundlegendes Nahrungsmittel.

In gebrochenem Englisch erfahren wir ein wenig über das Leben hier in der Wüste. Noch heute transportieren sie Material mit Kamelkarawanen in die Oasen. Die Tiere kennen die Routen genau und finden wie von selbst die wenigen Wasserstellen auf dem Weg. In die Berge laufen sie nicht. Warum auch? Kein Wasser, nichts zu fressen und in der Hitze viel zu mühsam. Jetzt dämmert es mir. Klar gibt es hier keine Wege in den Bergen wie bei uns in den heimischen Alpen. Unerträgliche Hitze, keine Dörfer, keine Weideplätze – also keine Wege. Damit auch keine Wanderrouten oder Trails. Logisch, eigentlich. Hätte ich auch draufkommen können. Wieder was gelernt.

Morgens ist es angenehm kühl, tagsüber werden weit über 40 Grad erreicht. – Dromedare gehören zu den »Schwielensohlern«. Die Schwielen an den Füßen sorgen dafür, dass die Tiere im Sand nicht einsinken. Wir dagegen versinken bei unseren Fahrversuchen hoffnungslos und müssen die Bikes schultern.

Oman

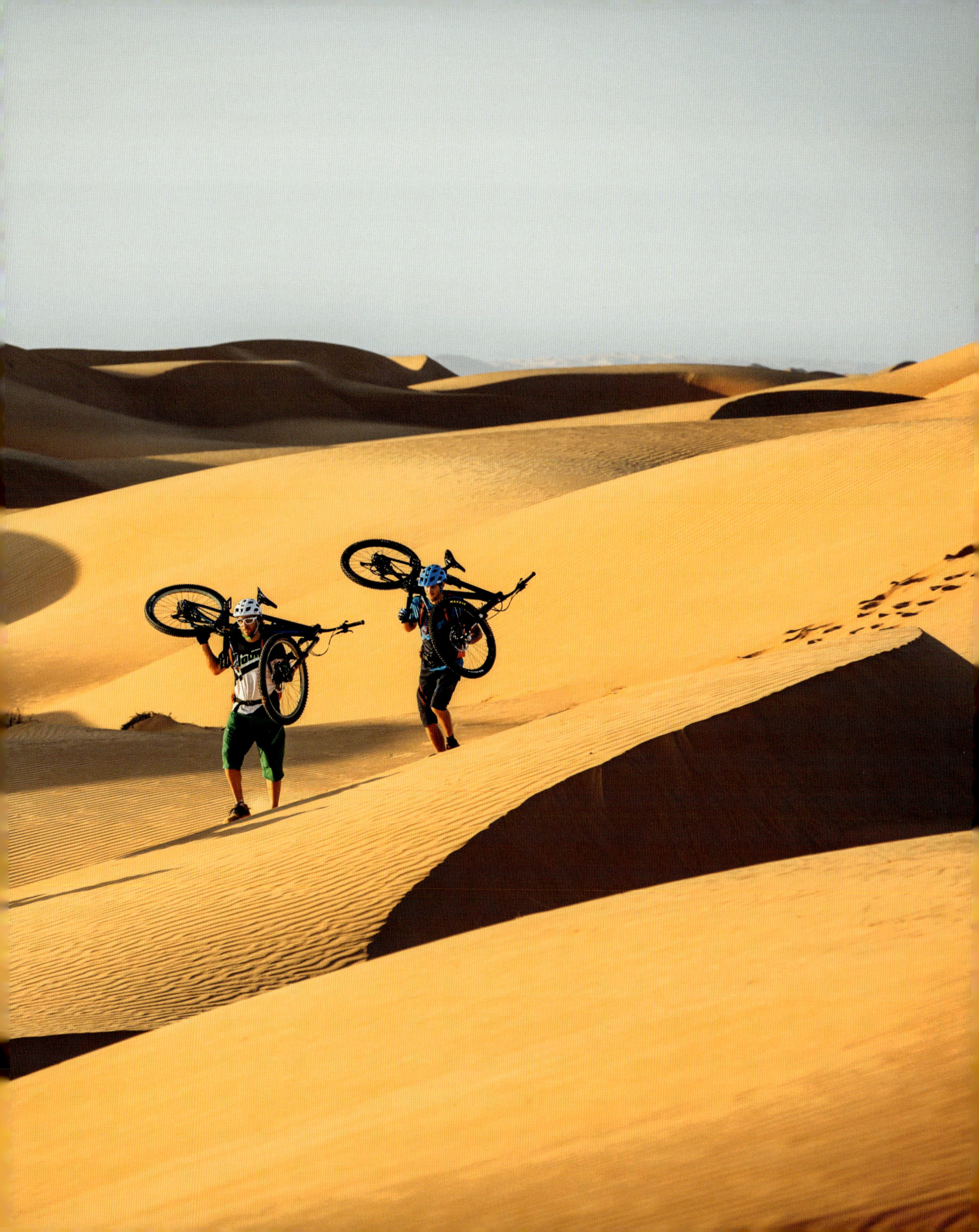

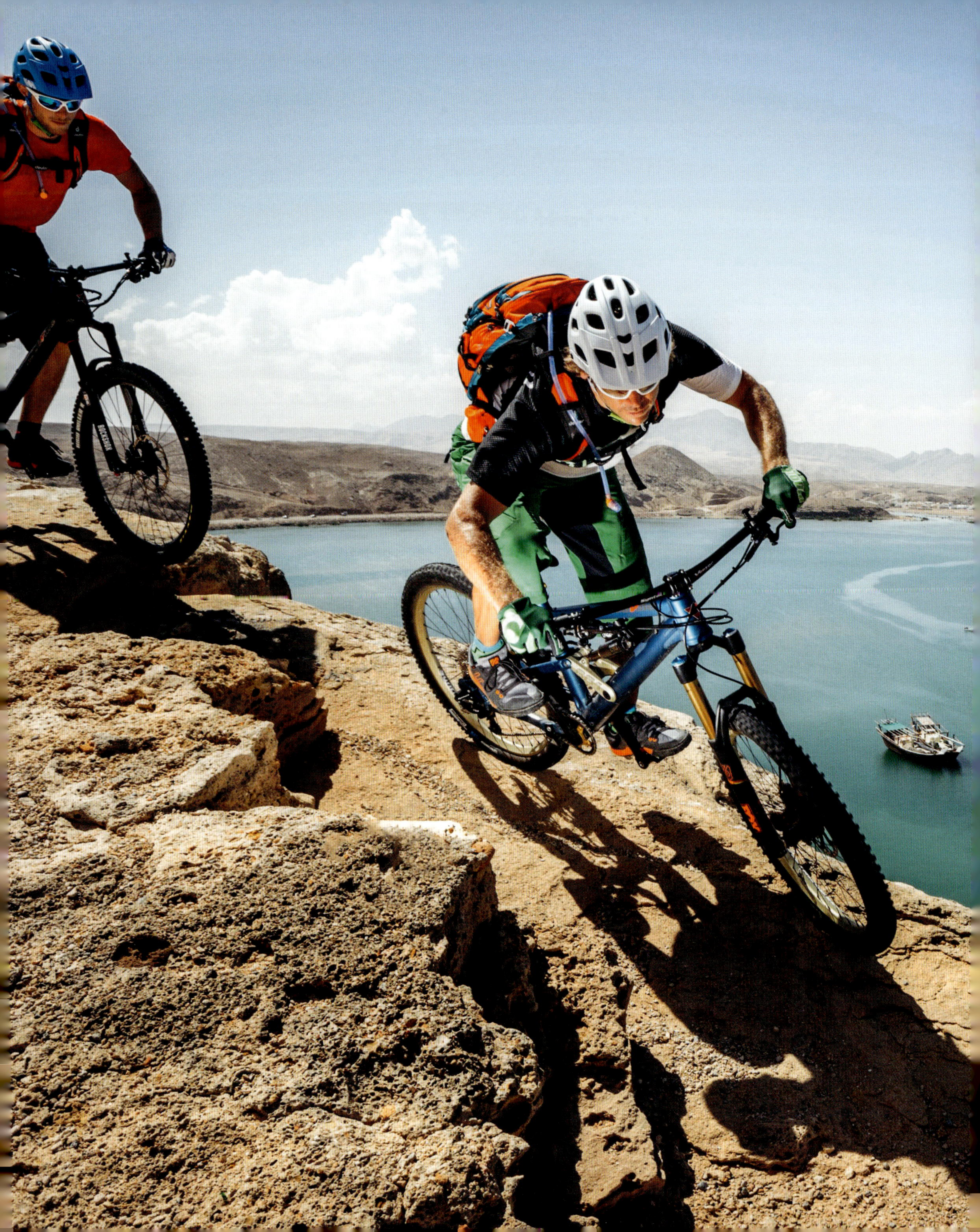

In Sur befindet sich die letzte omanische Werft, in der noch die traditionellen Holzboote, die Dhaus, gebaut werden. Bereits im 6. Jahrhundert dienten sie den arabischen Seefahrern zum Transport von Sklaven, Gewürzen und Seide.

Das Wadi Bani Khalid zählt mit seinem glasklaren Wasser und den glatt gewaschenen Felsen zu den schönsten im Oman. Bewundernswert sind die Moscheen, welche das Bild in den Straßen des Omans prägen. Kaffeekultur wird groß geschrieben, aber kein Kaffee schmeckt wie der andere: Jeder hat sein individuelles Rezept.

Oman

Nach einer ganzen Weile erheben wir uns vom Boden, Stühle und Tische gibt es hier keine, und verabschieden uns von den gastfreundlichen Beduinen. Wir wollen uns den Sand aus den Poren waschen. Dazu suchen wir aber nicht eine Dusche im nächsten Hotel auf, sondern starten auf Empfehlung der Beduinen zu einer 40 Kilometer langen Fahrt ins Wadi Bani Khalid.

Das Wadi, wie hier die Flussläufe genannt werden, zählt mit seinen palmenumsäumten Pools und dem türkisgrün schimmernden Wasser zu den schönsten und üppigsten Wadis im Oman. Es sind wahrhaftig paradiesische Momente hier. Das Wasser ist fast zu warm, um für Abkühlung zu sorgen, dafür können wir uns endlos darin räkeln, ohne zu frieren. Hunderte Omaner tummeln sich hier, auch viele Kinder und Frauen. Letztere in langen, farbenprächtigen Gewändern. Sie picknicken, machen Musik auf Bongos oder Gitarren, plantschen umher und sind neugierig auf uns und die Bikes. Die Freundlichkeit und Begeisterung, mit der uns die Einheimischen begegnen, ist beispiellos.

Am nächsten Tag geht unsere Reise weiter Richtung Küste. Die Hafenstadt Sur liegt nahe am östlichen Ausläufer der Arabischen Halbinsel und wird gemeinsam mit Sohar als möglicher Geburtsort des legendären Sindbad gehandelt. Nicht nur deshalb statten wir der völlig aus weißen Häusern gebauten Lagunenstadt einen Besuch ab. Wir wollen die Dhaus, die traditionsreichen Holzboote, welche es nur hier gibt, sehen. Ohne gezeichnete Pläne, nur nach Augenmaß und Überlieferung werden die für den Fischfang benutzten Holzboote gezimmert.

Wenn auch die meiste Arbeit der Werften heute im Reparieren und nicht mehr in der Herstellung der Boote liegt, so sind sie im Hafen doch allgegenwärtig. Am frühen Morgen kommen die Fischer zurück in den Hafen und bieten ihren Fang zum Verkauf an. Von Thunfisch über Rochen bis hin zum Hai kann man hier alles frisch erstehen. Die Fänge sind nur mehr ein winziger Bruchteil von dem, was noch vor Jahren gefangen wurde. Die Meere sind leer gefischt. Die wenigen Fische in den riesigen Hallen sind traurige Zeugen vergangener Zeiten.

Der Küstenstraße folgend geht es für uns zurück Richtung Maskat, der Hauptstadt des Omans. Mit den Bikes machen wir uns auf, die Stadt zu entdecken. Beeindruckende Bauten wie die Festungen Mirani und Jalali, die den Abschluss der Stadtmauer bilden, bestimmen das Bild der Altstadt. Die bis in die 1960er-Jahre überschaubare Küstensiedlung hat sich im Kielwasser der Machtergreifung des Sultans Qaboos 1970 in schwindelerregendem Tempo zu einer Millionenmetropole entwickelt. Heute wohnt hier fast ein Drittel der Gesamtbevölkerung des Landes.

Entsprechend viel ist hier auch los, als wir an unserem letzten Abend durch die Gassen der Altstadt rollen. Wie überall im Oman werden wir auf Schritt und Tritt vom Weihrauchgeruch begleitet. In einer kleinen Bäckerei stellen wir uns in die Reihe der mit langen Gewändern bekleideten Männer und Frauen, um Baklava zu kaufen. Jedes dieser kleinen und süßen Backwaren schmeckt unterschiedlich, mal nach Weihrauch, mal nach Rosenwasser, Kardamom oder anderen exotischen Gewürzen. Vielleicht sollten wir das unserem Bäcker zu Hause auch mal vorschlagen?

Mein weißer Fleck auf der Landkarte hat sich in dieser Woche gefärbt. Gefärbt mit bleibenden Eindrücken von großartigen Naturschauspielen, Sandstürmen und Regenfluten, mit exotischen Gerüchen und Geschmäckern, mit freundlichen Gesichtern und lachenden, offenen Menschen. Nur die erhofften Trailjuwelen haben wir leider nicht entdeckt, was uns rückblickend dank der intensiven Eindrücke gar nicht mehr wirklich interessiert.

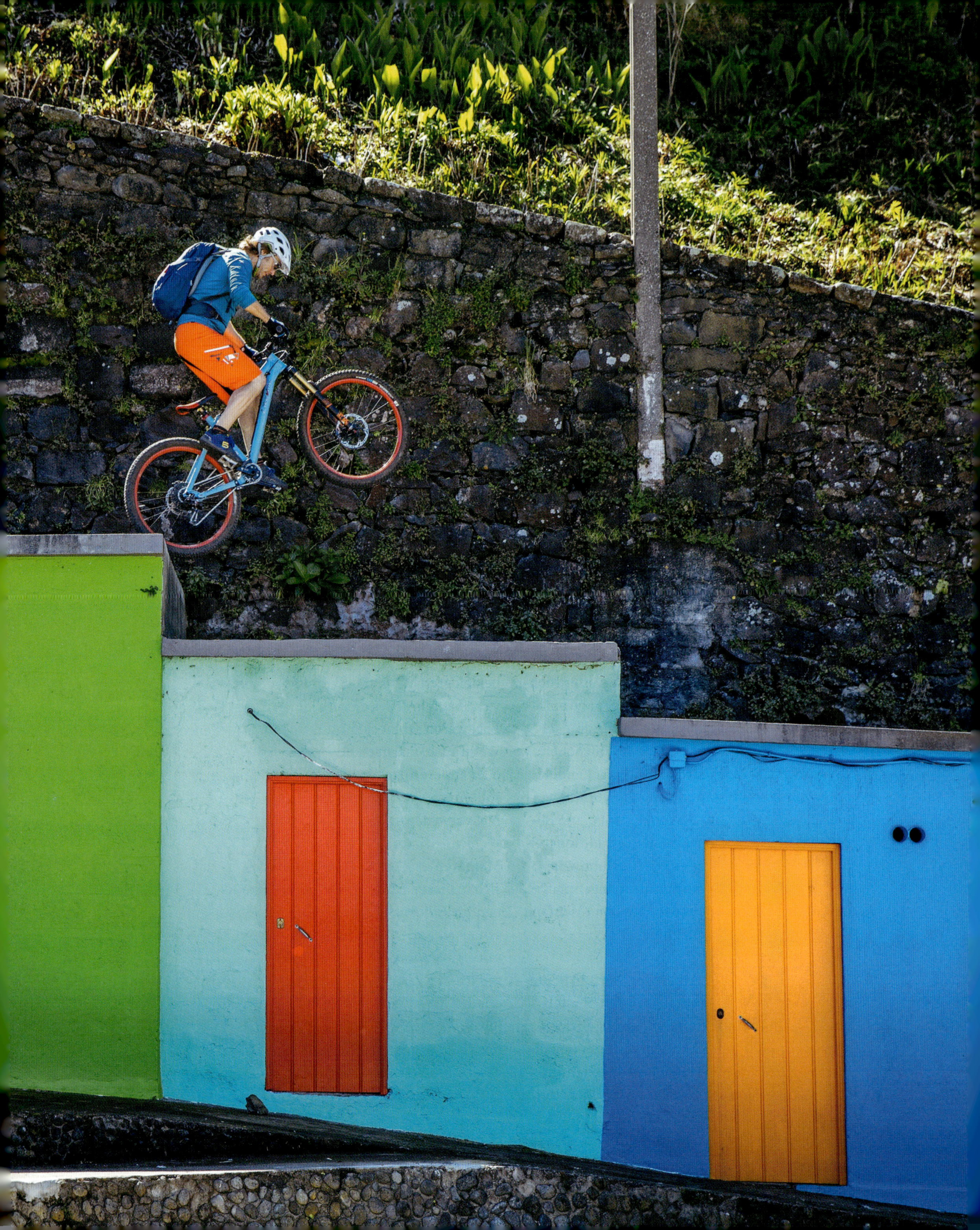

PORTUGAL:
TANZ AUF DEM VULKAN

»Auf den Azoren gibt es fast jeden Tag
drei Jahreszeiten.«

– Luis Melo –

Feuerspeiende Berge faszinieren den Menschen seit Anbeginn. Die alten Griechen und Römer, die Massai, die Hawaiianer und unzählige andere Völker hielten – und halten zum Teil noch heute – Vulkane für Sitze ihrer Götter. Viele historische Ereignisse werden in Zusammenhang mit Vulkanen gebracht. Denken wir an den Untergang Pompejis oder auch an das Aussterben der Dinosaurier.

Auch mich fasziniert die Vorstellung, dass aus dem Inneren unserer Erde an Rissen und Löchern flüssige Gesteine des heißen Erdkerns an die Oberfläche treten und sich zeigen. Um ehrlich zu sein, kann ich die Vorstellung nur schwer greifen. Dass dieses Gestein eine ungleichmäßige Oberfläche formt, in deren Vertiefungen und entstandenen Becken sich Wasser von unvorstellbarer Menge sammelt, ist beeindruckend und beängstigend zugleich.

Nirgends kommt man diesem Phänomen näher als auf einer Vulkaninsel, wo die beiden Naturgewalten direkt aufeinandertreffen. Als ich die Möglichkeit bekam, das vulkanische Archipel der Azoren zu besuchen, musste ich natürlich Ja sagen. Ich wurde nicht enttäuscht. Die gewaltige Natur ist hier auf Schritt und Tritt zugegen.

Die farbliche Abstimmung ist zu perfekt, um nicht auf den Dächern der bunten Fischerhäuschen auf São Miguel umherzuspringen.

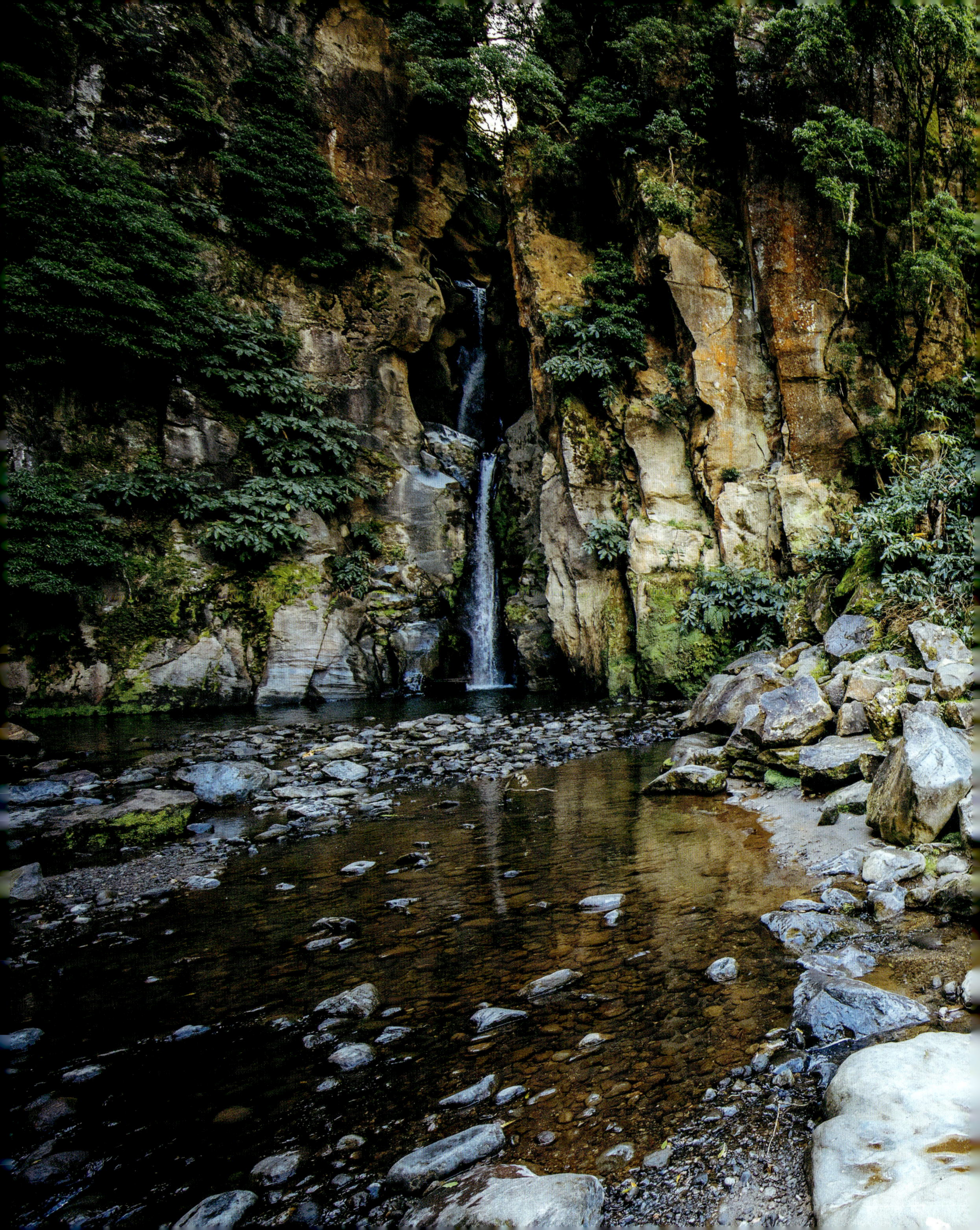

Rund 850 verschiedene Farn- und Blütenpflanzen gibt es auf den Azoren. 56 davon gelten als endemisch, kommen also nur dort vor. Die Trails führen oft durch diesen wunderschönen Artenreichtum.

5 FEURIGE ABFAHRTEN INMITTEN DES ATLANTIKS

»Die Zeit scheint sich auf den Inseln langsamer zu drehen.«

– Gerhard Czerner –

Gerade erst abgehoben, setzt die Maschine schon wieder zur Landung an. Der kürzeste Flug unseres Lebens dauert gerade mal 15 Minuten und bringt uns von São Miguel, mit 750 Quadratkilometern die größte Insel der Azoren, nach Santa Maria. Auf dieser überschaubaren Insel wohnen etwa 5000 Menschen. Zwei davon sind Andre und Miguel, die uns stilecht mit Landrover und Kleinbus am Flughafen herzlich willkommen heißen. Mit uns gelandet ist Luis Melo. Auf São Miguel aufgewachsen, kennt er die Azoren wie kaum ein Zweiter. Als begeisterter Biker der ersten Stunde ist er für die nächsten Tage der ideale Begleiter. Heute arbeitet der passionierte Lehrer auch für den Tourismus, um das Biken auf den Azoren weiterzuentwickeln.

Von Andre erfahren meine Reisegefährtin Jenny und ich auf der Fahrt ins Hotel, dass es auf der Insel über 20 Trails gibt, der Pico Alto mit 587 Metern der höchste Punkt ist und wir ganz sicher viel zu wenig Zeit haben werden, um alles zu sehen. Wir schauen uns überrascht an. Auf 97 Quadratkilometer Fläche sollen zwei Tage nicht genügen? Viel Zeit, uns zu wundern, haben wir nicht, denn nach nur wenigen Minuten stoppt der Wagen vor dem Hotel. Die Distanzen sind eben erfreulich kurz auf einer kleinen Insel.

Wir montieren die Bikes und begeben uns zum Frühstück in eine kleine, gut gefüllte Bar am Dorfplatz. Hier machen wir den ersten für Touristen typischen Fehler und bestellen Cappuccino. Der kommt aus der Tüte und nicht aus der verlockend glänzenden Kaffeemaschine, die hinter dem Tresen steht. »Pingado« müssten wir in Zukunft bestellen, Espresso mit einem Schuss Milch, empfiehlt uns Andre.

Wir beißen gerade in unser Sandwich, belegt mit Käse vom Bauernhof gegenüber, als Luis aufgeregt zu uns kommt. »Nuno Aguiar ist da, ihn müsst ihr unbedingt kennenlernen!« Wie Luis erzählt, hat der Postbote Nuno nicht nur schon viele Briefe gebracht, sondern auch das Biken auf die Insel. Vor einigen Jahren siedelte er von São Miguel über und begann alsbald, alte Wege mit Schaufel und Hacke von der überall wuchernden Vegetation zu befreien, um seiner Leidenschaft, dem Downhillfahren, nachgehen zu können. Davon profitieren alle Biker noch heute, auch wenn Nuno nur noch wenig Zeit hat, sich um die Trails zu kümmern. Die Trailpflege wurde von anderen Bikern übernommen. Nach einem anregenden Gespräch über die Entwicklung des Bikesports auf der Insel muss Nuno weiter, Briefe verteilen. Wir sind begeistert von der Atmosphäre und dem Miteinander in der Bar. Welcher Postbote bei uns hat Zeit für ein Gespräch und einen Kaffee am Morgen, nur um ein paar Touristen aus vergangenen Zeiten zu erzählen?

Die Tea Factory auf der Insel São Miguel beweist: Auch in Europa gibt es Teeplantagen. Das schöne Rathaus von Ribeira Grande, mit gut 32 000 Einwohnern die größte Stadt in São Miguels Norden, ist im landesüblichen Baustil errichtet.

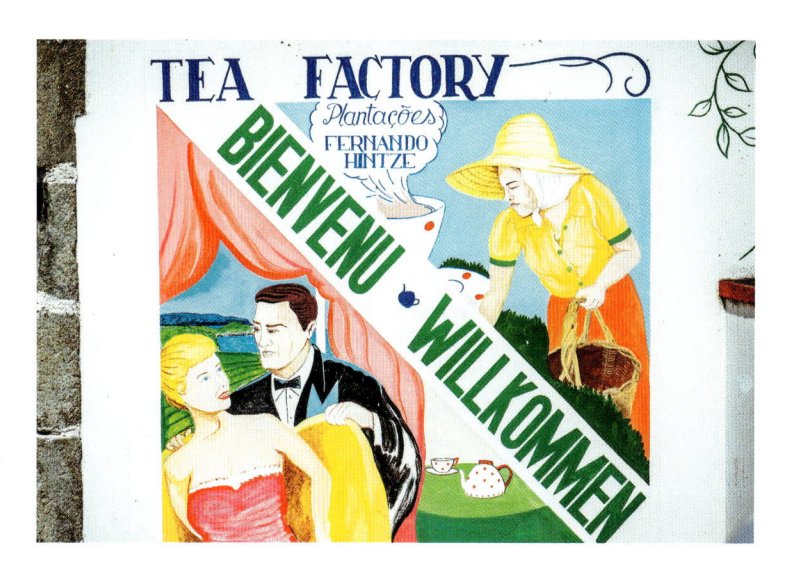

Portugal

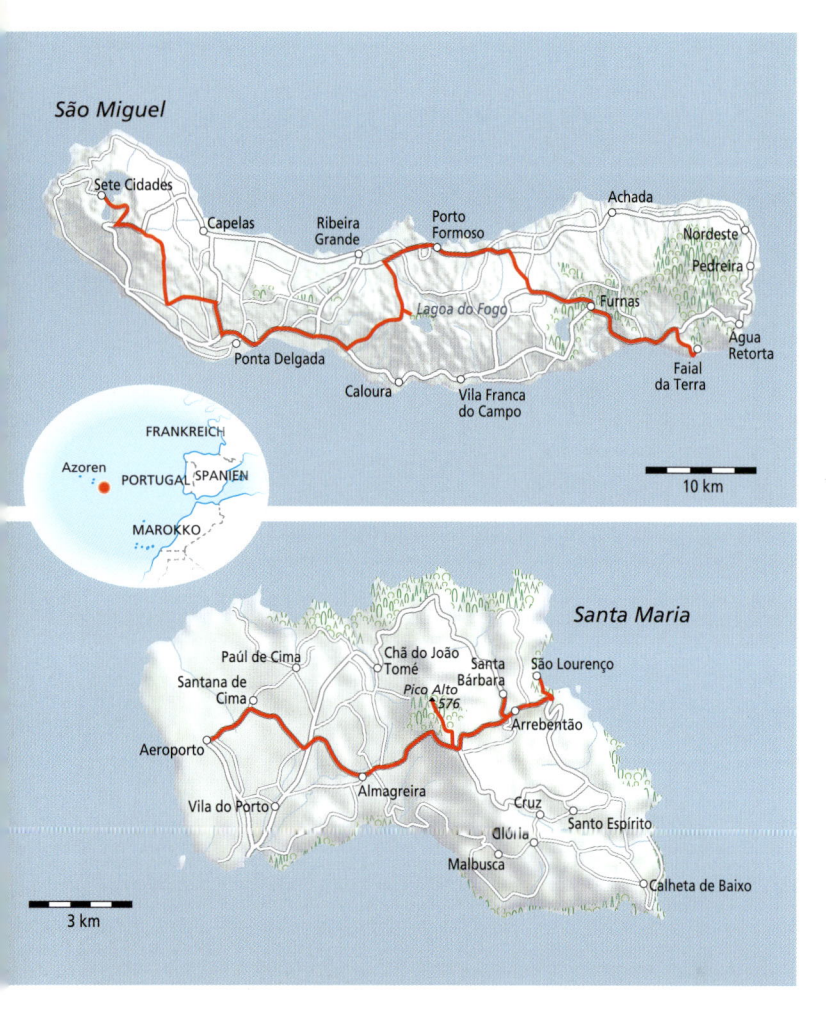

»Seid ihr gestärkt? Können wir los?« Luis ist mindestens so motiviert wie wir. Es geht auf den höchsten Punkt der Insel, den Pico Alto. Je weiter wir uns emporschrauben, umso dichter wird die Vegetation. Das satte Grün nimmt uns gefangen. Richtiger Urwald wächst hier. Immer wieder kreuzen Trails die Straße und wir erahnen so langsam das Potenzial für Biker.

Oben angekommen, geht es gleich los. Kurz antreten und wir tauchen ein in den dichten, dschungelartigen Wald. Luis gibt sofort Gas. Als *local* kennt er jede Wurzel und jede Ecke beim Vornamen. Wir dagegen müssen uns erst an den weichen, mit Wurzeln gespickten Boden gewöhnen. Aber Luis wartet an jeder Abzweigung auf uns, damit wir uns nicht verfahren. Wie ein Spinnennetz ziehen sich die Wege hier über den Berg. Santa Barbara, unser Trail, der in das gleichnamige Dorf führt, schlängelt sich durchs Dickicht. Zwischendurch gibt er immer wieder Ausblicke auf die grüne Insel frei.

Beim nächsten Stopp mahnt Luis zur Vorsicht. Der folgende Abschnitt geht durch einen nicht viel mehr als lenkerbreiten, mannshoch ein-

Ruppig führt der Trail über die Terrassenfelder zum Strand in der Bucht von São Lourenço auf Santa Maria. – Verwunschene Pfade durch dichten Urwald sind typisch für die mittleren Höhenlagen der Inseln. Und viele der Trails enden am Strand. Besser könnte die Abwechslung nicht sein (linke Seite).

geschnittenen und bei Nässe sehr rutschigen Mini-Canyon und bietet kaum Spielraum für Fahrmanöver oder gar Fahrfehler. Und tatsächlich: Schon der Einstieg in den tunnelartigen Abschnitt ist mit schmierigen Steinen übersät. Da hilft nur Bremse auf und hinein ins Vergnügen. Es rutscht und schlittert, mein Lenker touchiert zweimal die Wand, bis mich der Canyon auf einer Wiese wieder ausspuckt. Erst mal anhalten und durchatmen. Als sich mein Puls beruhigt hat, nehme ich die Umgebung wieder wahr und sehe die ersten Häuser von Santa Barbara weiter unten im satten Grün liegen.

Die bunten Fensterläden bilden einen starken Kontrast zu den weißen Fassaden der Häuser. Die unterschiedlichen Farben waren in früheren Zeiten Ausdruck für den Reichtum der dort lebenden Familien. Wir setzen uns kurz vor die imposante Kirche im Ortskern, lassen den ländlichen Charme der kleinen Ansiedlung auf uns wirken und genießen noch einige Minuten in der Sonne die Stille in dem menschenleeren Ort. Dann geht es weiter, noch mal hinauf auf den Pico Alto, um den nächsten Run in Angriff zu nehmen.

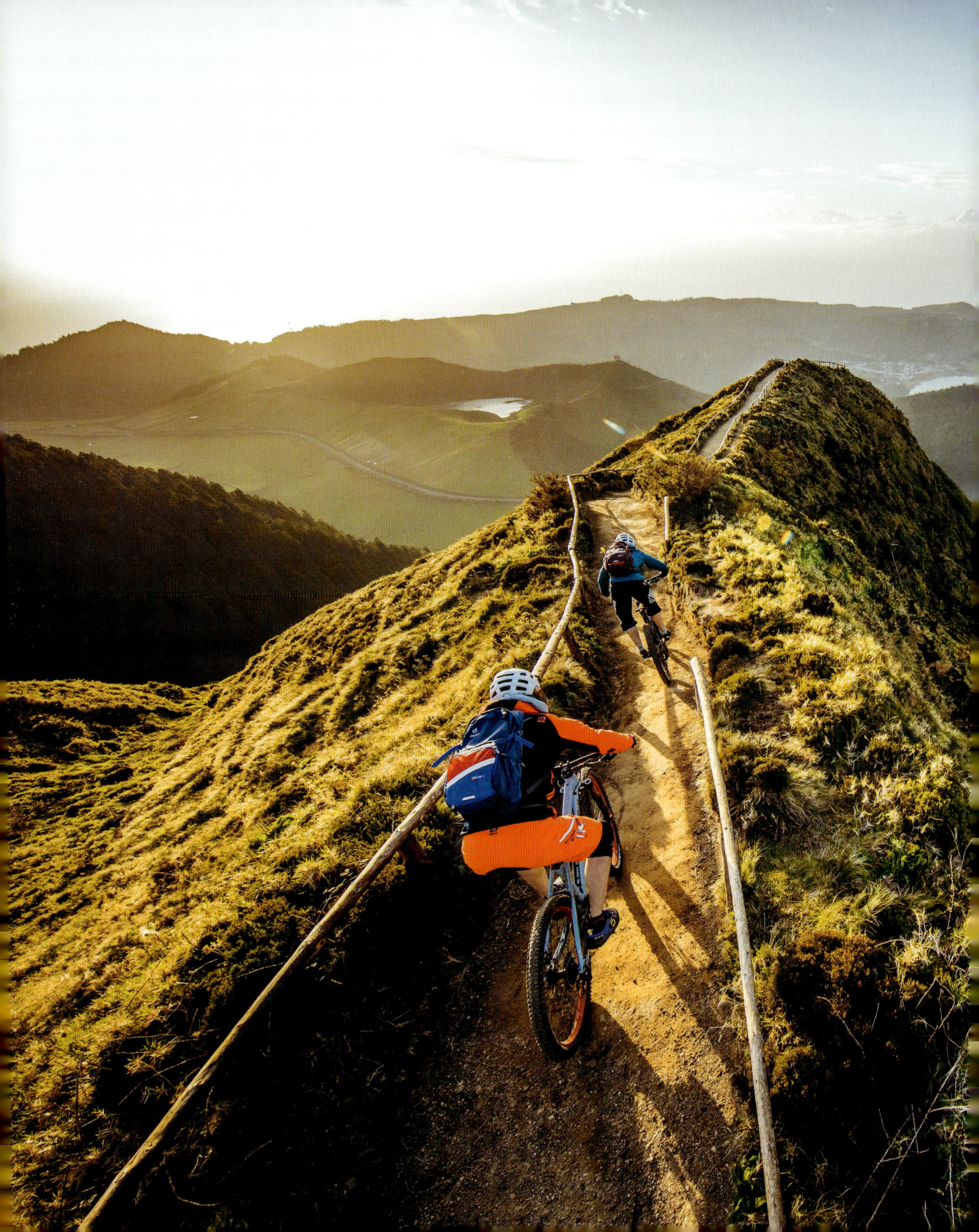

Wir sind beeindruckt von der Vielfältigkeit der Wege. In mühevoller Handarbeit werden sie gepflegt und einige Passagen zum Biken optimiert. Anlieger, kleine Drops, Sprünge und kurze Tretpassagen fügen sich perfekt in die Landschaft ein und wirken fast wie natürlich gewachsen. Alle Trails haben einen Namen und meist auch eine kleine Geschichte. Der »Aeroplane« hat seine Bezeichnung zum Beispiel von einem Flugzeugabsturz im Jahre 1989, als eine Boeing 707 hier am Pico Alto zerschellte. Eine Gedenktafel erinnert an das schreckliche Ereignis.

Auch der nächste Tag vergeht viel zu schnell. Wir biken über steile Pfade hinunter in einsame Buchten und durchqueren den Barreiro da Faneca, eine aus roten Lehmablagerungen bestehende, sanft wellige Landschaft, auch als »rote Wüste« bekannt. Mittags pausieren wir am Praia Formosa, einem der schönsten Strände der Insel. Hier findet jährlich das bekannte Musikfestival Maré de Agosto statt. Eine Woche lang gibt es typisch azorische Musik, Jazz, Rock und Pop, aber auch andere kulturelle Darbietungen. Tausende Besucher aus der ganzen Welt zieht es jährlich in die sonst verträumte Bucht mit ihren bunten Bars.

Bei der Verabschiedung abends am Flughafen müssen wir Andre und Miguel recht geben. Die zwei Tage auf Santa Maria waren viel zu kurz, um diese einzigartige Insel, wo die Zeit ein bisschen langsamer zu gehen scheint, mit all ihren Möglichkeiten kennenzulernen. Der kurze Flug zurück nach São Miguel reicht nicht annähernd aus, um die Fülle der Erlebnisse der vergangenen Tage zu verarbeiten. In Gedanken träume ich davon, mir für ein paar Wochen ein Zimmer am Praia Formosa zu mieten und nichts anderes zu tun, als zu biken, zu surfen und die Schönheit der Natur zu genießen.

Der berühmteste Aussichtspunkt auf São Miguel liegt oberhalb des Riesenkraters von Sete Cidades mit dem gleichnamigen See. Dringende Empfehlung: Ein Besuch bei Sonnenuntergang!

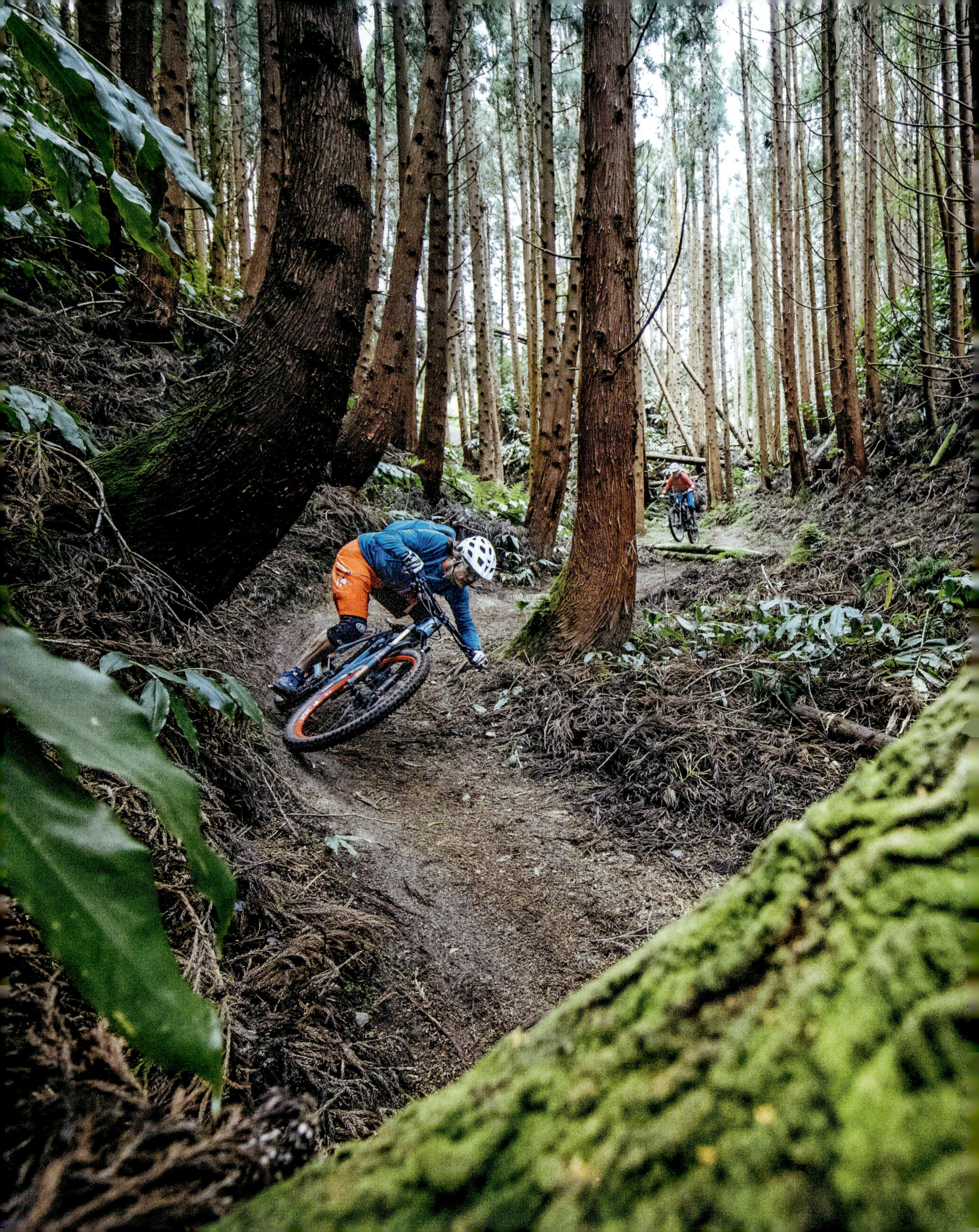

Am nächsten Morgen steht ein Highlight auf dem Programm. Es geht hinauf zum Lagoa do Fogo, dem »Feuersee«. Am höchsten Punkt des Kraterrandes stehend, liegt der See tief unter uns inmitten des Kraters. Der Wind pfeift und wir suchen hinter einer kleinen Hütte Schutz, um den bevorstehenden Sonnenaufgang beobachten zu können. Lange dauert es nicht, und schon zeigt sich die rötlich glänzende Sonne am Horizont, taucht die uns umgebende, weit unten liegende Landschaft in warmes Licht. Ein grandioses Naturschauspiel. Von hier haben wir einen gigantischen Ausblick über große Teile der Insel. Diese Fernblicke gibt es nur auf Inseln: wenn sich das Meer am Horizont mit dem Himmel vereint und die schier unendliche Weite nicht zu erfassen ist.

Doch nicht nur wegen des unvergesslichen Sonnenaufgangs haben wir diesen aussichtsreichen Ort aufgesucht. Der Einstieg in den Cathedral Trail befindet sich genau hier am höchsten Punkt. Ein Feuerwerk von Eindrücken prasselt auf uns ein, als wir einen der längsten Trails auf der Insel genießen. Mit guter Fahrtechnik bleibt aber Zeit, die einmaligen Ausblicke zu

Auf den extra zum Biken angelegten Wegen finden auch Downhillrennen statt. – Blick über Vila Franca do Campo, einst Hauptstadt von São Miguel. Vulkanische Aktivitäten sind überall präsent auf den Inseln, so auch in Furnas (oben).

Beginn des Weges am Kraterrand zu inhalieren. Laut kreischend ziehen Möwen ihre Kreise und begleiten uns eine ganze Weile. Weiter unten tauchen wir wieder in das dichte Grün und die Stille des Waldes ein, die den Berg umgeben. Bis hinunter ans Meer führt der abwechslungsreiche Trailspaß, der allein Grund genug ist, mit dem Bike auf die Insel zu kommen.
Mit einem breiten Grinsen im Gesicht gönnen wir uns ein spätes Frühstück in einer kleinen Bar. Natürlich stilecht am Strand. Die Bikeschuhe haben wir ausgezogen und stecken die Füße in den warmen Sand. »So stelle ich mir Biken vor«, lacht Jenny erfreut.

Der Teemanufaktur Chá Gorreana, einer 45 Hektar großen Teeplantage an der Nordküste, statten wir auf dem Rückweg einen Besuch ab. Idyllisch und fernab von jeglicher Industrie liegt dieser Familienbetrieb, der jährlich etwa 40 Tonnen Tee erntet. Dank der besonderen klimatischen Bedingungen können die Pflanzen der hier angebauten chinesischen Teesorte völlig frei von Pestiziden oder Herbiziden gezüchtet werden. Über 30 Mitarbeiter verarbeiten den Tee noch heute zum Großteil in Handarbeit. Betörender Duft steigt uns in die Nase, als wir, aufs Herzlichste willkommen, durch die Produktionsanlage schlendern und die Angestellten bei ihrer Arbeit beobachten. In einer extra eingerichteten Stube genießen wir den frisch verarbeiteten Tee, welcher kostenlos zur Probe bereitgestellt ist.

Auf dem Weg nach Faial da Terra berichtet Luis vom dort stattfindenden Enduro-Fest und schwärmt von zig verschiedenen Trails. Uns schwirrt der Kopf, als wir aus dem Auto steigen. Die frische, klare Luft hilft, das Gedankenkarussell zu stoppen, und holt uns in die Realität. Gleich entdecken wir auf der gegenüberliegenden Straßenseite ein Holzschild mit dem Hinweis »Pico Grande« und dem Piktogramm zweier Mountainbiker. Gemütlich pedalieren wir los.

»Wir haben ein paar Sprünge neu gebaut, geht aber alles«, strahlt Luis voller Vorfreude in meine Richtung. Er ist oft hier und kennt praktisch jeden Stein. Kurz nachdem der Trail steiler abfällt, kommt ein Bachlauf zum Vorschein, über welchen ein Absprung errichtet ist. Luis tritt an und wirbelt durch die Luft, der Rest der Crew umfährt die Rampe. Über Gaps springen, die ich vorher nicht begutachten konnte, liebe ich eigentlich nicht. Doch motiviert von der wartenden Mannschaft fasse ich mir ein Herz und trete an. Im Eiltempo scanne ich die Umgebung und irgendwann ist es zu spät, um abzubrechen. Zähne zusammenbeißen und drüber. Weich lande ich nach einigen Flugmetern auf der anderen Seite. Perfekt gebaut, freue ich mich innerlich. Auch der weitere Weg ist optimiert fürs Biken, ohne dass er allzu künstlich wirkte. Nur hier und da gibt es kleine Anlieger und Sprünge. Der Fahrspaß endet mitten in Faial da Terra. High five! Wir klatschen ab und sind voller Adrenalin.

Mit einem »Pingado« in der Hand sitzen wir auf einer hölzernen Terrasse inmitten des Dorfes, als Luis herzlich einen Herrn in Jeans und Pullover begrüßt. Es ist Paulo Nazaré, der Bürgermeister. Spontan setzt sich dieser zu uns und erzählt begeistert von der Entwicklung des Radsports in seiner Region. Selbst bikend, unterstützt er alles, was dem Sport hilft und im Einklang mit der Natur steht. So entstand hier über die Jahre ein Netz von Trails, welches von der Gemeinde gepflegt und ständig erweitert wird. Stets mit einem Augenmerk auf die Umweltverträglichkeit.

Das Azoren-Archipel ist die Spitze eines gewaltigen Gebirges unter Wasser: des Mittelatlantischen Rückens. – Die Wallfahrtskirche Ermida de Nossa Senhora da Paz ist eine der bekanntesten Kirchen São Miguels. Auf den blauen Bildern der Treppengalerie ist der Leidensweg Jesu dargestellt (linke Seite).

Von Paulo erfahren wir auch Interessantes über die Inseln. Knapp 1400 Kilometer vom westlichsten Punkt des europäischen Festlandes entfernt ragen die neun Vulkaninseln aus dem Atlantik empor. Sonne, Regen, Wind und Nebel wechseln sich auf den Azoren ständig ab. So kann es sein, dass morgens noch Nebelschleier über den Ebenen liegen, nachmittags die Sonne scheint und abends ein kurzer Regenschauer vorüberzieht. In der Nähe des Äquators sind diese Wechsel nicht unüblich. Die Natur profitiert vom gleichmäßigen Klima und den warmen Regenschauern, denn so wird die einzigartige Flora und Fauna der Azoren möglich – und dies das ganze Jahr über. Hitzeperioden sowie Kälteeinbrüche gibt es nicht. Nur auf dem höchsten Berg der Azoren, dem Pico, kann es sein, dass mal Schnee fällt. Sommerliche Temperaturen, blauer Himmel und trockenes Wetter – das verspricht uns der Wetterbericht, wenn ein »Azorenhoch« auf Mitteleuropa zukommt. Auf den Azoren selbst gibt es dieses Hoch jedoch nicht. Es wird nur deshalb so genannt, weil sich warme Luft aus Äquatornähe bis nach Mitteleuropa ausbreitet.

»Auf São Miguel gibt es nur eine einzige Stadt, die nicht an der Küste liegt«, erklärt uns Luis später auf der Fahrt nach Furnas. Der Ort liegt in einem Kratertal und wird umringt von imposanten Felswänden. Im Tal Vale das Furnas entspringen warme, teils bis zu 98 Grad heiße Mineralquellen. Da sie eine heilsame Wirkung haben, wurde die Gegend schon früh besiedelt. Holzstege führen über die blubbernden und brodelnden Schlammbecken und Quellen. Der Geruch nach verfaulten Eiern, hervorgerufen durch den Schwefelgehalt mancher Löcher, ist fast unerträglich. Und doch versetzt uns das Naturschauspiel in Staunen und wir bleiben ein wenig. Man kann die Kraft der vulkanischen Aktivität förmlich spüren. Dass aus dem Kanaldeckel der nahe gelegenen Tankstelle Rauchschwaden aufsteigen, scheint nur uns Touristen zu beunruhigen.

Portugal

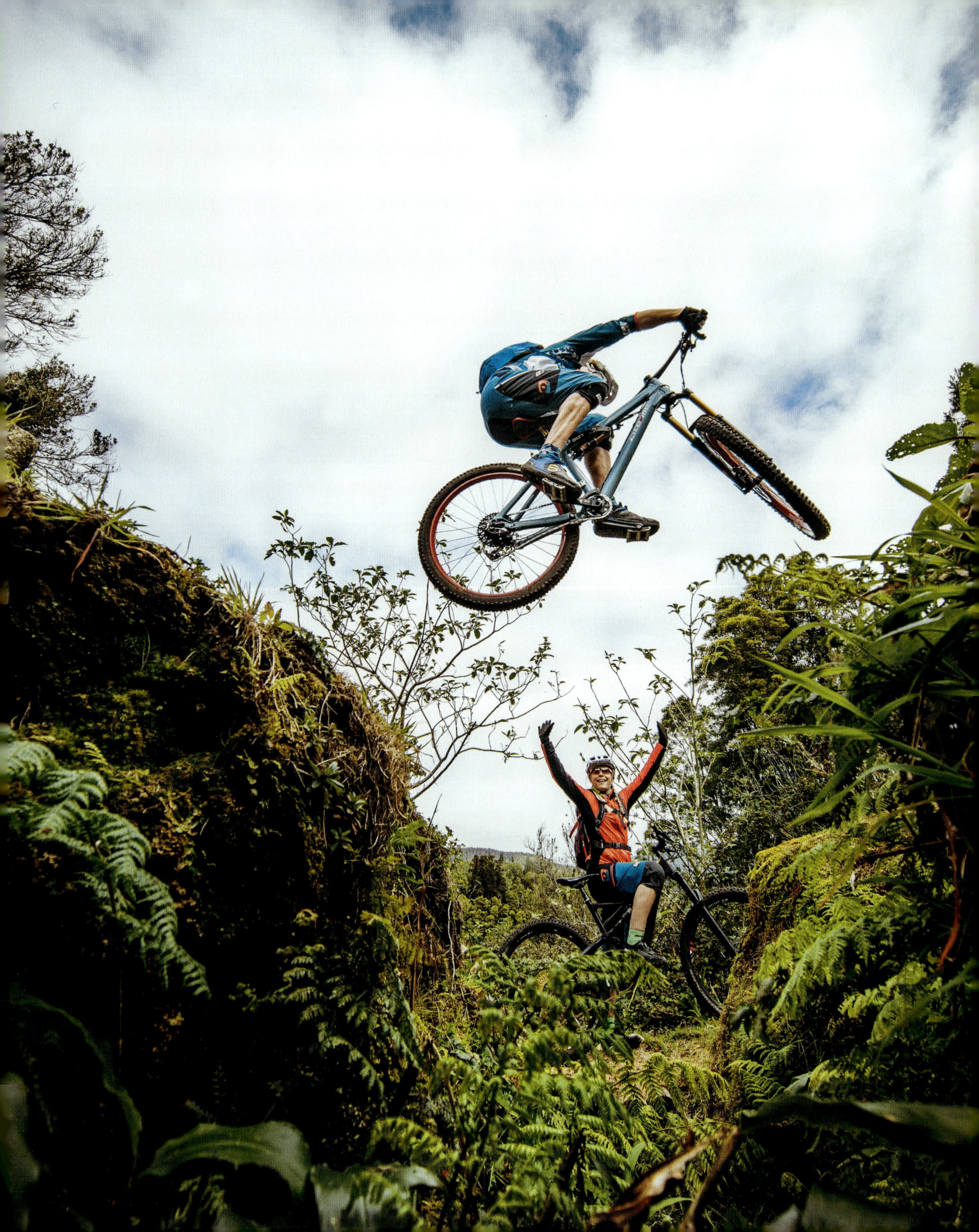

Den perfekten Tagesausklang finden wir in einer wahrlich märchenhaften Umgebung. Die Caldeira Velha sind natürliche, nicht nach Schwefel riechende Quellen mit mehreren Badebecken. Ein Wasserfall speist den obersten Pool und dient uns als Dusche. Die Temperatur beträgt etwa 34 Grad! Ein Stück weiter unten lädt ein kleineres Becken mit etwa 38 Grad zum Verweilen ein. Wir liegen auf dem Rücken, blicken in den dichten Urwald, der die Thermalquellen umgibt, und fühlen uns in eine andere Welt versetzt. Die Präsenz der Naturgewalten auf den Inseln ist sicher ein Grund, weshalb sie eine so große Faszination auf mich ausüben.

Etwas müde, aber auch verzaubert von der Szenerie, lassen wir im warmen Quellwasser die letzten Tage auf den beiden Inseln nochmals Revue passieren. Sie haben unsere Sinne nicht nur mit warmem Wasser, sondern auch mit Impressionen, Gerüchen und Geschmäckern umspült. Der Rhythmus ist ein anderer, hier auf den Azoren. Alles läuft langsamer, scheint es. Auch uns haben die Tage ein wenig entschleunigt. Im Stillen wünsche ich mir, davon etwas mit nach Hause nehmen zu können.

Die meisten Trails sind von Hand gebaut und passen sich unauffällig in die Landschaft ein. Und machen nebenbei richtig Spaß! – Die Caldeira Velha ist nur eine der vielen heißen Quellen, die zum Baden einladen (oben).

Portugal

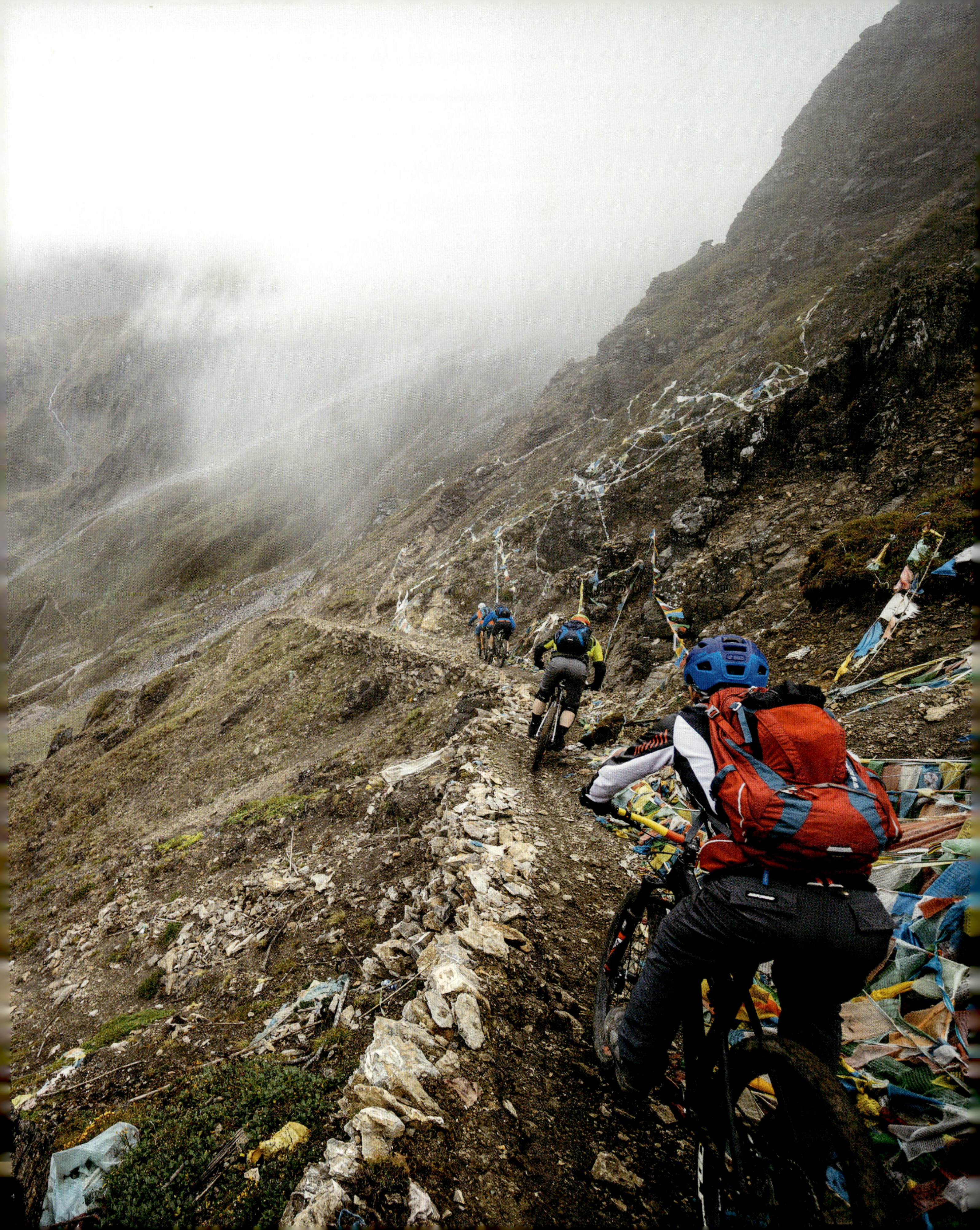

CHINA:
PILGERREISE MIT RAD

»Sechs Tage ohne Internet und Telefon,
das hatte ich noch nie.«

– Arsenal Zeng –

Ich wusste nicht, was mich erwarten würde. Die Jungs vom »Liteville Enduro Team China« hatten einen Fahrtechnikkurs am Wochenende vor unserem gemeinsamen Trip geplant, ihren ersten überhaupt. Mich hatten sie als Gastcoach aus Deutschland eingeladen. Am Freitag landete ich in der Riesenmetropole Peking und war mit den Eindrücken schon am ersten Tag völlig überfordert. Eine Flutwelle aus Hektik und Geschäftigkeit überrollte mich. Gleich am nächsten Morgen standen wir zwanzig hochmotivierten Bikerinnen und Bikern gegenüber und improvisierten. Ich spreche kein Chinesisch, die meisten Teilnehmer fast kein Englisch. Mit Übersetzen, Zeichensprache, viel Lachen und noch mehr Biken hatten wir eine sehr intensive Zeit. Ich war aber, zugegeben, froh, als wir unser Abenteuer in Richtung Stille und Einsamkeit der Berge starteten. Nach vier eindrucksvollen Tagen in Peking war ich reif dafür.

Die größten Bedenken meiner Freunde aus China waren dabei, ob sie wohl sechs Tage ohne Telefon und Internet auskommen würden. Spannend, darüber hatte ich mir noch nie Sorgen gemacht. Im Gegenteil: Auf Reisen in entlegene Gegenden genieße ich genau diesen Abstand zu den Errungenschaften unseres digitalen Zeitalters, welche uns daheim oft in einem Zustand der ständigen Ablenkung gefangen halten.

Die Abfahrt vom 4500 Meter hoch gelegenen Duokha La ist ein perfekter Trail für Mountainbiker. Fast so, als hätte man den Weg extra für uns angelegt.

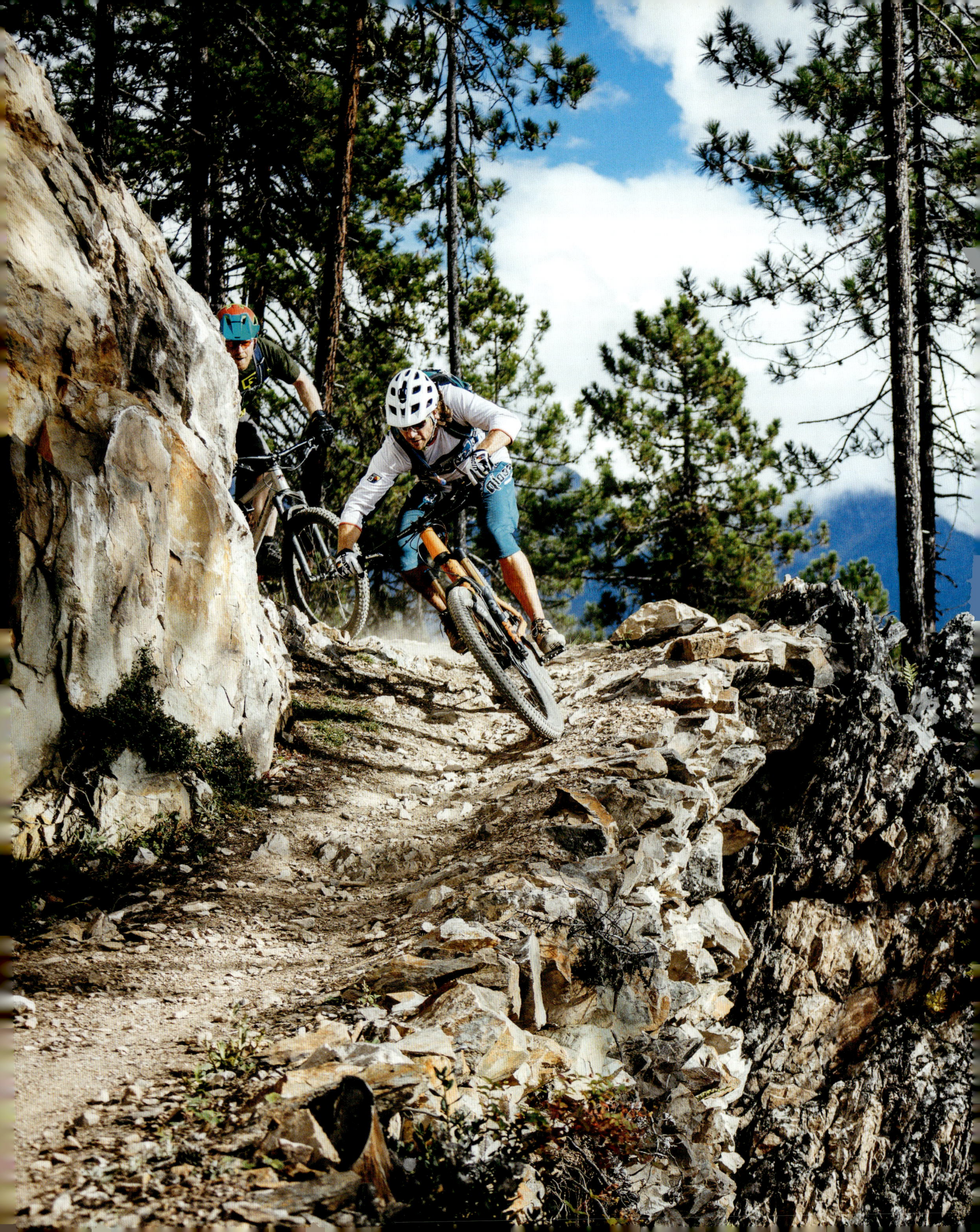

Fahrspaß auf staubigen Trails am letzten Tag der Tour nach Abincun (2270 m). Die Vegetation auf der Nordwestseite liegt im Regenschatten des Monsuns und wird geprägt von trockenem Kiefernwald.

6 AUF DER KORA DES HEILIGEN KAWA KARPO IN OSTTIBET

»Ja, es ist verrückt. Aber es ist es wert, hierherzukommen und das zu machen.«

– You Tianlin –

An den Umgang mit Stäbchen beim Essen habe ich mich gewöhnt. Woran ich mich nur schwer gewöhnen kann, sind die Entenköpfe, welche von Zeit zu Zeit in unserem Hot Pot, einer Art chinesischem Fondue, an die blubbernde Oberfläche getrieben werden. Zurückhaltend versuche ich, zwischen ihnen und diversen umhertreibenden Innereien ein paar Gemüse- oder Tofustücke zu ergattern, um meinen vegetarischen Appetit zu stillen. Eine echte Herausforderung, wie ich feststellen muss. Als die nächste Ladung Fischköpfe im feuerroten Sud verschwindet, streiche ich endgültig die Segel und beschließe, für heute genug gegessen zu haben. Für den Rest des Abends bleibe ich bei Jasmintee.

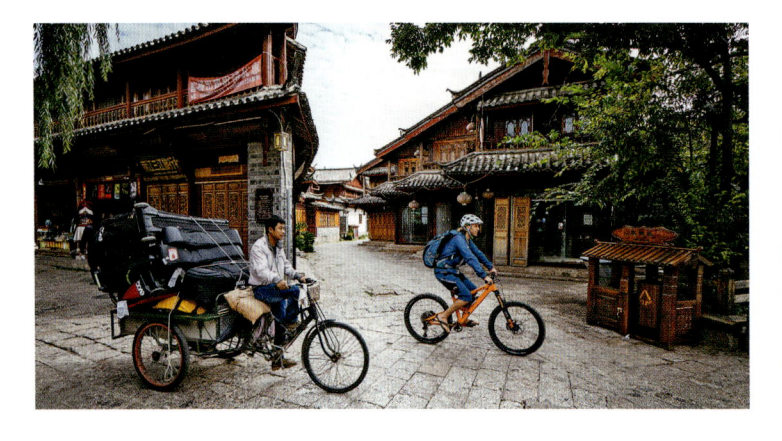

Gemeinsam mit drei Fahrern des »Liteville Enduro Team China«, Kevin, You und Arsenal, sitze ich hier beim Abendessen in Shangri-La. Nein, wir haben nicht das fiktive und von Mythen umrankte Shangri-La entdeckt, welches durch den Roman »Der verlorene Horizont« von James Hilton weltberühmt wurde. Wir befinden uns in einer chinesischen Kleinstadt in der Provinz Yunnan, die bis ins Jahr 2001 noch den Namen Zhongdian trug, etwa 130 000 Einwohner hat und 3150 Meter über dem Meeresspiegel liegt.

Die Namensänderung hatte geschäftliche Gründe, um mit dem sagenumwobenen Namen noch mehr Touristen hierherzulocken. Entsprechend lieblich renoviert und von Hunderten Läden überzogen zeigt sich die Altstadt. Allerlei tibetische Mitbringsel, von Gebetsfahnen über Klangschalen bis hin zu Pullovern aus Yakwolle, kann man hier erwerben. Dazu gibt es unzählige Teestuben, in denen einheimischer Tee zur

In Lijiang wird das Gepäck mit Rikschas zum Hotel gebracht. In der Stadtmitte ist überall Fußgängerzone. – Der Guishan-Tempel überragt die engen Gassen von Shangri-La. Wir sind weit und breit die einzigen Mountainbiker (rechte Seite).

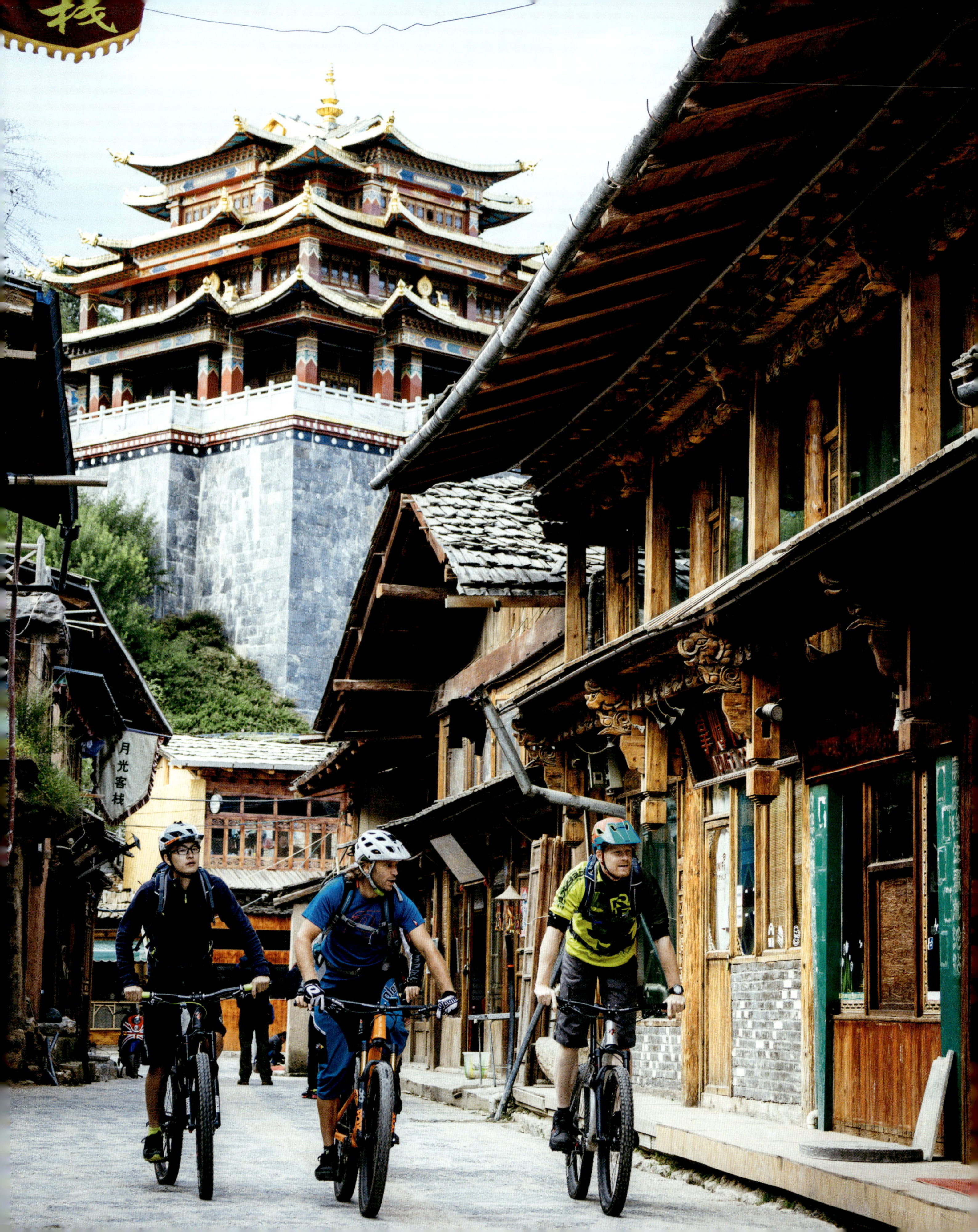
栈
月光客栈

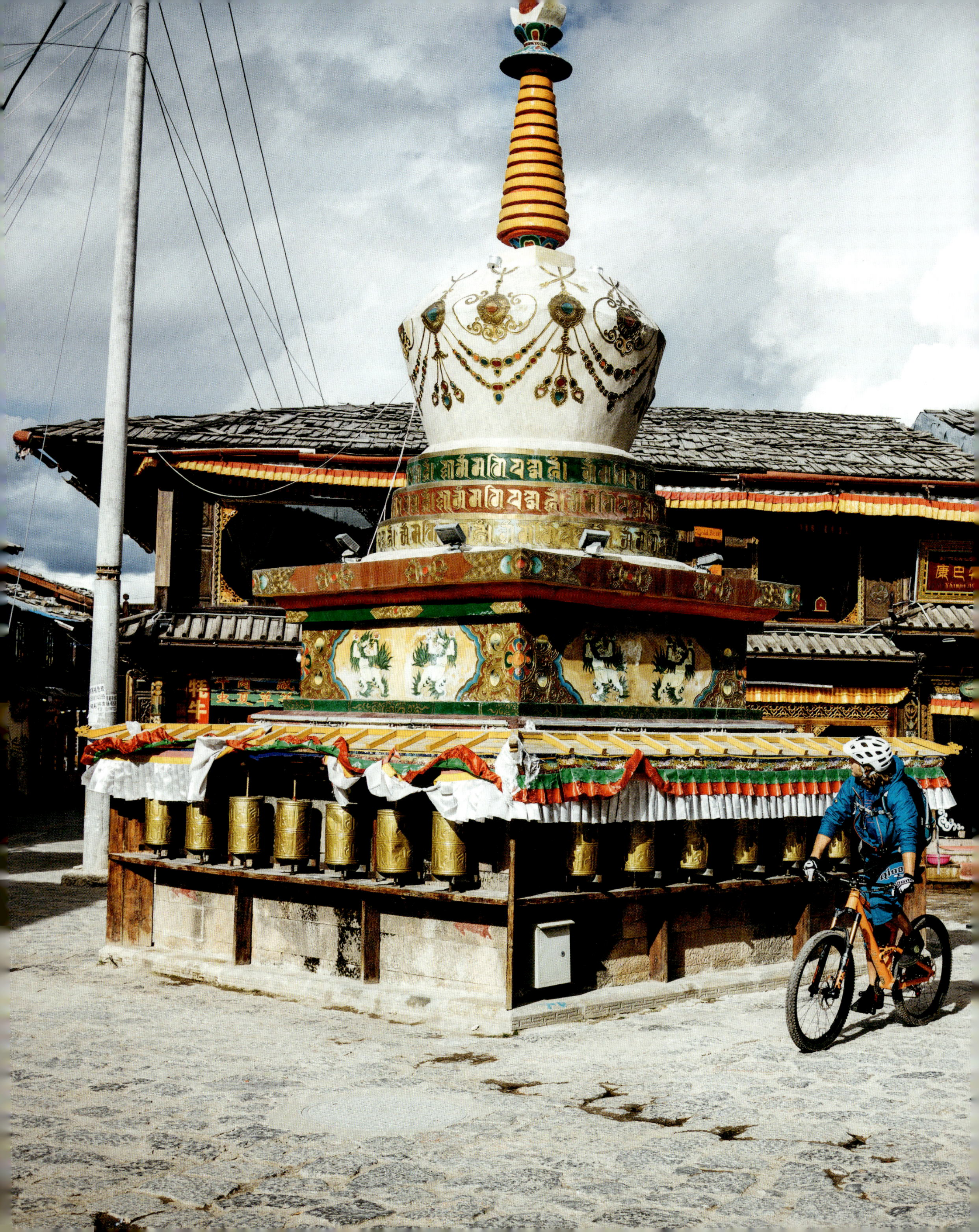

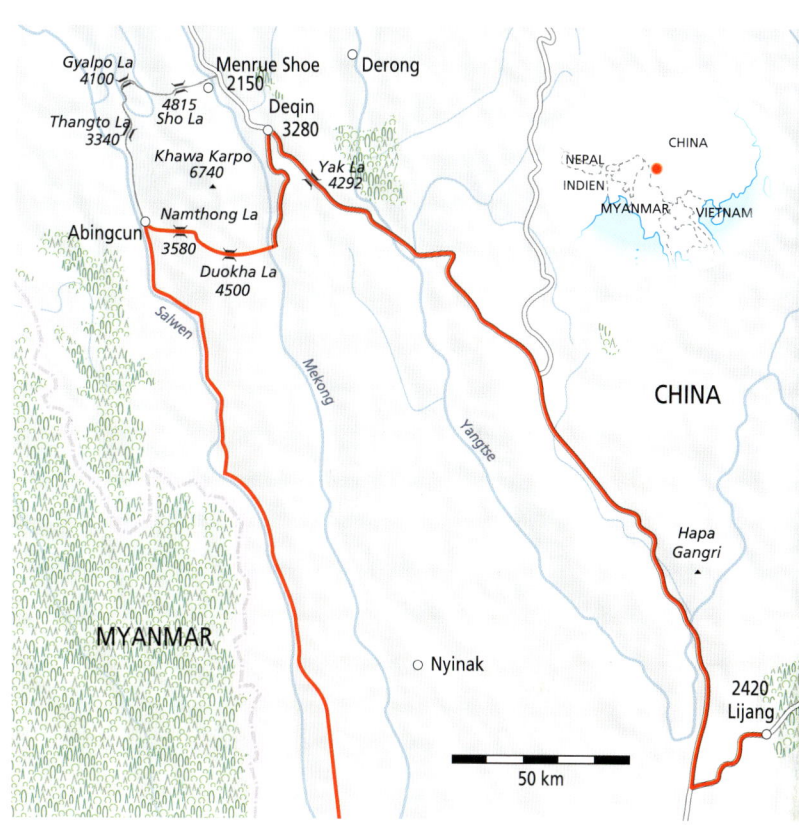

Probe und zum Verkauf angeboten wird – Überbleibsel der antiken »Tea Horse Road«, welche hier einst entlangführte. Auf diesem Netz alter Handelsrouten wurde vor allem Pu-Erh-Tee aus der gleichnamigen Stadt mit Pferden bis nach Lhasa transportiert.

Auch wir sind seit zwei Tagen Richtung Tibet unterwegs, mit unseren Mountainbikes im Gepäck. Wir wollen den östlichen Teil des Pilgerwegs, einer sogenannten Kora, um den Berg Khawa Karpo befahren. Den Tibetern ist der Khawa Karpo heilig, denn er stellt die Manifestation des Geistes Buddhas dar. Seine Umrundung ist eine rituelle Handlung, um Buddha näherzukommen. In besonderen Jahren des

Früher enthielten Stupas die Asche Buddhas oder eines anderen Heiligen. Heute werden darin auch häufig Buddha geweihte Erinnerungsstücke oder Texte heiliger Schriften aufbewahrt. Diese große Stupa steht in Shangri-La.

China

Tibetische Mantras und Buddhafiguren finden wir überall am Wegesrand. Eindrucksvoll leuchten ihre Farben, davor liegen geopferte Kleidungsstücke und Gebetsfahnen. – In Osttibet gibt es sie noch: die Unterschrift per Fingerabdruck. Der Wald ist überraschend üppig, da sich der Monsun an den Berghängen staut (rechte Seite).

tibetischen Kalenders pilgern hier Zigtausende Buddhisten im Uhrzeigersinn um den Berg.

Wir sind ebenfalls Pilger auf unserem Weg. Zumindest, wenn man den lateinischen Wortstamm betrachtet. Denn »Pilger« leitet sich ab vom lateinischen »peregrinus« oder »peregrinari«, was »in der Fremde sein« bedeutet. Und wir fühlen uns sehr fremd hier. Sicher sind Kevin und ich, beide aus Deutschland stammend, noch fremder als unsere beiden chinesischen Freunde. Aber auch sie kennen die vor uns liegende Route nur von vagen Beschreibungen aus dem Internet. Ohne die beiden wäre es uns nicht einmal möglich, den Hot Pot hier im Restaurant zu bestellen. Chinesische Schriftzeichen sind für uns wie Hieroglyphen und nicht zu entziffern. Mit unseren Kenntnissen in englischer Sprache kommen wir auch nicht weit. Die meisten sprechen in dieser Region so viel Englisch wie wir Chinesisch: praktisch kein Wort. Und so sind wir mehr als nur einmal am Tag froh, in einem international bunt gemischten Team unterwegs zu sein.

Ein weiterer Tag im Kleinbus wartet auf uns, bevor wir endlich auf die Räder dürfen. Wir fahren das Tal des Mekong entlang. Steil ragen die Flanken der umliegenden Berge aus dem breiten Flusstal auf. Stunde um Stunde vergeht. Der nächste Halt ist in Deqin geplant. Die Stadt im äußersten Norden der Provinz Yunnan hat, außer einem rauen Klima, erst mal nicht viel zu bieten. Für uns ist sie dennoch extrem wichtig. Es ist die letzte Möglichkeit, Verpflegung für die nächsten Tage zu besorgen.

Recht verloren stehen wir da, weil niemand von uns eine Ahnung hat, wie viele Lebensmittel wir brauchen werden. Brot kann man weit und breit keines kaufen, also wird es zum Frühstück Nudelsuppe, mittags Kekse und Schokolade, abends Reis und Gemüse geben. So der Essensplan. In großen weißen Säcken schleppen wir die Nahrungsmittel zum Auto. Vollgepackt bis unters Dach geht es zum Treffpunkt mit unseren Transportpferden und deren Führern in einem tibetischen Bergdorf. Wir haben die Grenze nach Osttibet passiert, welche nur durch einen spärlich besetzten Checkpoint in einem winzigen Zelt am Straßenrand erkennbar ist.

China

Das Gepäck wird gewogen, verteilt und wir packen unsere Tagesrucksäcke. Vier Pferde benötigen wir, sonst wird die Last zu schwer für die Tiere. Vor dem Start müssen wir noch eine Vereinbarung über die Leistung und Zahlung »unterzeichnen«. Nicht mit Stift und Unterschrift, sondern mit Stempelkissen und Fingerabdruck. Erst als vier rote Fingerabdrücke auf dem Papier sind, geht es los. Eine steile Schotterstraße führt uns hinauf auf 3200 Meter, zum ersten Passübergang. Hier endet die Straße und ein schmaler Pfad beginnt. Die Spannung steigt. Was erwartet uns hinter der ersten Kurve? Fahren? Schieben? Tragen?

Die beiden tibetischen Begleiter sind mit den Pferden schon voraus. Sie warten am Camp. Wir sind auf uns allein gestellt, ohne Telefonempfang, ohne Internet oder sonstigen Kontakt zur Außenwelt. Wir müssen alles bei uns haben, was wir brauchen, und uns selbst helfen, wenn irgendetwas passiert. Ein Höhenprofil und eine ungenaue digitale Karte, das ist alles, was uns Orientierung bietet. Aber laut dieser gibt es nur einen Weg über die Berge. Wir vertrauen auch auf unsere Tibeter, welche hier wohl schon einmal unterwegs waren.

Wir klatschen ab, treten in die Pedale und tauchen in eine völlig andere Welt. Wie eine Achterbahn schlängelt sich der Weg hinab in den Wald, gleich einem Tunnel aus Gebetsfahnen. Tausende von ihnen hängen, in bunten Farben wehend, rechts und links am Rand des schmalen, glatt getrampelten Pfades. Es fühlt sich an, als würden wir mit Hochgeschwindigkeit durch einen Farbkasten rauschen. Die Eindrücke überfluten uns. Erst nach einer gefühlten Ewigkeit ein kurzer Halt. Alle vier strahlen wir wie Honigkuchenpferde, fallen uns in die Arme und können unserer Freude kaum Ausdruck verleihen. Es ist das Eindrucksvollste, war wir je gefahren sind. Wenn es nur im Ansatz die nächsten Tage so weitergeht, wird es ein Riesenspaß.

China

Die Gebete auf den »Windpferden«, wie die Gebetsfahnen heißen, werden vom Wind und vom Wasser in die Welt getragen. Hier sind sie überall gegenwärtig.

An einer halb verfallenen Holzbaracke im dichten Wald holen wir die Pferde ein. Es ist schon dunkel. In einem Unterschlupf brennt ein Lagerfeuer. Küche und Aufenthaltsraum sind hier vereint. Hinter der Hütte rauscht ein Bach. Ein paar aufgerichtete Holzstämme sind mit Plastikplanen überzogen und dienen als Schlafzimmer. Auf Holzpritschen liegen alte Matratzen und feuchte Decken. Scharen von Insekten fühlen sich auf ihnen sichtlich wohl. Wir klopfen sie aus und legen unsere Schlafsäcke darüber. Gemeinsam kochen wir am Feuer und versuchen mit Händen und Füßen, die Sprach-

Nebelschwaden umhüllen die Berge oft den ganzen Tag. – Mit Maultieren wird unser Gepäck für die Lager und das Essen von Camp zu Camp transportiert. Die Unterkünfte bestehen aus Baumstämmen, welche mit Planen und Teppichen verkleidet sind. Die Einfachheit hat einen eigenen Charme (linke Seite).

barriere zu überwinden, was zu spaßigen Einlagen führt. Großes Gelächter am ersten Abend einer Reise mit neuen Gefährten ist immer ein gutes Omen für eine entspannte Atmosphäre in den kommenden Tagen.

Am nächsten Morgen sitzen wir neben den nie ausgehenden Flammen bei Nudelsuppe und Reis. Daran werden wir uns wohl gewöhnen müssen die nächsten Tage. Arsenal knabbert genüsslich an getrockneten Hühnerbeinen, die er sich vom Markt mitgebracht hat. Draußen regnet es leicht. Hier auf fast 3000 Metern wächst dichter Wald. Erstaunt betrachten wir die Artenvielfalt. Damit hat keiner gerechnet.

Nach dem Frühstück starten wir auf einem matschigen, mit glatten Steinen übersäten Weg. Oftmals wird dieser von der dichten Vegetation fast völlig verschluckt. Immer wieder versuchen wir, kleine Stücke zu fahren, was nur selten erfolgreich ist. Am Weg stehen einige verlassene Holzbaracken, welche davon zeugen, dass hier in manchen Jahren Tausende von Pilgern unterwegs sind. Im Moment werden sie von der Natur zurückerobert.

Fast den ganzen Tag geht es bergauf. Das heutige Camp liegt auf 3900 Metern. Die letzten 250 Höhenmeter sind sehr steil und wir tragen die Bikes. Wieder säumen Tausende Gebetsfahnen den Weg. Auf halber Höhe sind in eine Felswand diverse Buddhafiguren eingemeißelt und bunt bemalt. Es fühlt sich an, als würden wir einen heiligen Ort passieren. Nach acht Stunden stehen am Wegesrand ein paar kleine Holzhütten. Wir sehen unsere Pferde und haben es endlich geschafft.

Die letzten Meter auf dem Weg zum höchsten Punkt unserer Pilgerfahrt, dem Duokha La (4500 m). Auf einem Berg aus Gebetsfahnen stehend freuen wir uns, den Pass erreicht zu haben. – Spitzkehren wie daheim! Auf über 4000 Meter aber anstrengender zu fahren (rechte Seite).

Das Bettenlager ist etwas sauberer und größer. Sonst gleichen sich die Lager alle sehr. Ein Feuerplatz mit Holzbänken auf Kniehöhe zum Sitzen und ein mit Planen überzogener »Schlafsaal«. Erschöpft verweilen wir nur noch kurz am Lagerfeuer und besprechen den nächsten Tag. »Morgen wird ein langer Tag, der höchste Pass steht auf dem Plan«, meint Kevin, während er auf dem Smartphone das aus einem Strich bestehende Höhenprofil der Tour vergrößert. Alle nicken zustimmend und wissen, es wird anstrengend werden. Daher verkriechen wir uns bald in unsere Schlafsäcke.

Ein früher Start bei Regen läutet den nächsten Tag ein. Ganz langsam gehen wir los, um einen

Rhythmus zu finden. Die Luft wird zunehmend dünner und das Atmen schwerer. Schon gestern hat uns die Höhe zu schaffen gemacht und das Tempo wurde merklich reduziert. An Fahren ist mal wieder nicht zu denken, zu steil führt der Weg zum Passübergang. Erst hier, auf 4000 Metern, ist die Waldgrenze. Zu Hause in den Alpen gibt es auf dieser Höhe nur noch Schnee und Eis. Die Gruppe zieht sich etwas auseinander. Jeder geht seinen eigenen Takt.

Schon weit vor der höchsten Erhebung weisen Girlanden aus Gebetsfahnen uns den Weg. Der Regen lässt ein wenig nach und wir schleppen uns über den Teppich aus bunten Stofffahnen. Der Boden ist nicht mehr zu sehen, alles ist übersät mit Milliarden von »Windpferden«, so die korrekte Übersetzung aus dem Tibetischen für die Flaggen. Die Bergwelt präsentiert sich schroff und wolkendurchzogen. 4500 Meter zeigt mein GPS-Gerät hier am Duokha La an. Der höchste Punkt unserer Pilgerfahrt ist erreicht! Es herrscht eine erhabene, fast sakrale Stimmung. Vielleicht spürt man hier die besondere Energie des heiligen Berges?

»Ich glaube, wir sollten fahren«, gibt Kevin zu bedenken. Ein dumpfes Grollen begleitet tiefschwarze Wolken und mahnt uns zum Aufbruch. Die ersten Meter schieben wir über den glitschigen Gebetsfahnenteppich hinunter, bis felsiger Untergrund erreicht ist. Die kräftezehrende Abfahrt mit über 100 Spitzkehren führt uns hinab zum Lager des heutigen Abends.

China

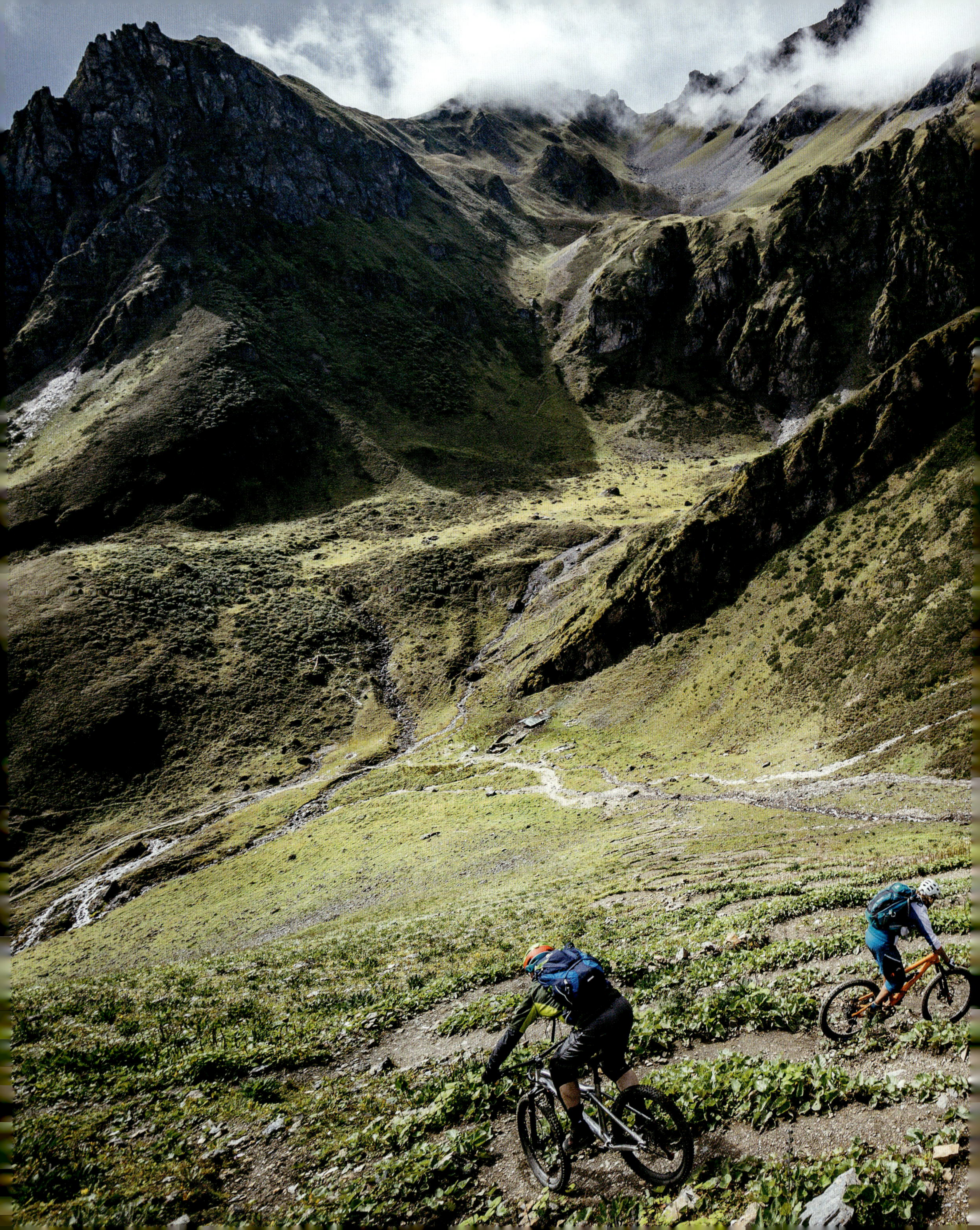

Uns wird fast schwindlig von den vielen Kehren auf der Abfahrt vom Duokha La. 108 sollen es sein, eine heilige Zahl im Buddhismus. Wir haben sie nicht gezählt, sondern uns auf die Fahrtechnik konzentriert.

Am nächsten Morgen kommen wir nur schwer aus den Schlafsäcken, die Anstrengung steckt uns noch in den Knochen. Aber schon die ersten Meter hinter dem Camp lassen auf einen traumhaften Fahrtag hoffen. Das geht so lange, bis wir wieder in den Wald eintauchen. Sofort wird es steinig und rutschig. Eine Gruppe tibetischer Pilger in Begleitung eines Mönches in rot-orangener Robe taucht auf. Kaum hat er uns entdeckt, steuert er auf uns zu und begrüßt uns freundlich mit »Tashi Delek«, dem tibetischen »Hallo«. Wir verstehen sonst kein Wort, und doch kommt mit Händen und Füßen eine Kommunikation in Gange. Der Mönch zeigt großes Interesse an unseren Bikes und kann wohl kaum glauben, dass wir mit ihnen über den Pass gekommen sind. Wir staunen dagegen nicht schlecht, als er unter seinem Umhang ein goldenes Smartphone zückt und Fotos mit uns machen will. Den Gefallen tun wir ihm natürlich gerne, und auch wir schießen noch Erinnerungsfotos.

Gebetsfahnen hängen, bis der Zahn der Zeit sie aufgelöst hat. In den einfachen Behausungen leben Familien oft monatelang, um Pilger zu beherbergen. – Unsere Wegbekanntschaft, der Mönch mit goldenem Smartphone. Auf den Manisteinen, die an besonderen Punkten zu Mauern gestapelt werden, sind buddhistische Mantras eingeritzt (linke Seite).

China

Am Morgen darauf: Nudelsuppe und Tee. Wir sehnen uns nach Kaffee und Brot mit Marmelade. Verzicht ist sicher ein Teil der Reise. Nicht nur auf gewohnte Nahrungsmittel, auch auf Ablenkung wie Telefon und Internet. Aber noch haben wir die Errungenschaften des digitalen Zeitalters keine Minute vermisst. Immer gibt es etwas zu tun. Und wie schön ist es, wenn man sich unterhalten kann ohne die ständigen Unterbrechungen von Smartphone und Co.

Heute ändert sich die Landschaft schlagartig. Der Wald lichtet sich und wir kommen an einen reißenden Fluss. Verblüfft über den abrupten Szenenwechsel überqueren wir eine Brücke und folgen dem Weg flussabwärts. Noch größer ist unsere Überraschung, als wir ein Haus, das erste seit fünf Tagen, am Wegesrand sehen. Und tatsächlich finden wir hier im ersten Stock ein Lager für uns. Nach den Nächten in feuchten und schäbigen Holzbarracken ist die unerwartet saubere Abwechslung ein Genuss.

Bislang haben wir vielleicht 20 Leute getroffen. Rund um die kleine Behausung tummeln sich etwa genauso viele. Im Untergeschoss befindet sich ein kleiner Lebensmittelladen, in welchem das Nötigste erworben werden kann. Zum Transport der Ware werden bunt geschmückte und mit riesigen Lautsprechern bestückte Mo-

Gegen Ende unserer Tour gibt es kleine Läden, die mit Motorrädern beliefert werden. Wärmendes Lagerfeuer begleitet uns jeden Abend. – Der heilige Khawa Karpo im Nebel. Osttibeter glauben, ihr Hütergott werde diesen Ort verlassen und Unglück breche herein, würde der Gipfel von Menschen erklommen. Seit 2001 ist eine Besteigung verboten, frühere Versuche scheiterten (linke Seite).

torräder verwendet. Auch müde Pilger können damit den Weg hinaus zur Straße über den letzten Pass zurücklegen. Natürlich begleitet von chinesischer Folkloremusik in ohrenbetäubender Lautstärke.

1000 Höhenmeter trennen uns vom letzten großen Passübergang unserer Tour. Nach knapp vier Stunden erreichen wir ihn, ohne auch nur einen Meter gefahren zu sein. Das Gelände ist zu steil. Noch immer können wir uns für die bunten Fahnen begeistern, welche auch hier den höchsten Punkt verzieren. Der Blick reicht zurück über die Etappen der letzten zwei Tage. Wir sind erleichtert. Bis zu unserem Ziel in Abincun geht es jetzt nur noch bergab. Die Landschaft ändert sich nochmals völlig. Es ist staubtrocken und heiß. Aus dem dichten Wald sind lichte, einzeln stehende Kiefern geworden. Der Trail fährt sich aber genauso gut wie am ersten Tag und zaubert uns ein erschöpftes Lächeln ins Gesicht.

»Dort liegt unser Camp«, strahlt Arsenal sichtlich erfreut. Schon den ganzen Tag sehnten wir uns danach, uns zu waschen. Fehlanzeige. Es gibt kein Wasser hier oben. Es muss mit Motorrädern vom Tal hierhergebracht werden und wird ausschließlich zum Kochen verwendet. Auch das Abendessen fällt mager aus. Unsere Vorräte sind ziemlich dezimiert und so gibt es trockenen Reis mit Lauch. Eine große Gebetsmühle steht hinter der Hütte. Im Sonnenuntergang drehen wir sie andächtig, wobei sie bei jeder Umdrehung an einer Glocke anschlägt und ein helles »Kling« über die sonst völlig stille Landschaft in die Ferne schwingt. Fast wehmütig sitzen wir ein letztes Mal am Lagerfeuer zusammen und blicken zurück auf die Erlebnisse der vergangenen Tage. Über ein Jahr hatten wir mit den Vorbereitungen verbracht und nun ist die Fahrt bald zu Ende.

Der Trail am letzten Tag ist nochmals ein Highlight. Staubig, aber wie fürs Biken gebaut. Wir rauschen durch die lichten Bäume hinaus aus den Bergen nach Abincun. Nach nunmehr sieben Tagen in Abgeschiedenheit kommen wir langsam wieder zurück in die Zivilisation.

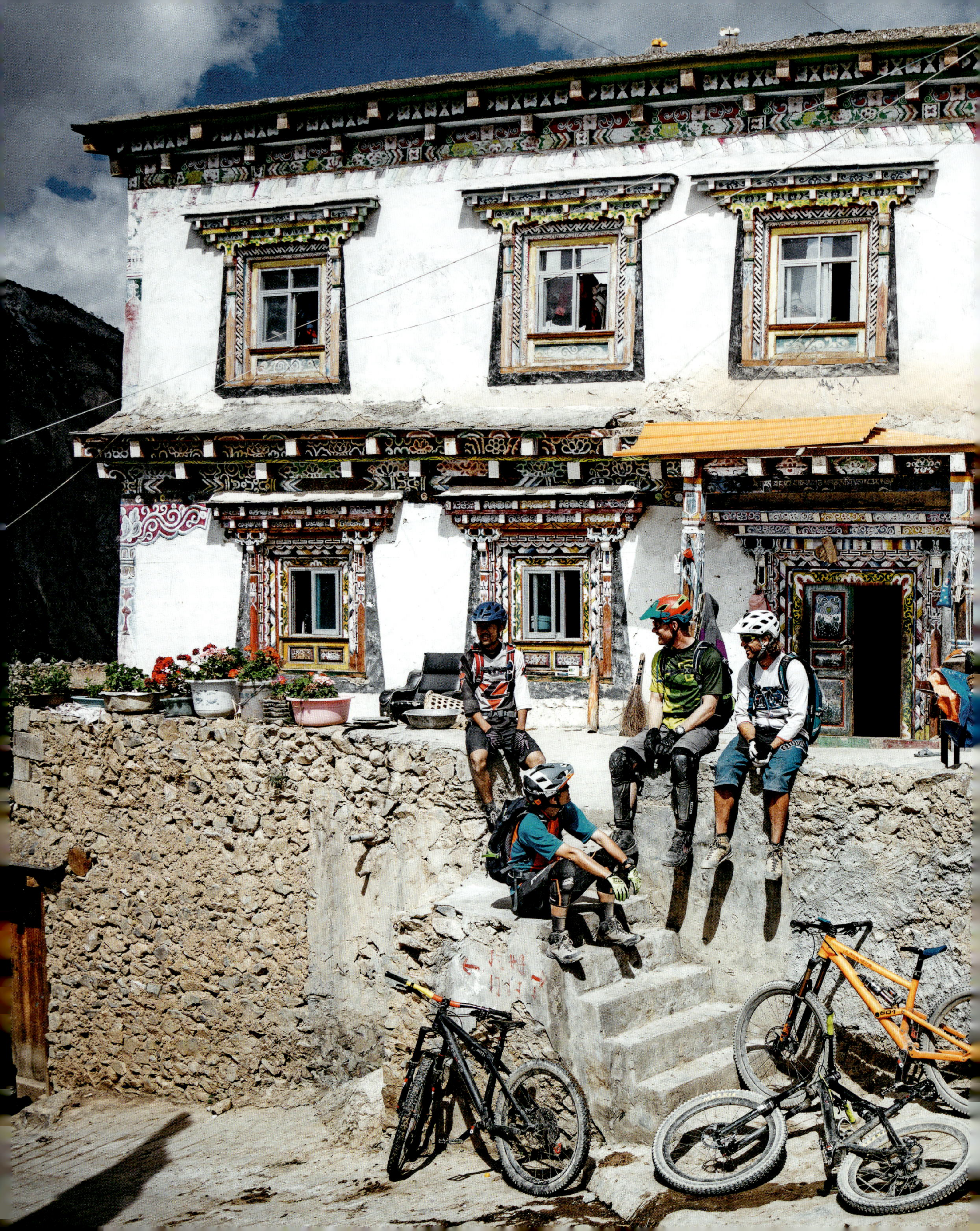

Mit dem Bus erreichen wir nach etwa drei Stunden die erste größere Stadt und stürmen sofort ein Restaurant. You und Arsenal treffen die Auswahl für uns alle, dann stoßen wir an auf die erfolgreiche Tour. Stille kehrt ein. Diesmal ist sie nicht genussvoll und erhaben, wie so oft an den letzten Abenden, sondern digitaler Natur. Es gibt wieder Empfang und so werden Mails gelesen, die neuesten Nachrichten gesucht, und man erstattet den Daheimgebliebenen Bericht. Wieder ganz aufmerksam sind alle erst, als das Essen an den Tisch gebracht wird. Es kommt mir sehr gelegen, dass viel Gemüse und Kartoffeln zur Auswahl stehen. Entenköpfe liegen diesmal nicht auf den Tellern.

Das tibetische Haus gibt es nicht. Charakteristisch ist vielmehr ihre Verschiedenheit. Gebaut wird mit dem Material, das in der jeweiligen Region vorhanden ist. Das kann in dem einen Tal Holz sein, im nächsten Tal Lehm und in wieder einem anderen Stein. Hier in Abincun gibt es viele Steine, daher wird mit ihnen auch gebaut.

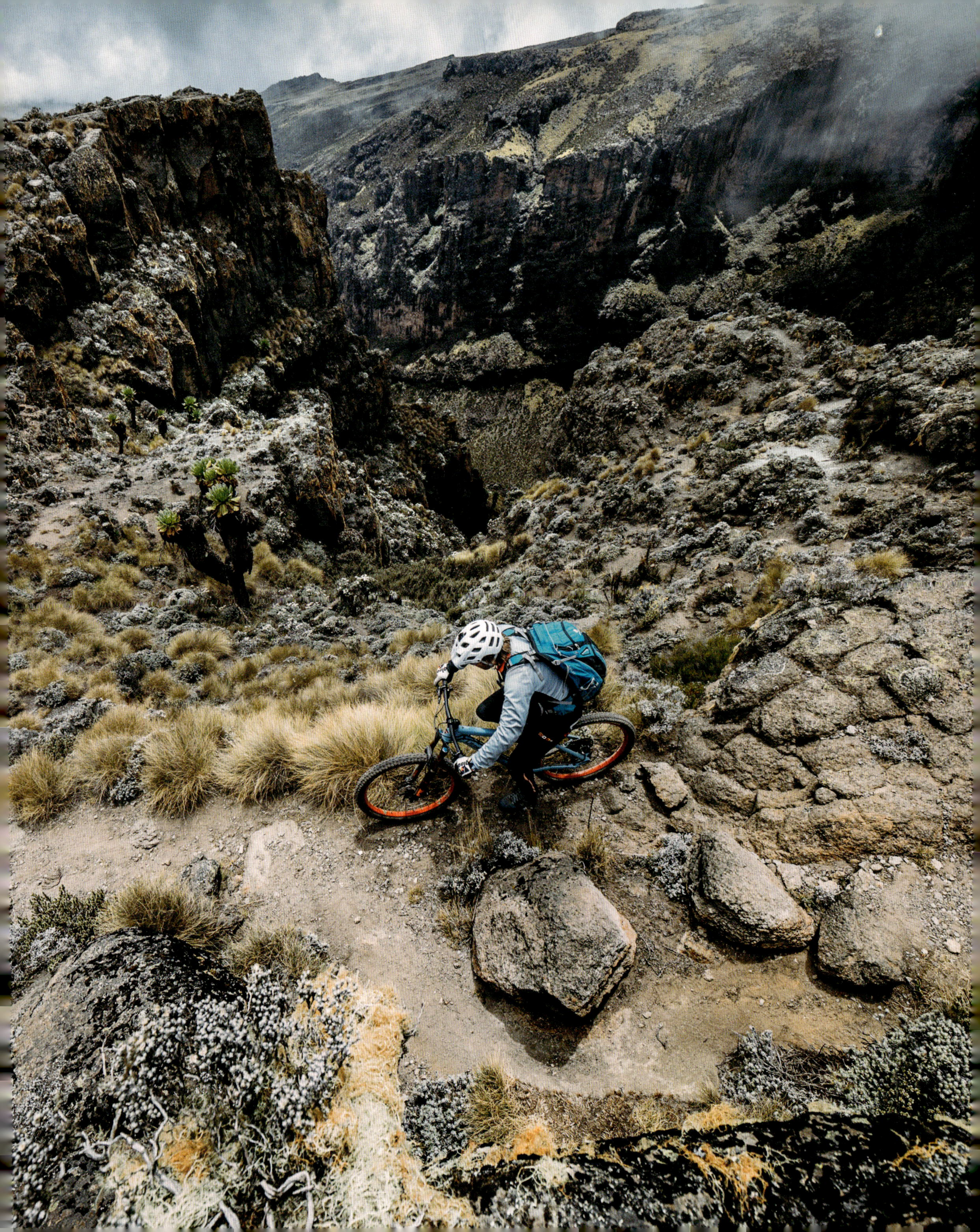

KENIA:
RETTUNG IN LETZTER MINUTE

»Kommt nach Afrika, haben sie gesagt,
es wird sicher lustig, haben sie gesagt.«

– Danny MacAskill –

Die Entscheidung, vor dem Kilimandscharo auch noch den Mount Kenya ins Programm zu nehmen, fiel gerade einmal acht Tage vor Abflug. Monatelang hatte ich versucht, Genehmigungen zur Befahrung von Bergen in Tansania zu bekommen, auf welchen wir uns akklimatisieren wollten. Ohne Erfolg. Hans kam schließlich kurz vor knapp mit der Idee des Mount Kenya an. Damit hatten wir ein sehr sportliches Ziel, das so noch nie in Angriff genommen wurde: die beiden höchsten Bergmassive in Afrika hintereinander mit dem Bike zu befahren.

Mit dieser kurzfristigen Entscheidung wurde die ohnehin schon äußerst intensive Vorbereitungsphase nochmals aufwendiger. Sprichwörtlich auf den letzten Drücker konnten wir alles organisieren. Die letzten Dinge erst auf dem Weg zum Flughafen. Nebenbei mussten wir uns auch noch sportlich vorbereiten. Um ehrlich zu sein, ich trat ziemlich ausgelaugt zu dieser Bikeexpedition an. Und es sollte bis zum Schluss spannend und anstrengend bleiben. Letztlich machte die gute Zusammenarbeit im Team den Erfolg möglich. Auch wenn es zwischendurch ganz anders aussah.

Die anstrengende, 2000 Tiefenmeter lange Abfahrt vom Mount Kenya führt uns durch sämtliche Ökosysteme am Berg. Die zerklüfteten Vulkanhänge bieten spektakuläre Aussichten.

Etwas mulmig ist uns zumute hier unten am Fuß des Mount Kenya. Im dichten Bewuchs tummeln sich große Wildtiere wie Büffel, Elefanten und sogar Raubkatzen. Am nächsten Tag steht ein Leopard direkt vor unserem Bus auf dem Fahrweg.

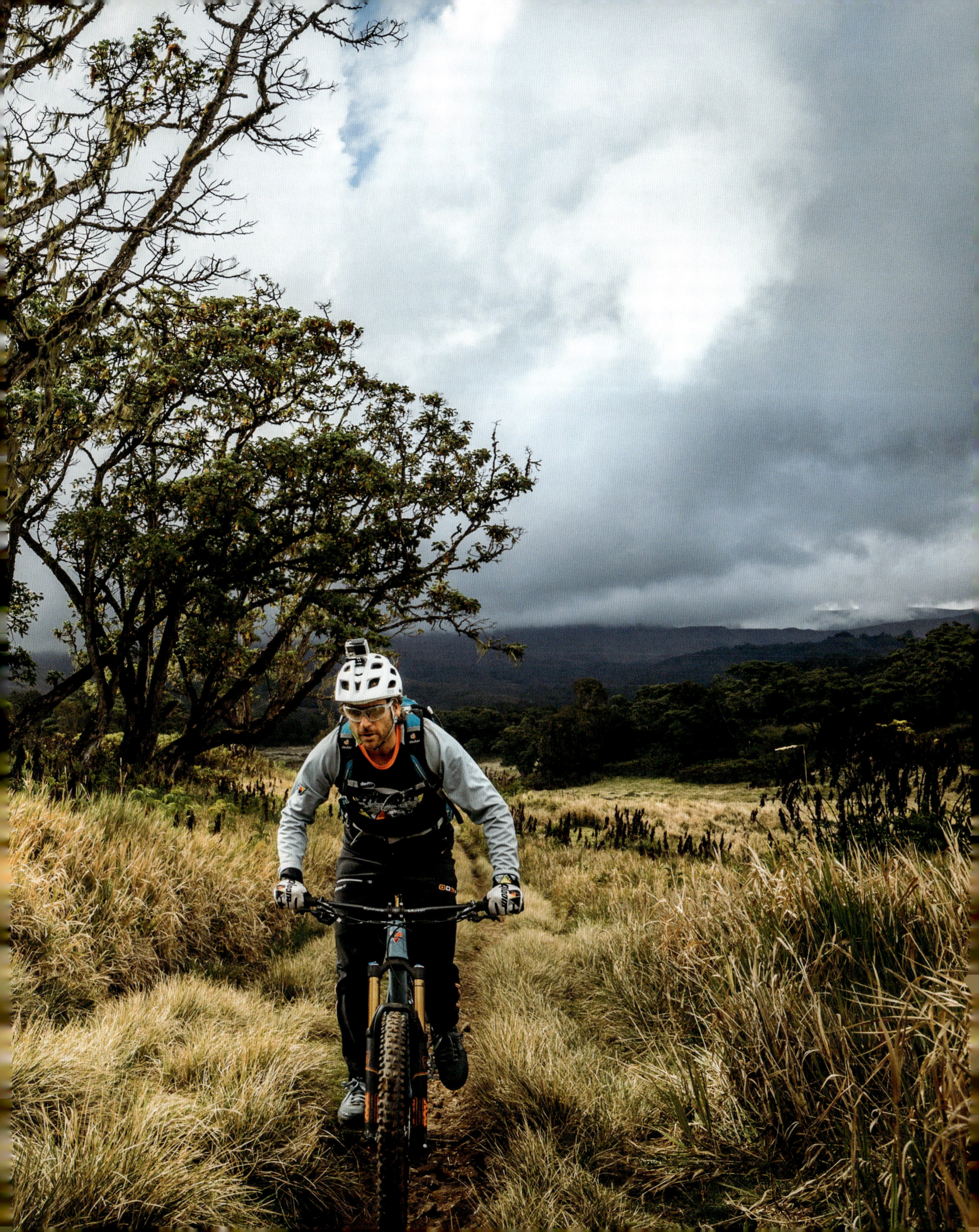

GRENZERFAHRUNGEN AM ZWEITHÖCHSTEN BERG AFRIKAS

»Erfahrung in der Höhe zahlt sich auf Touren wie dieser aus.«

– Hans Rey –

Der beißende Rauch steigt mir in die Augen. Ich kneife sie zusammen. Seit mehr als einer Stunde stehe ich gemeinsam mit etwa 15 Afrikanern um eine brennende Stahltonne. Allesamt gut gelaunte Träger für Bergsteigerausrüstung. Die meisten von ihnen stammen aus Kenia. Alle verfolgen wir das gleiche, nur mit viel Geduld zu erreichende Ziel: unsere völlig durchnässten Kleidungsstücke und Schuhe am einzig warmen Fleck hier im Old Moses Camp zu trocknen. Sollte das nicht gelingen, wäre es schon das sichere Ende des Abenteuers in Afrika. Mit tropfnassen Schuhen gesund auf 4900 Metern anzukommen ist praktisch unmöglich. »Das geht ja gut los«, denke ich und erblicke Hansjörg Rey, wie er gerade fröstelnd aus der kalten Hütte kommt. Auch er versucht, einen Platz an der wärmenden Tonne zu ergattern.

Heute Morgen waren Hansjörg Rey, kurz Hans genannt, Danny MacAskill und ich im strömenden Gewitterregen am »Sirimon Gate« des Mount-Kenya-Nationalparks auf 2650 Metern mit unseren Bikes gestartet. Der Mount Kenya, ein Vulkan und zweithöchstes Bergmassiv auf afrikanischem Boden, ist nur unsere Akklimatisationstour für ein noch höheres, gewaltigeres Ziel: den Kilimandscharo. Dieser stellt mit seinen 5895 Metern, die er am Gipfel Uhuru Peak erreicht, den höchsten Punkt Afrikas dar. Beide Berge wollen wir hintereinander befahren. Noch kein Mountainbiker hat sich vor uns dieser Herausforderung gestellt.

Während der ersten Etappe, einer rutschigen Forststraße hinauf zu den Baracken am Old Moses Camp auf 3300 Metern, regnete es fast durchgehend. Erst kurz vor den Hütten ließ der Niederschlag nach. Wie wir im Camp von den Einheimischen erfuhren, ist das die ganz normale Wetterentwicklung am Berg. Morgens ist es meist trocken und gegen Mittag bilden sich an den Hängen Wolken, die Niederschlag bringen. Gegen Abend ist es meist wieder trocken. Damit ist der zeitliche Rahmen für die kommenden Tage gesteckt: so früh wie möglich starten, um mittags im nächsten Camp zu sein.

Bei unserer Ankunft komplett durchnässt, betraten wir durch die hinterste Türe der grünen Wellblechbaracken unseren Schlafplatz. Ein dunkler, kühler, leicht modernder Raum mit nacktem Betonboden. In der Ecke ein kleiner Holztisch, ein paar Stühle dazu und eine Reihe Stockbetten mit durchgelegenen Matratzen. Sehr spartanisch, aber wenigstens trocken und mit genug Platz, die Ausrüstung auszubreiten. Wir entledigten uns der tropfnassen Regenbekleidung und gönnten uns eine Tasse heißen Kaffee. Dann begab ich mich an die Stahltonne vor der Tür, die mich jetzt so angenehm wärmt. Ein paar Träger haben darin mit dem spärlich vorhandenen Holz ein Feuer entfacht. Schnell wird sie beliebter Treffpunkt für die Campbewohner.

Im Straßenverkehr unterwegs zu sein, ist manchmal beängstigend in Kenia. Es herrscht das Gesetz des Stärkeren. Da helfen auch die Hinweisschilder nicht viel. Einfaches Farmleben ist vorherrschend rund um Mount Kenya. Freundlich lachend winken uns viele Einheimische vom Straßenrand hinterher.

Kenia

Das Mount-Kenya-Massiv ist mit 5199 Metern das zweithöchste Gebirge in Afrika. 1997 wurde die einmalige Landschaft zum UNESCO-Weltnaturerbe erklärt. Auf unserem Weg zum Shipton's Camp (4200 m) müssen wir viel schieben und tragen.

Kenia

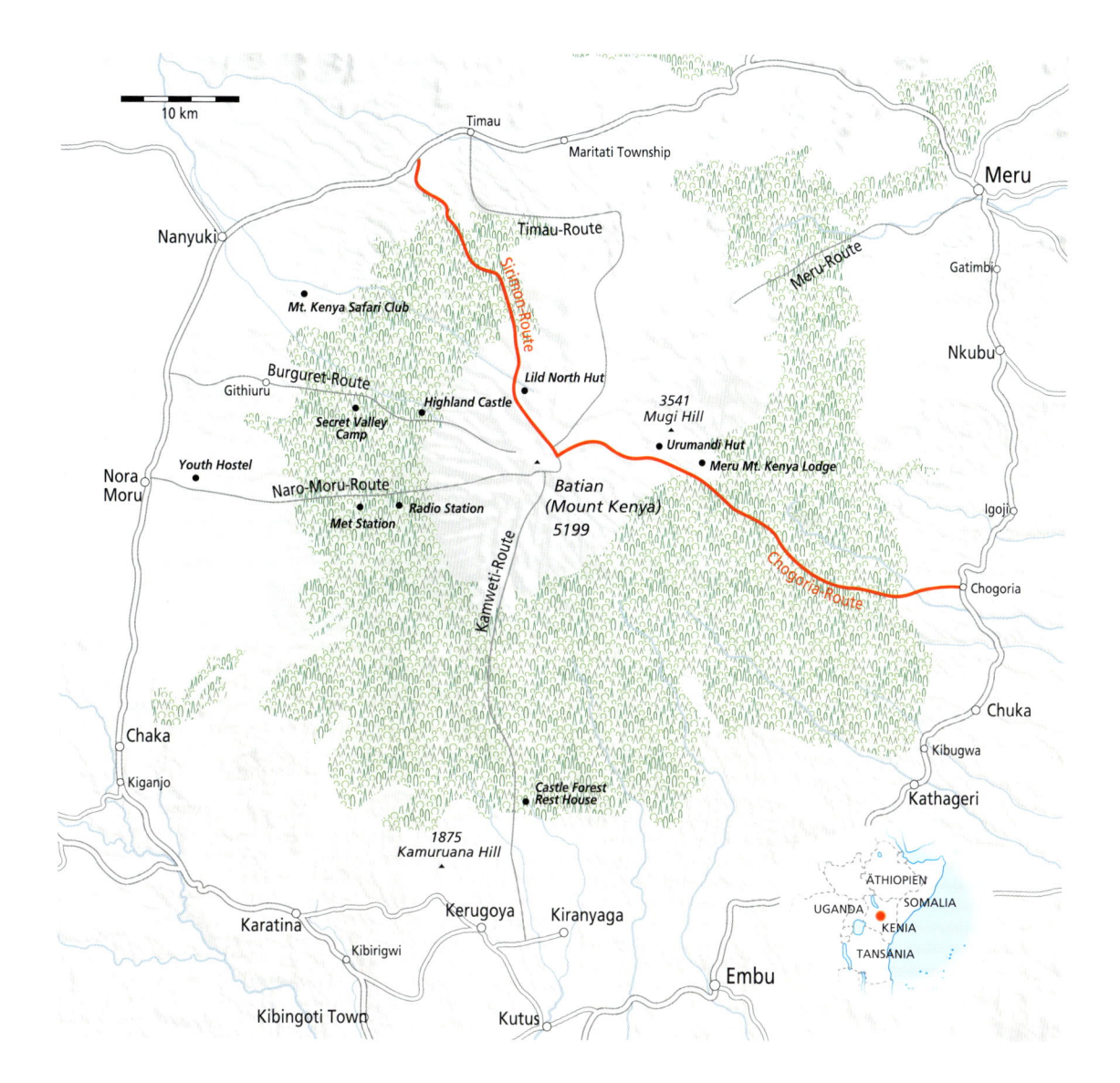

Auf engstem Raum sitzen wir später beim Abendessen und besprechen mit unserem Guide die Etappe des nächsten Tages. Das Shipton's Camp liegt auf 4200 Metern. Satte 900 Höhenmeter weiter oben! Die Empfehlung aus der Höhenmedizin liegt bei etwa 400 Metern Schlafhöhenunterschied während der Akklimatisationsphase. Unser Zeitplan ist allerdings sehr knapp, und so bleibt uns nichts anderes übrig, als den großen Höhenunterschied in Kauf zu nehmen.

Müde und mit gemischten Gefühlen gehen wir ins Bett. Die noch feuchten Schuhe und Kleidungsstücke wandern mit in den Schlafsack, um von der Körperwärme weiter getrocknet zu werden. In meinem Schlafsack geht es daher sehr eng zu. Einmal eine Position gefunden, heißt es sich nicht mehr bewegen, bevor wieder alles verrutscht. Eingepfercht liege ich da und versuche die Gedanken zu beruhigen. Hoffentlich geht alles gut.

»Guten Morgen«, krächze ich mit noch rauer Stimme in die verschlafene Runde am Tisch. Mit Stirnlampen am Kopf beginnt der nächste Tag bei Kaffee, Porridge und Toast Schulter an Schulter in der kalten Hütte. Unsere Sachen sind beinahe trocken geworden. Alle haben recht passabel geschlafen und sind glücklich über den blauen Himmel. Pünktlich mit der aufgehenden Sonne setzt sich unser Trupp in

Kenia

Im Mackinder Valley gibt es einige schöne Fahrpassagen. Aufgrund der ungewohnten Höhe auf knapp 4000 Metern sind sie aber extrem fordernd.

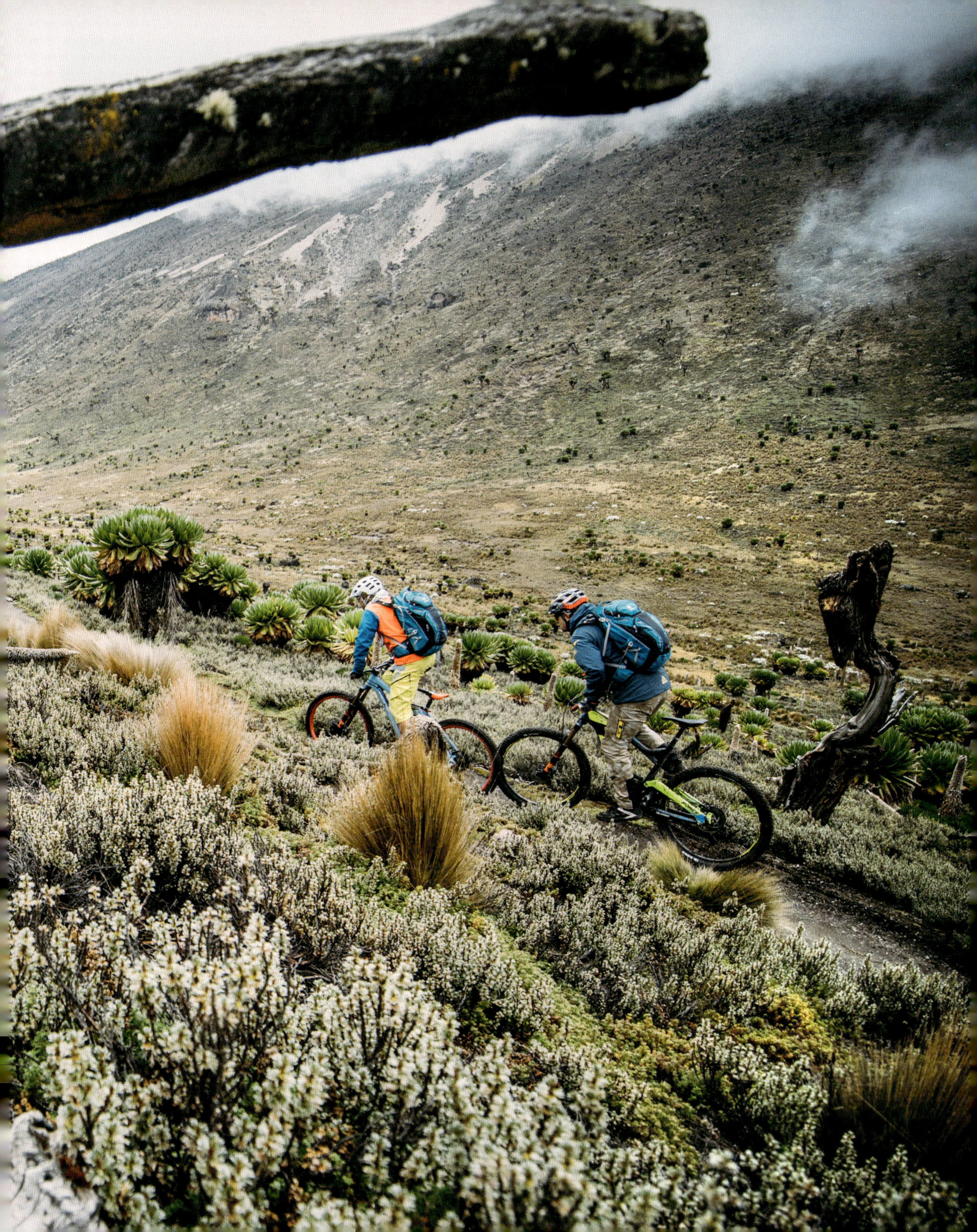

Bewegung. Die Baumgrenze haben wir gestern schon überschritten, und so reicht der Blick weit in die steppenartige Landschaft unter uns. Wow, was für eine Aussicht!

Das Atmen fällt schwerer als gestern. Der Sauerstoffanteil in der Luft nimmt mit zunehmender Höhe ab. Damit steht dem Körper weniger Sauerstoff zur Verbrennung zur Verfügung.

Fahrbare Abschnitte sind oft mit Geröll bedeckt oder stark zugewachsen. Vorsicht ist angesagt. – Gegen Nachmittag ziehen meist dicke Wolken über den Berg und bringen Schauer. Während der Akklimatisationsphase müssen wir die Anstrengung möglichst gering halten. Nicht einfach in diesem Gelände (rechte Seite).

Kenia

Die riesigen Senezien und kerzenförmigen Lobelien sind typisch für die Flora am Mount Kenya. Im Hintergrund erkennt man seinen höchsten Punkt, den Gipfel Batian (5199 m), welcher nur mit anspruchsvoller Kletterei zu erreichen ist.

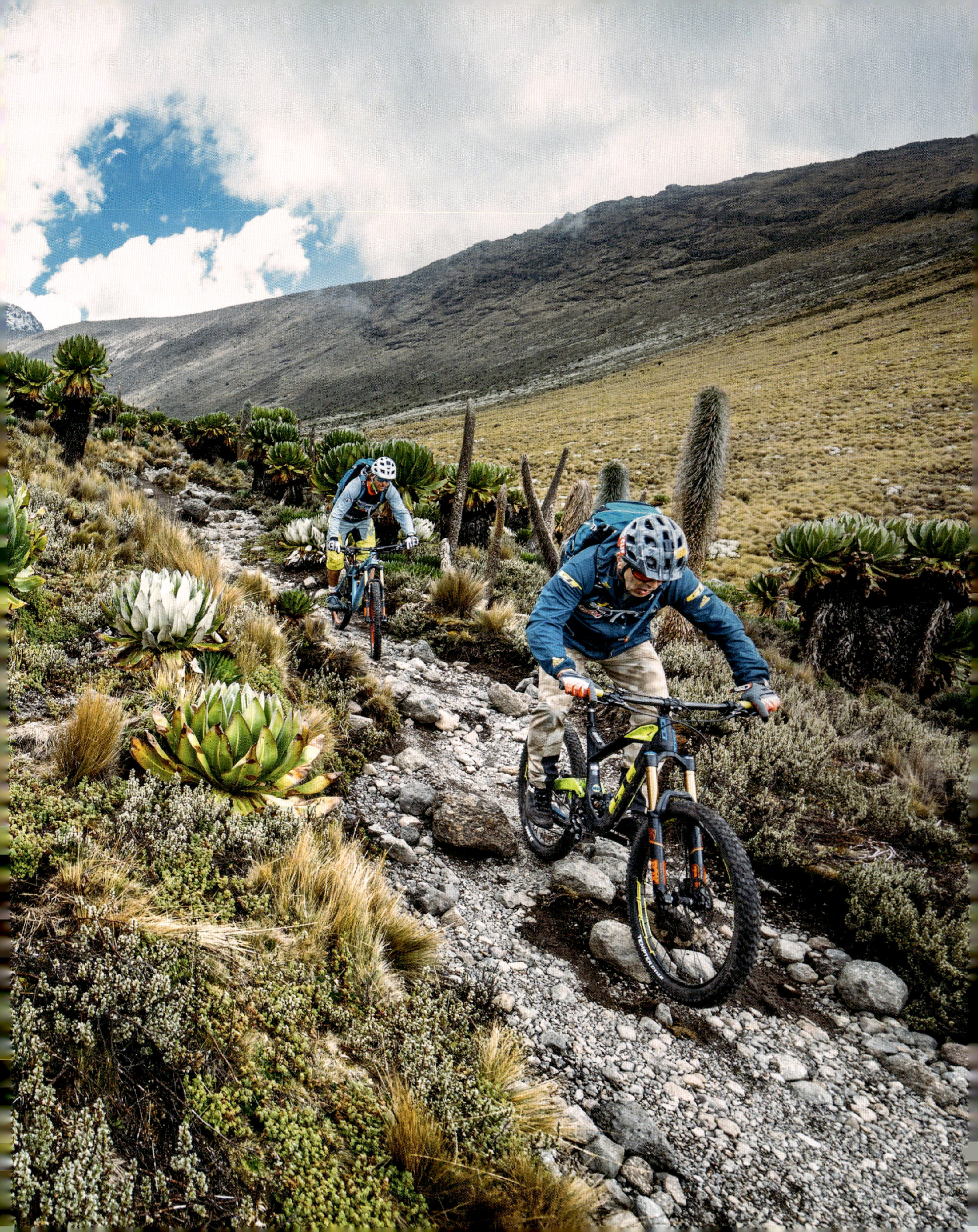

Auf den letzten aufreibenden Metern zum Shipton's Camp reicht der Blick weit zurück ins Mackinder Valley. Von dort, wo die Wolken ins Tal reichen, sind wir heute Morgen gekommen. – Da Danny einen Ruhetag einlegen muss, gehen nur Hans und ich mit den Bikes auf den Point Lenana (rechte Seite).

Um das auszugleichen, müssen wir schneller atmen. Eine spezielle Atemtechnik hilft, den Sauerstoffgehalt in der Lunge zu erhöhen. Beim Ausatmen gilt es, gegen den Widerstand der fast geschlossenen Zähne mit einem »Schschsch«, wie beim Wort Schnee, fest die Luft nach draußen zu pressen. Sehr gewöhnungsbedürftig und geräuschvoll, aber wirksam. So hört sich unser gemeinsamer Marsch wie eine Dampflok an, die kurz vor der wohlverdienten Ausmusterung steht.

Mehr schiebend als fahrend bewegen wir uns über die riesigen Hänge des mit Gräsern und anderen widerstandsfähigen, kleinwüchsigen Pflanzen bedeckten Vulkans. Die kleinen Bachläufe am Weg nutzen wir, um unsere Wasservorräte aufzufüllen. Durch das starke Ausatmen und die körperliche Anstrengung verliert der Körper extrem viel Flüssigkeit. Es geht immer langsamer voran. Der dritte Bachlauf liegt in einer Art Schlucht, in die wir durch stark verblocktes Gelände hinabfahren. Danny vornweg,

Hans und ich hinterher. Immer wieder bleiben die Pedale an Steinbrocken hängen, weil der Weg schmal und ausgewaschen ist. Schwer atmend geht uns allen die Abfahrt ziemlich in die Knochen. Ich überschlage mich prompt, weil mein Vorderrad an einer dieser zähen Bodenpflanzen hängen bleibt. Zum Glück trage ich nur einen Kratzer am Schienbein davon.

Der Weg aus dem Bachbett führt so steil auf einen Moränenrücken, dass wir für die nächsten 150 Höhenmeter die Bikes schultern müssen. Dichte Wolken legen sich mystisch über die Landschaft. Mühsam erreichen wir den höchsten Punkt und gönnen uns eine Pause. Tee aus der Thermoskanne weckt die Lebensgeister ein wenig. Danny fühlt sich nicht wohl und klagt über Kopfschmerzen, meist das erste Zeichen einer möglichen Höhenkrankheit. Wir sind besorgt, ermahnen uns selbst, mehr zu trinken und darauf zu achten, nicht zu schnell zu gehen. Die richtige, sehr geringe Belastung und viel Flüssigkeit sind der Schlüssel für eine gelungene Höhenanpassung.

Nach etwa 20 Minuten machen wir uns wieder auf den Weg. Leicht abfallend, aber durch viele Steine und dicht wuchernde Pflanzen leider oft unfahrbar, windet sich der Weg in Richtung Mackinder Valley. Schon wieder gehen einige der mühsam erarbeiteten Höhenmeter verloren. »Kommt nach Afrika, haben sie gesagt.

Es wird sicher lustig, haben sie gesagt!«, platzt Danny sichtlich angestrengt heraus. Wir biegen uns vor Lachen. Gut, er hat seinen Humor noch nicht verloren, das hilft.

Riesige Erikastauden und mannshohe Lobelien wachsen am Wegesrand. Die Wolkendecke hebt sich und gibt den Blick auf die steilen, nur mit Felskletterei zu erreichenden Hauptgipfel des Mount Kenya frei. Schnee liegt in den Rinnen und auf den Bändern der Felswände. Hinter uns tobt ein Gewitter. Gerne würden wir möglichst bald die Hütte erreichen, können aber durch die schwindende Leistungsfähigkeit in der Höhe nicht schneller laufen. Es bleibt nur zu hoffen, dass das Gewitter noch langsamer ist als wir.

Vor der letzten Geländestufe zum Camp erwarten uns ein paar Hundert Meter perfektes Singletrailvergnügen. So hatten wir uns das erhofft. Doch der Spaß ist viel zu schnell vorbei. Die Bikes wieder auf den Schultern, schleppen wir uns die knapp 100 Höhenmeter hinauf. Ich stapfe mit Danny gemeinsam die steile Passage im Schneckentempo. Jetzt geht es ihm gar nicht mehr gut. Ich mache mir ernsthafte Sorgen, versuche, ihn zu motivieren. Wir synchronisieren unsere Atmung mit dem Laufen. Mit jedem Schritt ein Atemzug. Alle 30 Atemzüge eine kleine Pause. Tapfer kämpft er sich weiter und 30 Minuten später erreichen wir die Baracken mit den grünen Dächern: das Shipton's Camp. Knappe acht Stunden haben wir hierher gebraucht. Der Höhenmesser zeigt 4200 Meter über dem Meer. »Ich war noch nie so fertig in meinem Leben«, stöhnt Danny und schlappt in die Hütte.

Beim Aufstieg zum Point Lenana, dem sogenannten Trekkinggipfel (4985 m), können wir schon einen Blick auf die lange Abfahrt über die Chogoria-Route werfen, welche uns am nächsten Tag erwartet.

Kenia

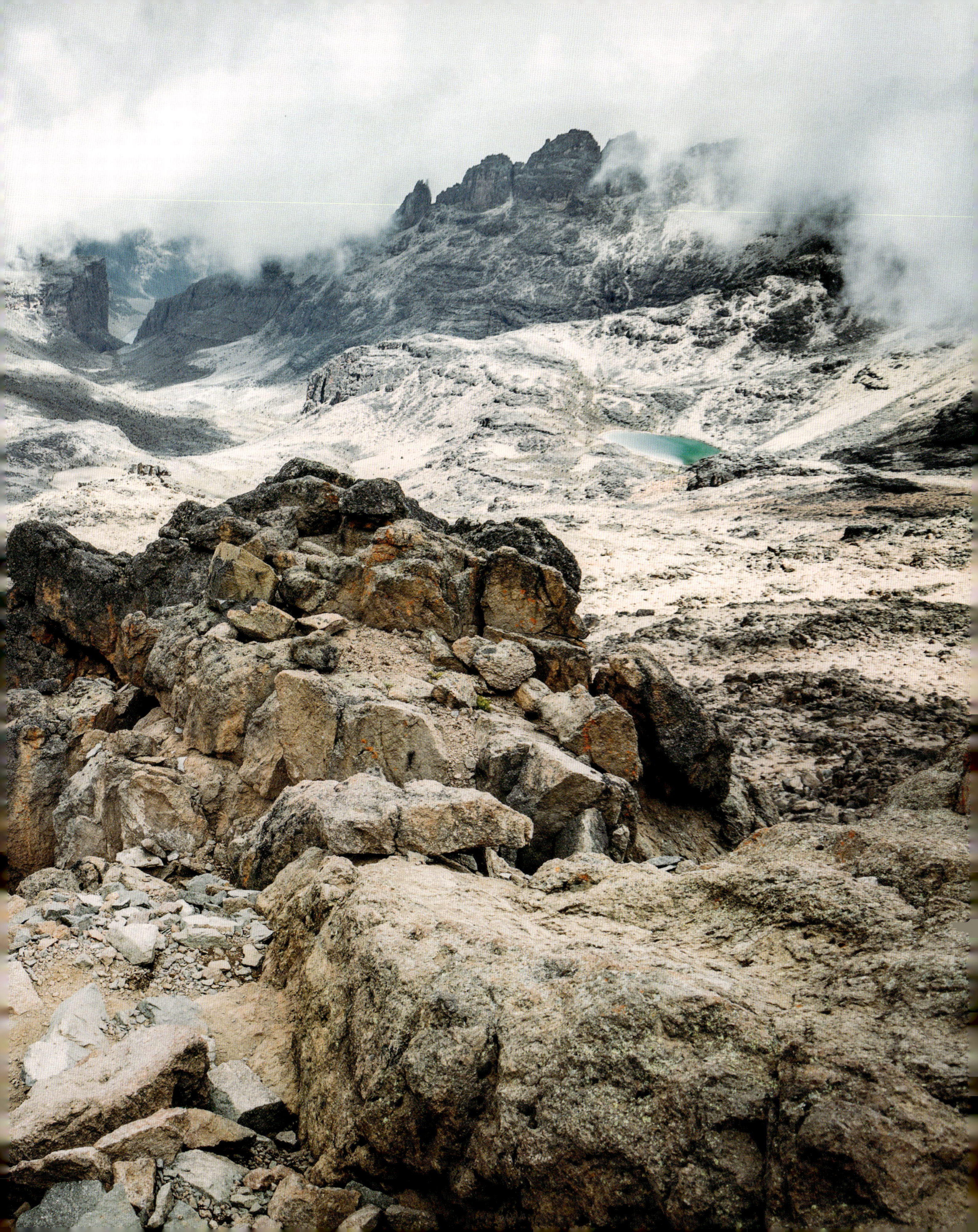

Kenia

Auf den letzten Metern zum Point Lenana sind Metallstufen montiert. Es ist der höchste Punkt am Berg, den wir mit unseren Rädern erreichen können (linke Seite). – Die Abfahrt ist ausgesetzt und anspruchsvoll. Wir können trotzdem den Großteil davon fahrend zurücklegen.

»Das sieht nicht gut aus«, meint Hans, als er auf die Digitalanzeige des kleinen Gerätes schaut, das an Dannys Zeigefinger hängt. Mit sogenannten Pulsoximetern überprüfen wir unsere Sauerstoffsättigung im Blut, Zeichen für den Grad der Anpassung des Körpers an die Höhe. Zu Hause liegt sie bei über 90 Prozent, hier oben bei nur 80 Prozent. Bei Danny beträgt sie nur knapp über 70 Prozent. Damit ist es klar: Er ist tatsächlich höhenkrank. Auch fehlender Appetit und Kopfschmerzen sind deutliche Anzeichen dafür. Da hilft im Moment nur viel trinken, Ruhe geben und die Symptome beobachten. »Gut, dass wir für morgen einen Ruhetag geplant haben«, spreche ich meine Gedanken laut aus.

In der Früh sitzen wir über der Karte und studieren unsere Möglichkeiten. Kurzerhand werfen wir die Pläne über den Haufen. Danny braucht dringend eine Pause. Er ist sich sicher, den Gipfel nicht erreichen zu können. Hans und ich, beide in guter Verfassung, beschließen, schon heute den sogenannten Trekkinggipfel des Mount Kenya, den Point Lenana zu erklimmen. Das ist für uns der höchste erreichbare Punkt am Berg. Der steile, felsige Hauptgipfel ist mit dem Fahrrad nicht zu machen.

Nach dem Frühstück geht es los. Unweit der Hütte liegen die Bikes schon wieder auf den Schultern. Das Gelände ist sofort richtig steil. Über lose Schotterhänge zieht sich der Weg

Kenia

In der dünnen Luft auf fast 5000 Metern müssen wir immer wieder kurze Pausen einlegen, um zu atmen und uns neu zu konzentrieren. Wir wollen hier oben keinen Sturz riskieren. So tasten wir uns vorsichtig wieder hinunter zum Shipton's Camp.

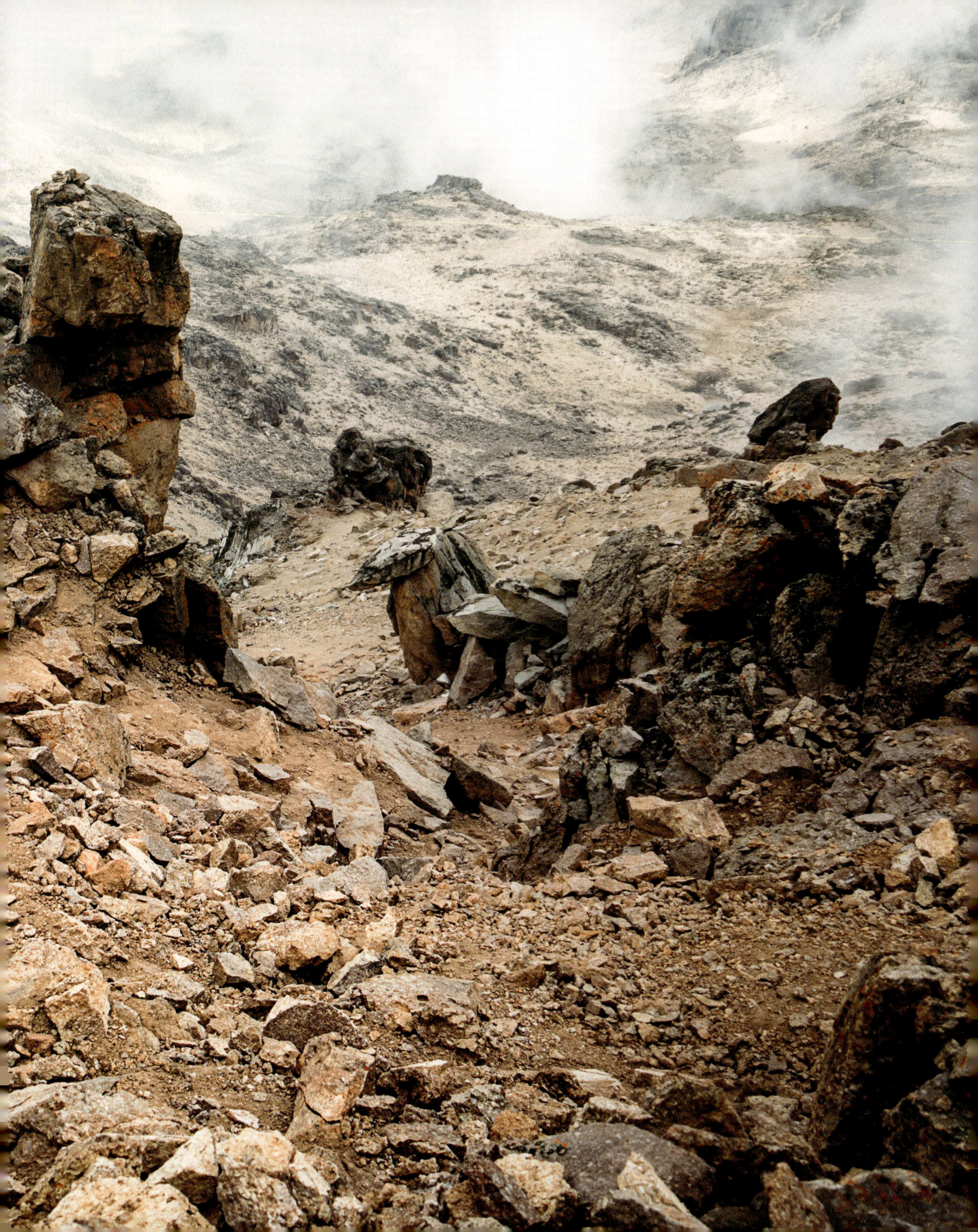

Der Helikopter bringt den höhenkranken Danny sicher vom Berg und ins Krankenhaus. – Für Hans und mich geht es hinauf zum Simba Col (4600 m), wo die Chogoria-Route bergabwärts beginnt (rechte Seite).

schlängelnd nach oben, nur um die letzten 200 Höhenmeter noch felsiger und unwegsamer zu werden. Kurz vor dem Gipfel auf 4985 Metern sind sogar Stahlstufen in den Fels geklebt. Völlig außer Puste gratulieren wir uns am Gipfel. Wir haben es tatsächlich geschafft! Unsere Freude darüber ist groß, andererseits sind wir betrübt, dass Danny nicht dabei ist. »Hoffen wir, dass er zumindest am Kilimandscharo mitmachen kann«, spricht Hans meine Gedanken aus.

Wir verweilen nur wenige Minuten am Gipfel, um nicht in ein mögliches Gewitter zu geraten. Bereits kurz unter den Stahlstufen sind die ersten Meter vorsichtig fahrbar. Doch das Gelände ist sehr anspruchsvoll und absturzgefährlich. Nur nicht zu viel riskieren! Rettung ist hier oben nicht so einfach wie in den heimischen Alpen. Kurzatmig kämpfen wir uns in kleinen Etappen nach unten. Immer wieder bleiben wir stehen, um nach Luft zu schnappen. Auf den breiten Schotterhängen weiter unten kommt schließlich doch richtig Fahrspaß auf. Einige Bergsteiger, Träger und auch Danny erwarten uns im Camp begeistert und klatschen. Der erste Gipfel ist geschafft.

Die Freude währt kurz. Danny hat sich tagsüber nicht erholt. Im Gegenteil, er zeigt erste Anzeichen eines Höhenlungenödems. Ein Lungenödem kann tödlich enden. Jetzt heißt es schnell reagieren, um ihn vom Berg in tiefere Lagen zu bringen. An einen Abstieg ist nicht zu denken, da immer wieder Gegenanstiege zu bewältigen sind. Wir organisieren für den nächsten Morgen einen Helikopter und stabilisieren Danny mit Medikamenten für die Nacht. Das alles nimmt uns völlig gefangen und schlägt natürlich auf die Stimmung. Keiner denkt mehr an den Erfolg des heutigen Tages. Es wird eine unruhige Nacht.

Mit dem ersten Morgenlicht knattern die Rotoren des Hubschraubers heran. Unweit der Hütte setzt er zur Landung an. Der Abschied ist sehr emotional. Mit gesenktem Kopf schlurft Danny hinüber und hebt ab. Die Sorgen und Ängste um ihn bleiben hier. Wortlos schwingen Hans und ich uns auf die Bikes und treten betrübt auf einen großen Hang zu. Es ist der Hauptanstieg des heutigen Tages. Wieder 400 steile Höhenmeter mit geschulterten Bikes in losem Schotter hinauf zum Simba Col. Oben erst startet die Abfahrt auf der Chogoria-Route. Wir wollen bis auf 2650 Meter abfahren, um dort im Camp »Bandas« unsere letzte Nacht im Nationalpark zu verbringen.

Es wird ein sehr langer und anstrengender Tag. Die 2000 Tiefenmeter lange Abfahrt verlangt volle Konzentration. Lose Steine bedecken über weite Teile den Weg. Zwischendurch erkennen wir ihn gar nicht mehr. Die Ereignisse der letzten zwölf Stunden lasten auch noch auf uns. Die einmalige Landschaft lenkt aber ab und entschädigt für die Mühen des langen Tages. Wir durchqueren diverse Ökosysteme, kommen von der alpinen Wüste durch mit bergtypischen Lobelien und Senezien bewachsene Moorlandschaft und Heide hinab in den Regenwald. Mitten im dichten Wald stehen die Holzhütten der Bandas. Nach einem weiteren Zehnstundentag sind wir froh, die Unterkunft erreicht zu haben. Eine fordernde, aber in dieser Art sicher einmalige Abfahrt liegt hinter uns. Auch wenn das Wasser nur spärlich von der Decke tropft, ist die erste warme Dusche seit vier Tagen Genuss pur.

Vor den Hütten steht der »Telephone Tree«, die Telefonzelle des Camps. Über eine Leiter erreicht man die Krone des ausladenden Baumes. Dort kann man, wenn man das Telefon am ausgestreckten Arm nach oben hält, ein schwaches Signal empfangen. Natürlich versuchen wir, Danny zu erreichen. Mit Erfolg. Er musste diverse Untersuchungen im Krankenhaus über sich ergehen lassen, bekam aber vom Arzt das Okay für die Besteigung des Kilimandscharo. Sehr erleichtert über diese gute Nachricht packen wir Bikes und Equipment in den Bus, der uns am früh nächsten Morgen über die Grenze nach Tansania bringen soll. Wir freuen uns riesig: Das Team wird wieder komplett.

Die Abfahrt über die Chogoria-Route zu den Bandas, unserem letzten Camp auf 2650 Metern, gehört zu den spektakulärsten, die wir je befahren haben. Auch zu den anstrengendsten. Das oft schwierige Gelände erfordert eine gute Fahrtechnik und volle Konzentration.

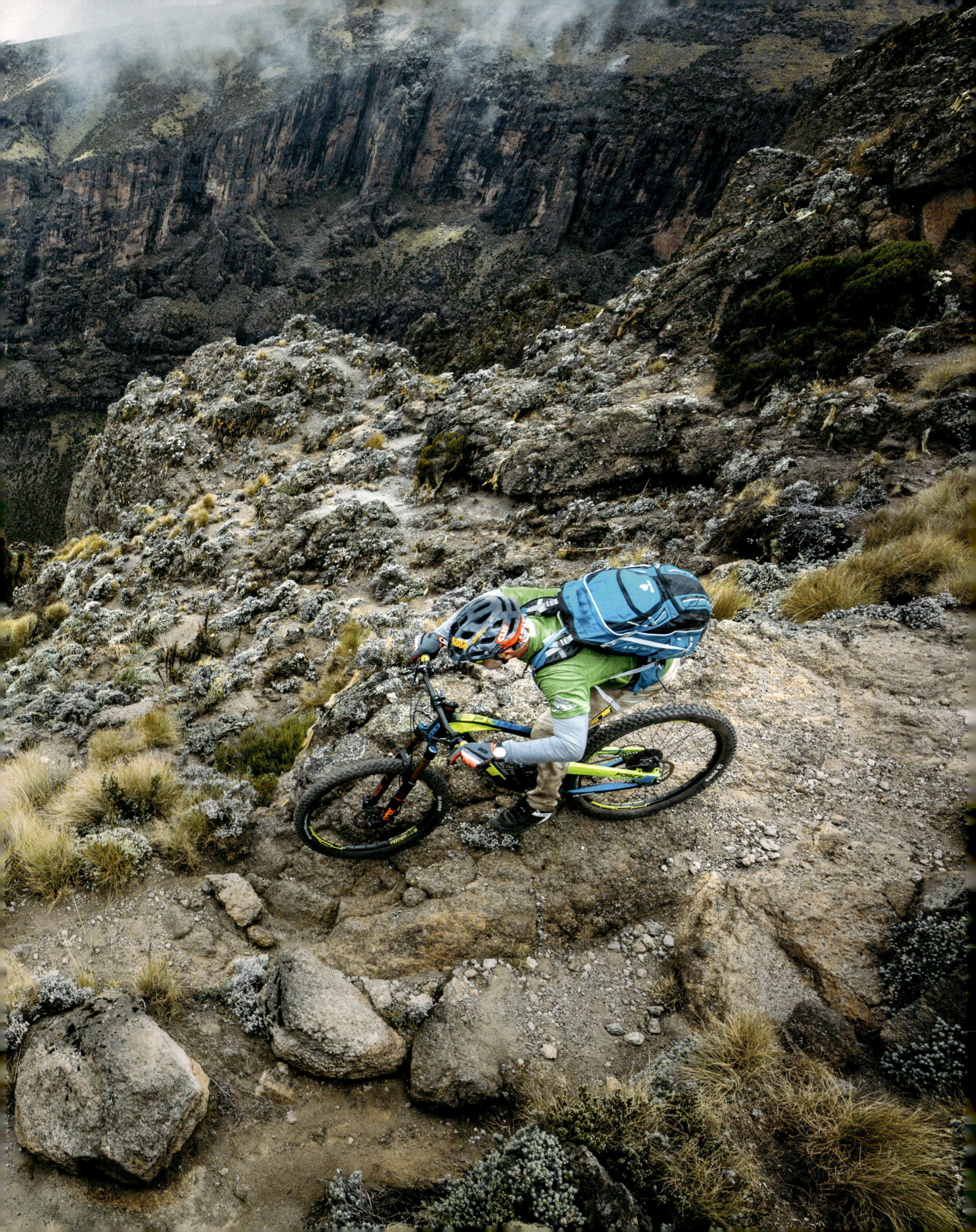

Die Erlebnisse am Berg waren prägend. Ebenso unvergessen bleibt die strahlende Freude der kenianischen Bevölkerung, die wir zu Beginn unserer Reise erlebten. Im Rahmen von »Wheels 4 Life«, einer Hilfsorganisation, die Hansjörg Rey ins Leben rief, konnten wir 50 Fahrräder an Einwohner rund um Ndeiya, einer ländlichen, sehr armen Gemeinde außerhalb Nairobis, übergeben. Für uns »nur« ein Fahrrad – doch für die Leute dort bedeutet es die Chance, ihr Leben zum Guten zu verändern. Einige bekommen erst dadurch die Möglichkeit, zur Schule zu fahren, eine weiter entfernte Arbeit anzunehmen oder einen Arzt aufzusuchen. »Give a bike, change a life ...« Treffender als dieser Leitsatz von »Wheels 4 Life« kann man es nicht ausdrücken. Mobilität verändert eben das Leben.

An Wasser mangelt es nicht am Mount-Kenya-Massiv, denn es regnet an bis zu 200 Tagen im Jahr. – »Wheels 4 Life«, das Charity-Projekt von Hans Rey, macht Menschen in vielen Ländern mit Fahrrädern mobil – auch in Kenia (rechte Seite).

Kenia

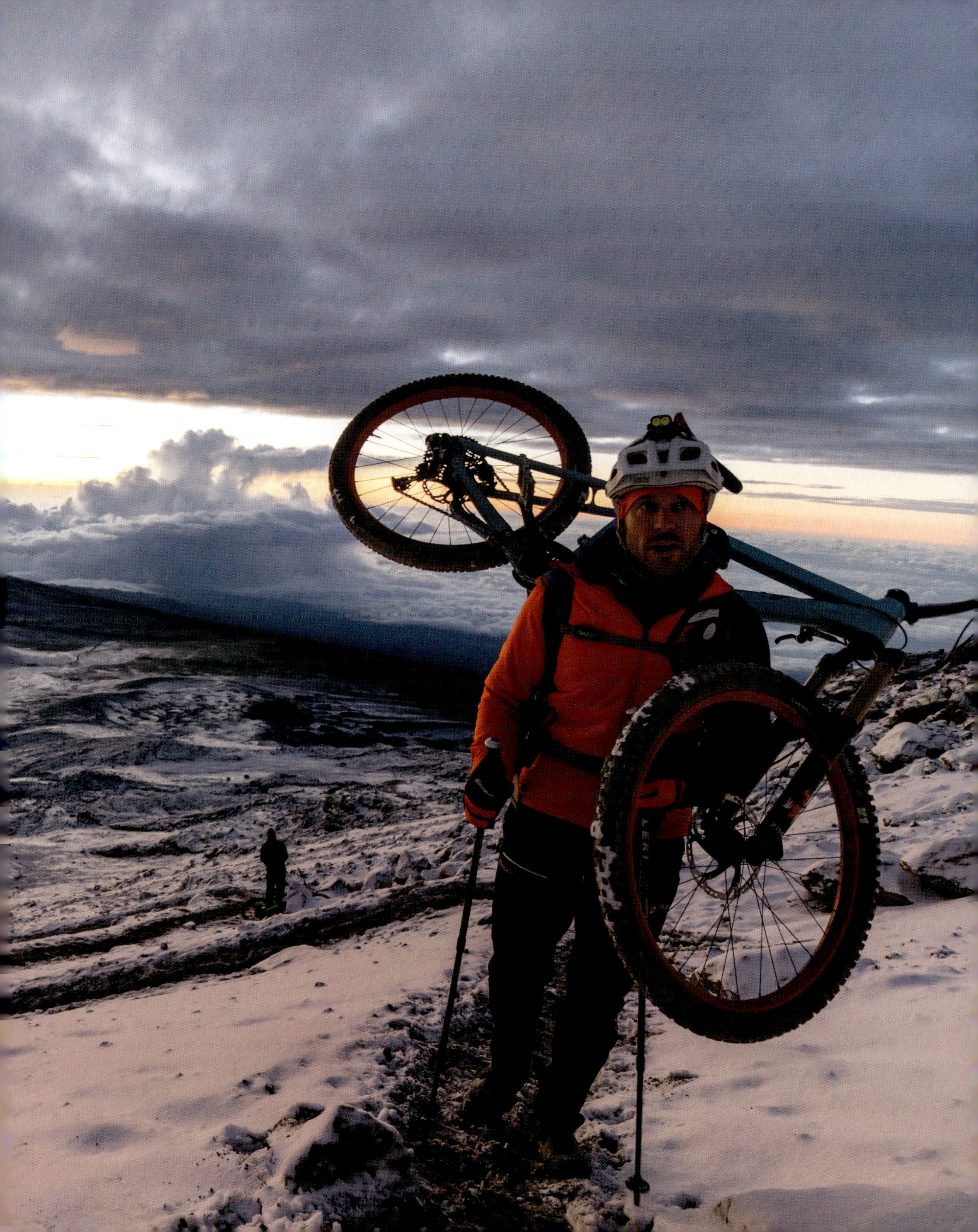

TANSANIA:
ABFAHRTSRAUSCH VOM »DACH AFRIKAS«

»Die härteste, aber auch eindrucksvollste Tour meines Lebens.«

– Danny MacAskill –

Der Kilimandscharo ist ein imposanter, lang gezogener Bergrücken, der aus drei Vulkankegeln besteht. In der Mitte Kibo, der höchste von ihnen. Am Uhuru Peak erreicht er eine Höhe von 5895 Metern. Übersetzt bedeutet Uhuru Peak so viel wie »Freiheitsgipfel«. Vor etlichen Jahren schon hatte ich den Kilimandscharo umrundet. Damals entstand in mir der Wunsch, einmal ganz oben zu stehen. Aus alpinistischer Sicht ist der Berg sehr leicht. Außer der Höhe sind auf den meisten Routen keine großen Schwierigkeiten zu bewältigen. Daher kam mir gleich die Idee der Befahrung mit dem Mountainbike in den Sinn. Dies war aber nicht möglich, da Fahrräder im Nationalpark verboten waren.

Viele Jahre trug ich den Wunsch in mir, bis ich zum richtigen Zeitpunkt die richtigen Anrufe tätigte und so mit viel Glück auf offene Ohren im Nationalpark stieß. Nach schier endlosen Verhandlungen und Vorbereitungen hielt ich die ersten offiziellen Permits für die Befahrung mit dem Mountainbike in Händen. Auch Hans Rey hatte das Ziel schon lange vor Augen und war auf meine Anfrage hin sofort begeistert. Der Stein kam ins Rollen. Und so wurde aus einem scheinbar unmöglichen Wunsch eine Tour der Superlative: mit zwei der wohl bekanntesten Mountainbikern der Welt die zwei höchsten Berge von Afrika hintereinander zu befahren! Manchmal braucht man ein wenig Geduld, bis die Träume sich verwirklichen lassen.

In kleinen Schritten geht es schwer atmend von der Kibo Hut in Richtung Uhuru Peak. Die aufgehende Sonne bringt den dringend nötigen Motivationsschub. Am Gilman's Point auf 5681 Metern erreichen wir den Kraterrand.

Um zwei Uhr nachts sind wir gestartet. Endlich geht die Sonne auf. Der Mawenzi, mit 5148 Metern der zweithöchste Gipfel am Kilimandscharo-Massiv, ist technisch anspruchsvoll und wird nur äußerst selten bestiegen.

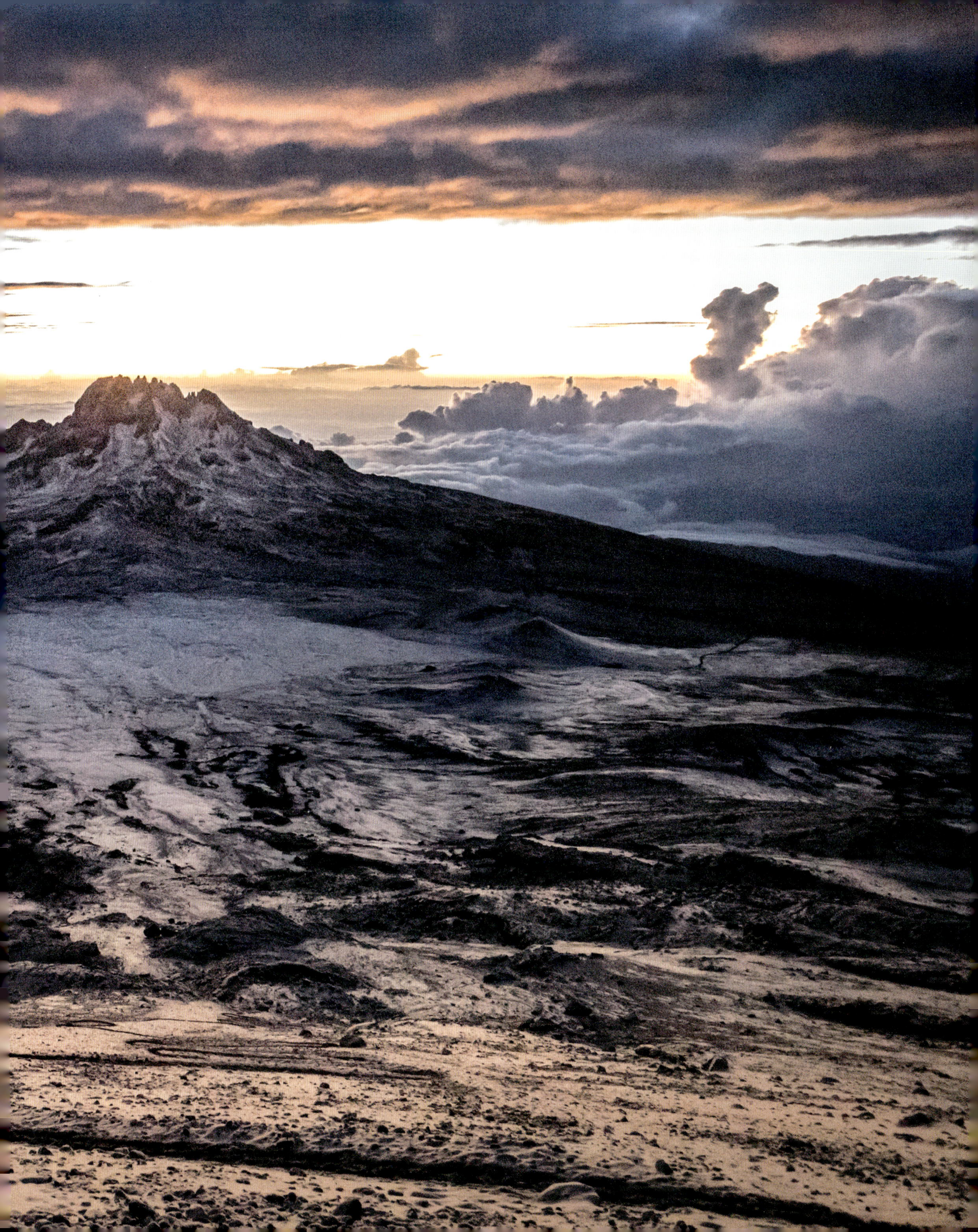

8 DURCH REGEN, SCHNEE UND DÜNNE LUFT ZUM KILIMANDSCHARO

»Der Kilimandscharo ist der Mount Everest für Biker.«

– Hans Rey –

Der Weg zum Gipfel des Kilimandscharo beginnt mit einer unerwarteten Begegnung. Wir sind noch nicht weit vom Camp Bandas entfernt, da bleibt der Bus ruckartig stehen. Wir trauen unseren Augen nicht: Mitten auf dem Weg vor uns steht ein stattlicher Leopard und schaut uns mindestens so überrascht an wie wir ihn. In freier Wildbahn bekommt man die schüchternen Tiere äußerst selten zu sehen. Nach einigen Sekunden verschwindet er zurück ins Unterholz. Eine Sensation!

Weiter geht es, eine nicht enden wollende Busfahrt von Kenia nach Tansania steht an. Unterwegs laden wir Danny ein. Er ist angeschlagen, aber höchst motiviert. Wir sind froh, jetzt wieder zu dritt unterwegs zu sein. Stunde um Stunde blicken wir auf die vorbeiziehende Landschaft. An der Grenze wird das Fahrzeug gewechselt, der kenianische Bus darf nicht mit nach Tansania. Es ist schon lange dunkel, als wir Arusha passieren, die größte Stadt am Fuße des Berges. Eine weitere Stunde später erreichen wir unser Hotel und fallen todmüde in die Betten. Ich schaue auf die Uhr: Über zehn Stunden hat die Fahrt gedauert.

Der nächste Tag hat wieder einen engen Zeitplan. Wir müssen umpacken, die Bikes warten, die Ausrüstung sortieren, und wie sollten uns auch ein bisschen erholen. Am Abend folgt ein Briefing von Richard, unserem Guide am Kilimandscharo. Wie wir erfahren, ist hier am Berg alles streng reglementiert. Man braucht Permits, Lagerplätze müssen vorab gebucht werden, und ohne lizensierten Guide ist keine Besteigung möglich. Das alles dient dazu, den Ansturm von bis zu 60 000 Bergsteigern jährlich zu lenken. Von den Scharen der Gipfelaspiranten erreicht aber nur ein geringer Teil den höchsten Punkt afrikanischen Bodens, den Uhuru Peak mit 5895 Metern.

Noch um ein Vielfaches geringer ist die Anzahl derer, die mit dem Bike den Gipfel erreichten. Gerade mal zweistellig dürfte die Zahl sein. Genau weiß es aber niemand, da es keine Aufzeichnungen darüber gibt. Richard und Nicholas Crane waren am 31. Dezember 1984 wohl die Ersten, die es geschafft hatten. In den folgenden Jahren wurde das Radfahren in fast allen Nationalparks in Tansania verboten. Doch am Kilimandscharo hat man das Potenzial des Radtourismus kürzlich erkannt. Seit Sommer 2016 erhält man eine Genehmigung. Wir halten die ersten ausgestellten Exemplare in unseren Händen.

Der Blick zum Gipfel des Kibo ist imposant. Noch können wir uns nicht vorstellen, dass wir dort ankommen werden. Im »Bike Shop« am Wegesrand staunt man über unsere Hightechräder. Wo immer wir auftauchen, bilden sich Trauben von Schaulustigen. Die Einwohner von Moshi freuen sich an unserer kleinen Showeinlage.

Tansania

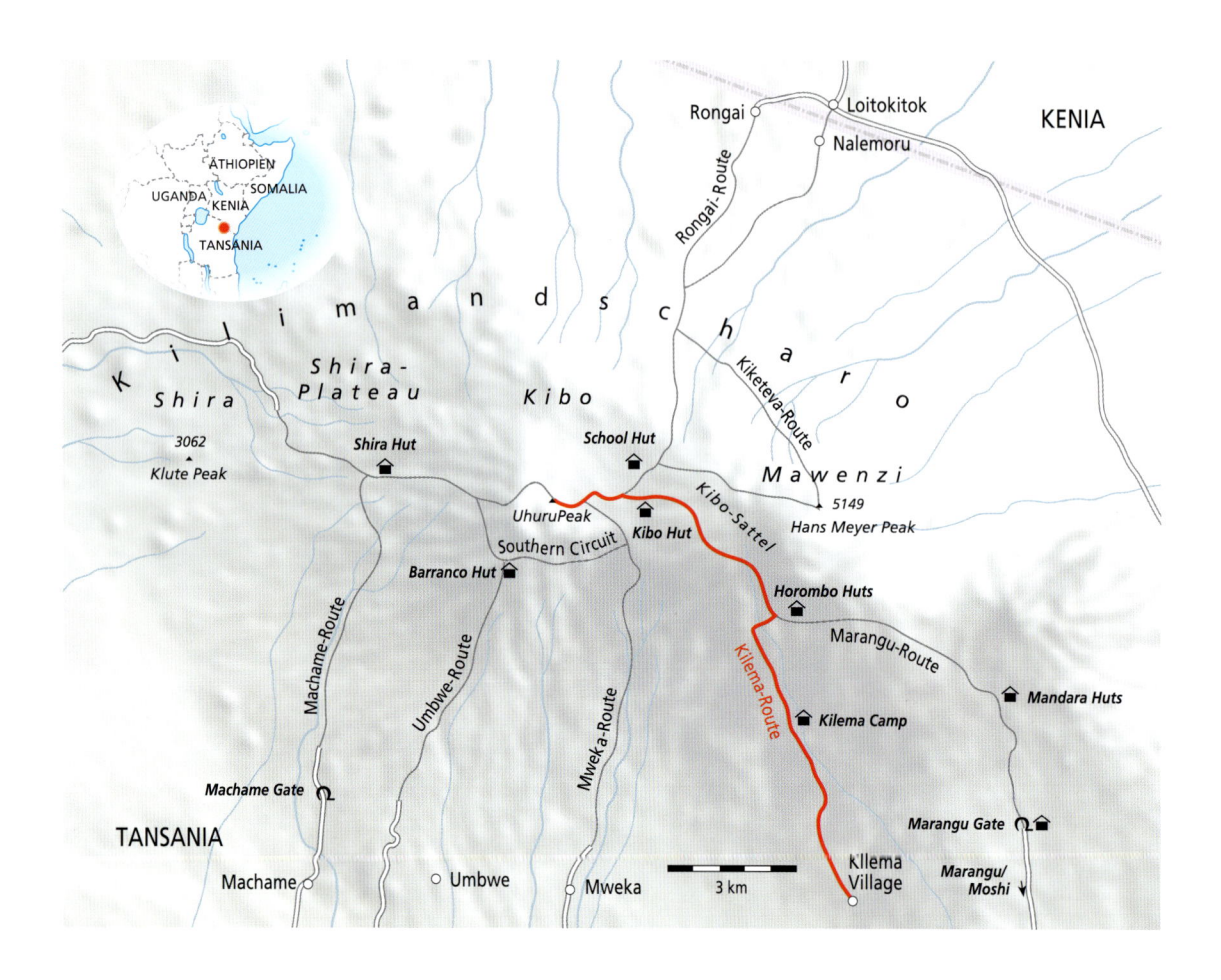

Um fünf Uhr morgens klingelt der Wecker. Mit dem Bus geht es zum Kilema Gate auf 1980 Metern. Hier versperrt eine Schranke den Weiterweg für touristische Fahrzeuge. Nur die Jeeps der Rettung dürfen weiterfahren. Also ab auf die Bikes. Wir sind überrascht über die gut ausgebaute Forststraße. Lang hält das gemütliche Dahinfahren aber nicht an, es wird zusehends steiler. Die imposanten Bäume weichen mannshohem Gestrüpp. Der Untergrund wird steiniger und schließlich unfahrbar. Wir schieben mal wieder bergauf. Nach etwa neun Stunden erreichen wir das Lager Horombo Hut auf 3700 Metern.

Unsere Zelte stehen bereit. Im geräumigen Mannschaftszelt, welches uns die nächsten Tage als Esszimmer dient, werden wir mit Tee und Kaffee empfangen. Was für ein Luxus! Dank der Vorakklimatisation am Mount Kenya geht es uns hier oben sehr gut. Auch Danny fühlt sich wohl. Die Atemfrequenz ist zwar höher als zu Hause, aber keiner verspürt Kopfschmerzen. Ein gutes Zeichen. Nach unseren Erlebnissen diesbezüglich sind wir sehr vorsichtig.

Ein traumhafter Morgen erwartet uns mit endloser Fernsicht in die umliegende Steppenlandschaft bis nach Kenia. Bei angenehmen Temperaturen geht es auf die heutige Akklimatisationstour. Ziel ist es, unsere Anpassung an die Höhe weiter zu verbessern. Der sogenannte Zebra Rock, ein schwarz-weiß gestreifter Felsen, etwa 400 Meter über der Hütte gelegen, ist der höchste Punkt für den heutigen Tag. Dort angekommen, bleiben wir eine Weile sitzen und beobachten die von unten heraufziehenden Wolkenfelder. Die Abfahrt zurück zum Camp ist technisch anspruchsvoll. Bergauf hat uns die Strecke zwei Stunden gekostet, bergab ist sie leider in wenigen Minuten vorbei.

»Essen ist fertig«, lädt uns Richard zum Abendessen. Die Köche zaubern auf ihren Gaskochern ein wohlschmeckendes Drei-Gänge-Menü. Als Vorspeise gibt es Lauchsuppe. Der Hauptgang besteht aus Kartoffeln, scharf gewürztem Huhn und diversen Gemüsesorten als Beilage. Die Früchte im Obstsalat zur Nachspeise haben einen so intensiven Geschmack, dass wir uns fragen, was uns eigentlich zu Hause als Obst verkauft wird. »So schmecken also Bananen und Ananas wirklich!«, teile ich Richard lachend meine Begeisterung mit. Danach gibt es von ihm das abendliche Briefing für den nächsten Tag. Die Eckdaten lauten: fünf Uhr Wecken, sechs Uhr Abfahrt, 1000 Höhenmeter hinauf zur Kibo Hut. Wir verschwinden gegen 21 Uhr bereits im Zelt und kriechen in die Schlafsäcke.

Schon beim Frühstück liegt die Anspannung vor der langen Etappe des heutigen Tages in der Luft. Das nächste Camp liegt satte 500 Höhenmeter über der höchsten Schlafhöhe am Mount Kenya. Ob wir uns heute Abend auch noch so wohl fühlen werden wie hier auf 3700 Metern? Respektvoll gehen wir es sehr langsam an. Die ersten Höhenmeter zum Zebra Rock kennen wir von gestern. Rechter Hand thronen die senkrechten Felsabbrüche des Mawenzi Peak. Er ist der zweithöchste Berg im Kilimandscharo-Massiv. Die schwarzen, wild zerklüfteten Wände aus Lavagestein wirken beeindruckend.

Als wir eine Anhöhe erreichen, bleibt uns die Luft völlig weg. Eine riesige, wüstenartige Ebene liegt vor uns. Aus dieser ragt majestätisch

Die grünen Dächer der Horombo Hut (3700 m) werden eindrucksvoll vom Mawenzi überragt. Wir müssen schieben: Die dünne Luft hier oben und der lose Untergrund machen das Fahren selbst auf der Forststraße fast unmöglich.

Der steile Vulkankegel des Kibo rückt näher und schüchtert uns ziemlich ein. An seinem Fuß liegt die Kibo Hut, unser Camp auf 4720 Metern. Am linken Kraterrand erkennen wir den höchsten Punkt, den Uhuru Peak.

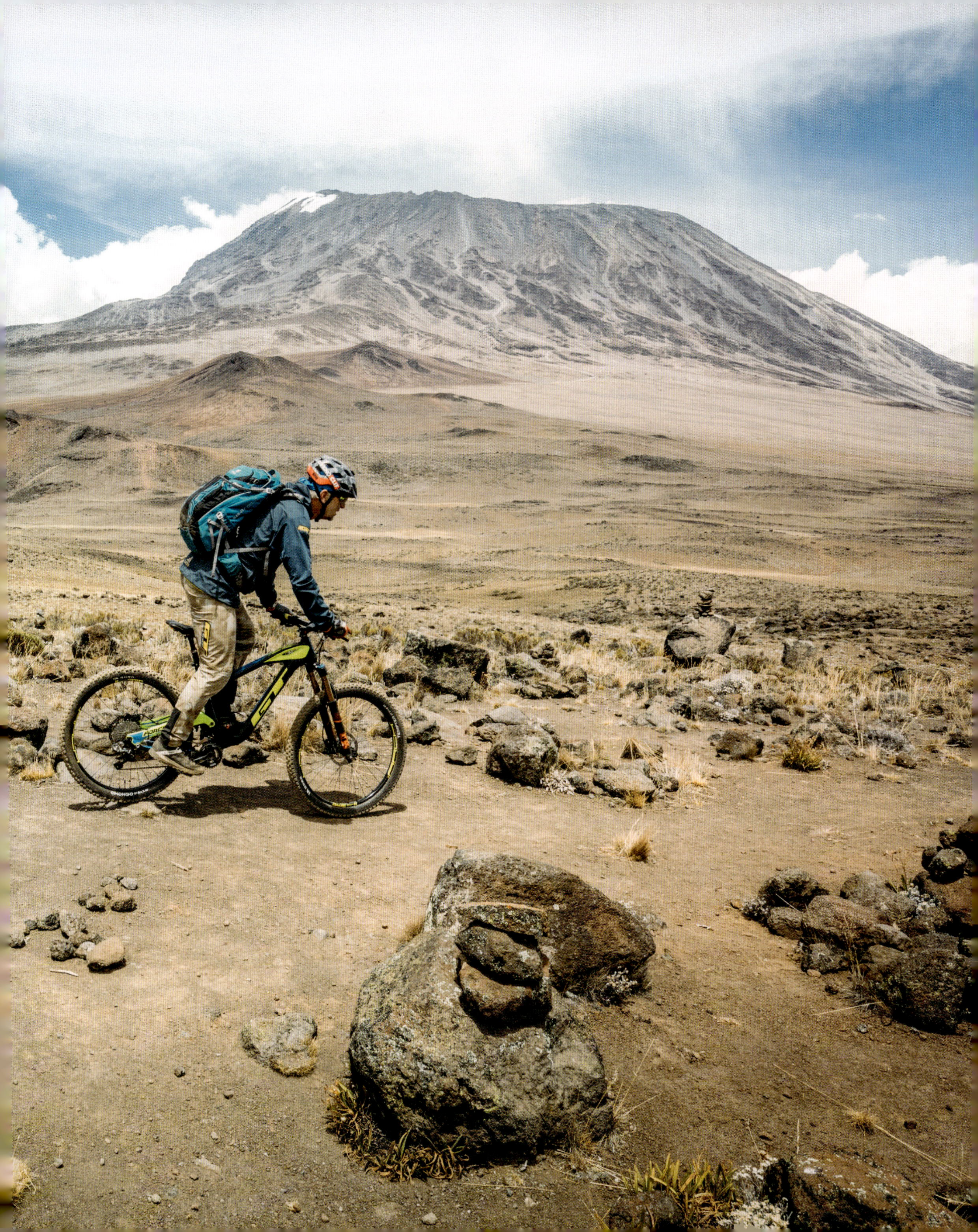

Die Trails sind teilweise anspruchsvoll, aber fast durchgehend fahrbar. Danny hat sichtlich Spaß. – Schieben oder tragen? Vor allem bergauf sucht sich jeder seine beste Lösung (rechte Seite).

ein über 1000 Meter hoher Vulkankegel in den Himmel. Die Dimensionen wirken auf uns im ersten Augenblick erschlagend. »Da sollen wir hinauf?«, frage ich zögerlich. Die steilen Schotterhänge wirken endlos. Wir können uns gar nicht vorstellen, was wir dort mit den Bikes anstellen sollen. Zweifel über unser Projekt kommen auf. Am Fuß des Kegels funkeln winzig die grünen Dächer der Kibo Hut.

Es dauert eine Weile, bis wir uns wieder gefangen haben und losradeln, um die endlose Ebene aus Lavasand zu durchqueren. Im weichen Boden sinken die Reifen so stark ein, dass das Fahren sehr mühsam ist. Schon bei den kleinsten Anstiegen gehen wir aus dem Sattel, um unseren Körper in der erneuten Akklimatisationsphase möglichst wenig zu belasten. Das Camp will und will nicht näher kommen. Starker Wind kommt auf und treibt Wolkenfetzen über die ausgesetzte Fläche. Dazu wird es bitterkalt. Wir ziehen alles an, was in unseren Rucksäcken zu finden ist. Es fängt an zu regnen. Die steilen Hänge sind völlig in den Wolken verschwunden. Weiter mühen wir uns voran.

Vor einer überraschend großen, aus Stein gebauten Hütte stehen unsere Zelte. Durchgefroren schlüpfen wir in das Essenszelt, um heiße Getränke zu uns zu nehmen. Körperlich war es heute hart, über acht Stunden waren wir unterwegs. Auch der Anblick des weiteren Weges hat uns nicht gerade motiviert. Die Euphorie über die uns bevorstehenden Tage ist verflogen. Wie in jedem Lager messen wir unsere Sauerstoffsättigung im Blut mit dem Pulsoximeter, um unsere Anpassung an die Höhe zu kontrollieren. Wir haben alle vertretbare Werte, was uns wieder ein wenig Auftrieb gibt. Richtig fit fühlen wir uns aber bei Weitem nicht.

Tansania

Abends besprechen wir einmal mehr die Taktik der nächsten Tage. Hier ist das höchste Lager unserer Reise. Zum Gipfel sind es weitere 1200 Höhenmeter. Uns bleiben noch drei Tage, bevor wir uns an die Abfahrt machen müssen – spätestens. Aufgrund der Höhenanpassung entscheiden wir uns dafür, am nächsten Tag die Bikes 500 Meter höher zu bringen, um sie dort in einer Höhle, der Hans Meyer Cave, zu lagern. So müssen wir am Gipfeltag die Räder nicht über die ganze Distanz auf dem Rücken tragen.

Der Morgen begrüßt uns mit blauem Himmel. Das Laufen zur Höhle im steilen, losen Lavagestein gestaltet sich äußerst mühsam. Die Räder balancieren wir auf unseren Rucksäcken und benutzen Trekkingstöcke zur Unterstützung. Wieder verwenden wir unsere erlernte Atemtechnik. Bei jedem Schritt ertönt ein lautes »Schsch«, synchronisiert mit dem langsamen Gehtempo. Der Fokus liegt auf den wenigen Zentimetern vor den Füßen. Bei der Höhle angekommen, schweift der Blick zurück über die riesige Ebene hinüber zum Mawenzi Peak. Von hier erscheint er gar nicht mehr so groß. Dafür sieht der weitere Hang über uns umso imposanter aus. Gerade einmal die Hälfte der Distanz bis zum Kraterrand haben wir überwunden! Eine schmale Pfadspur im Schotterhang führt im Zickzack nach oben. Wir verdrängen die Gedanken an die mehr als doppelt so lange Gipfeletappe und steigen ab zum Camp.

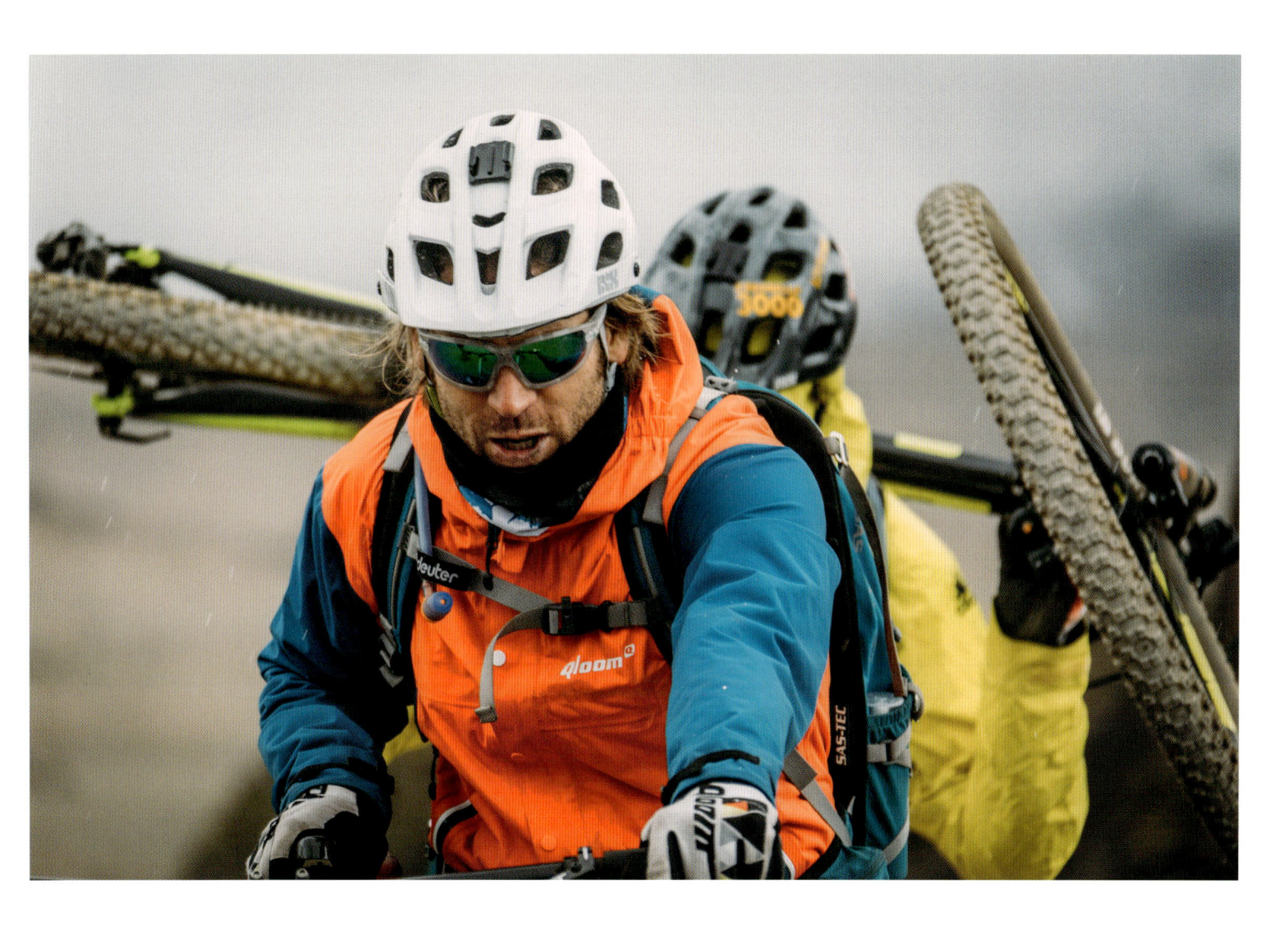

Tansania

Bis in den Abend hinein diskutieren wir über einen Zeitplan, die Taktik und die Ausrüstung für den Gipfeltag. Drei Hosen übereinander: Lange Unterhose, Trekkinghose und Regenhose sollten reichen. Am Oberkörper eine Lage mehr. Dicke Handschuhe, ein zweites Paar Handschuhe, Mütze, heiße Getränke, Verpflegung. Jeder packt ein, packt wieder aus, sortiert neu, packt wieder ein. Die Spannung ist zum Zerreißen. Bereits um 18 Uhr gibt es Abendessen. Es werden diverse »Was wäre wenn«-Szenarien durchgespielt, erneut wird die Sauerstoffsättigung im Blut gemessen und Richard muss Hunderte Fragen von uns beantworten. Nach langem Hin und Her steht der Zeitplan für den Abmarsch. Ein Uhr Frühstück, zwei Uhr Abmarsch. Stirnlampen nicht vergessen! Um 19.30 Uhr sind alle in den Schlafsäcken verschwunden und versuchen zu schlafen.

Als wir um ein Uhr nachts aus dem Zelt blicken, ist alles weiß. Es hat geschneit! Daran hatten wir bei unseren Überlegungen gar nicht gedacht, diese Option gab es nicht. Wir beraten erneut und entscheiden uns, es trotzdem zu versuchen. Wenigstens ist es aufgrund der Wolkendecke nicht so kalt wie in einer klaren Nacht. Gedränge im Essenszelt an der Thermoskanne. Kurz nach zwei Uhr setzen wir uns in Bewegung. Die Gespräche verstummen. Die Konzentration steigt. Atmen und gleichmäßig laufen sind die einzigen zwei Dinge, die in den nächsten Stunden zählen. Wir trotten meditativ in unserem Schein der Stirnlampen über den steilen, schneebedeckten Lavahang Meter um Meter hinauf. Der Schnee knirscht unter unseren Sohlen. Die Höhle ist erreicht. Eine kurze Pause, ein Schluck zu trinken. Weiter geht es. Wie angenehm war es bis hierher ohne das zusätzliche Gewicht auf den Schultern. Das Tempo wird dank der Bikes noch langsamer, aber wir kommen voran. Schritt für Schritt.

Der Horizont wird langsam heller und die Wolkendecke lockert auf. Es folgt ein magischer, absolut einmaliger Moment. Genau hinter dem Mawenzi Peak steigt die Sonne als knallroter Ball aus einer tief liegenden Wolkenschicht auf. Die Wolken darüber leuchten in rot-rosa schimmernden Farbtönen und werden vom Schnee reflektiert, der dadurch ebenfalls in zartem Rot erstrahlt. Hinter uns erkennen wir unsere Aufstiegsspur als dunkle Schlangenlinie. Was für ein Naturspektakel! Die Ablenkung kommt gerade zur rechten Zeit und gibt uns einen regelrechten Motivationsschub. Den können wir wirklich gut gebrauchen. Das Gelände wird zusehends felsdurchsetzter und so steil, dass wir zwischendurch sogar Hand an den kalten Fels legen müssen, um kleine Stufen zu überwinden.

Schließlich erreichen wir am Gilman's Point auf 5681 Metern den Kraterrand und lassen uns nach Sauerstoff ringend auf den Boden fallen, um uns eine Pause zu gönnen. Von hier reicht der Blick über den riesigen Kraterkessel und auf der gegenüberliegenden Seite zum höchsten Punkt. Am Gipfel erkennen wir Schilder und einige Bergsteiger. Jetzt endlich können wir uns vorstellen, dort anzukommen. Zum Stella Point, 5730 Meter, ist es sehr felsig und wir müssen die Bikes weiterhin tragen. Von dort führt der Weg relativ flach hinauf zum Gipfel. Pedalierend

Trekkingstöcke helfen, das Gleichgewicht im Lavasand zu halten. Noch stehen beeindruckende Eiswände am Wegesrand, doch die Gletscher am Kibo werden jedes Jahr weniger. Der Weg am Kraterrand zieht sich hin. Wir müssen oft Atempausen machen. – Danny mit erschöpftem Lächeln kurz vor dem Kraterrand am Gilman's Point (links).

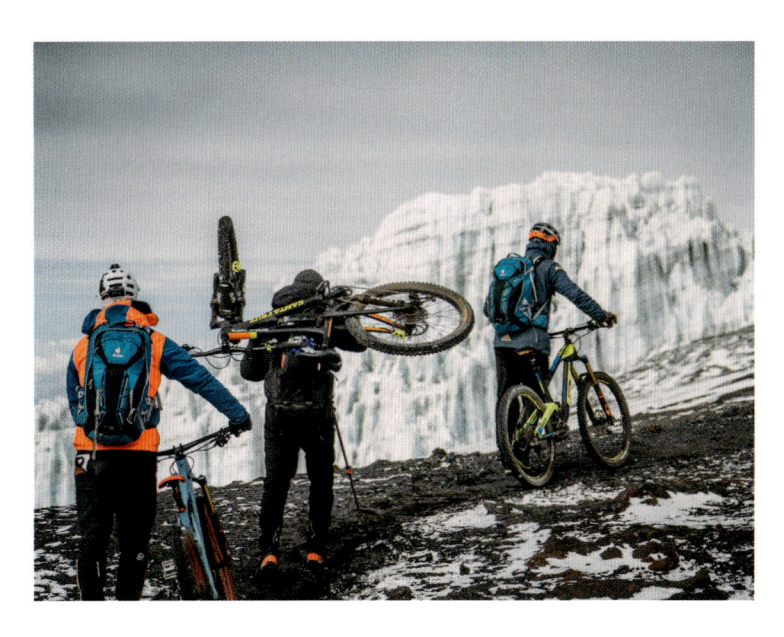

Tansania

Der Kilimandscharo ist mit seinen 5895 Metern nicht nur der höchste Berg Afrikas, sondern auch der höchste frei stehende Berg der Welt. Kurz unter dem Kraterrand machen wir im Windschatten eine Trinkpause.

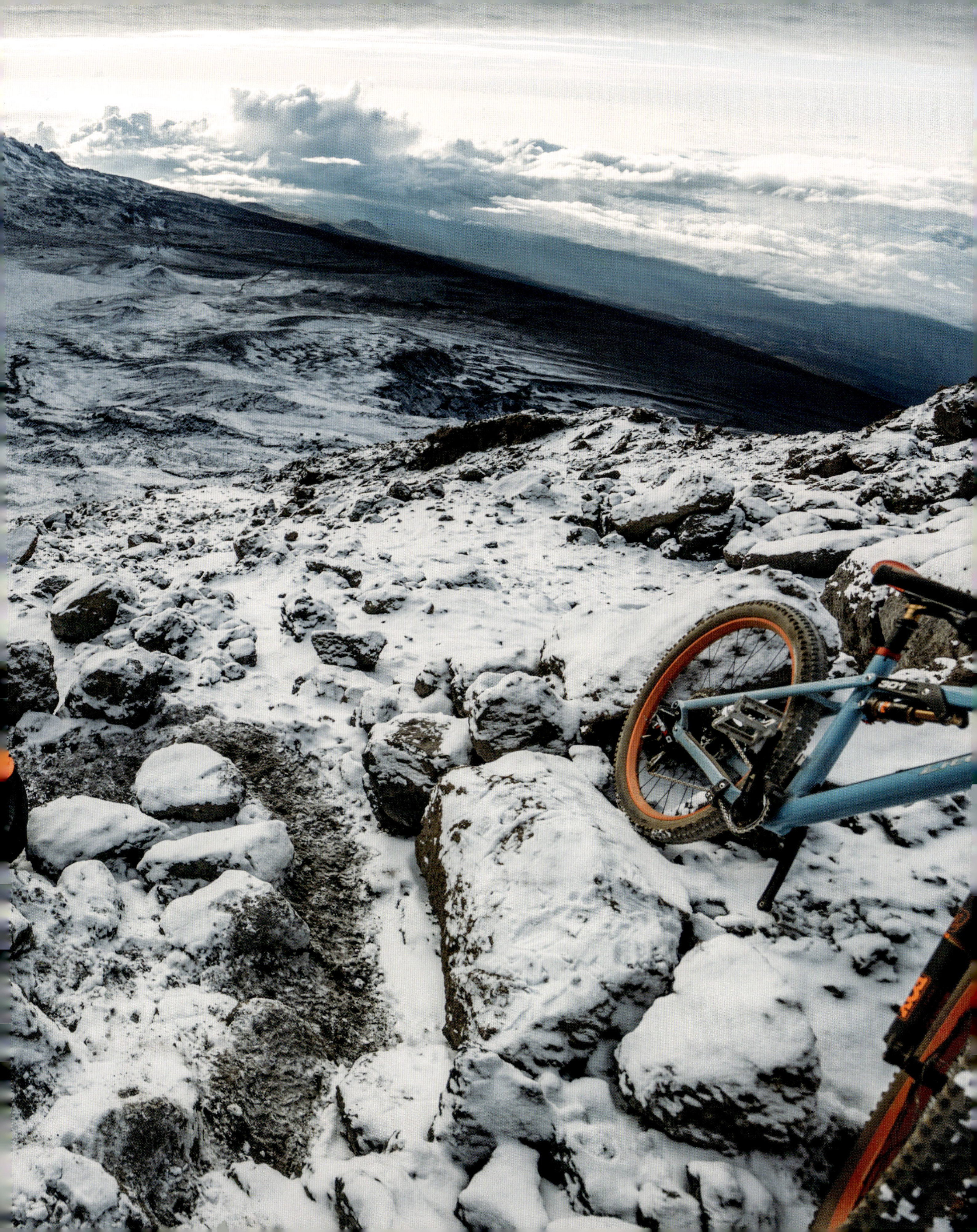

MOUNT KILIMANJARO
CONGRATULATIONS
YOU ARE NOW AT
UHURU PEAK TANZANIA 5895M/19341Ft.
AFRICA'S HIGHEST POINT
WORLD'S HIGHEST FREESTANDING
ONE OF WORLD'S
WORLD HERITAGE
CLOSED

legen wir die letzten Meter zum höchsten Punkt zurück und blicken in erstaunte Gesichter. Keiner der Bergsteiger hätte hier oben wohl mit Fahrradfahrern gerechnet. Wir legen die Bikes ab und fallen uns in die Arme! Was für ein erlösender Augenblick.

5895 Meter über dem Meer. Der höchste Punkt auf afrikanischem Boden. Es war ein langer Weg bis hierher. Über ein Jahr Vorbereitung hat es gekostet. Der Wunsch, einmal hier oben zu stehen, schlummerte schon mehr als ein Jahrzehnt in mir. Dann die Tour am Mount Kenya und Dannys Höhenkrankheit zuvor. Fünf Tage schon am Kilimandscharo. Und jetzt stehen wir tatsächlich gemeinsam hier oben. Es ist ein wahrlich emotionaler Moment und die wässrigen Augen kommen sicher nicht nur von der Kälte.

Wir haben es geschafft und stehen am höchsten Punkt Afrikas! Ein lang ersehnter Traum geht in Erfüllung.

Uns steht eine fast 5000 Meter lange Abfahrt bevor. Doch die Erschöpfung macht sich bemerkbar und wir können bei Weitem nicht unsere volle Leistung abrufen. – Vom Uhuru Peak zum Stella Point führt der Weg am Kraterrand entlang. Links von uns geht es 200 Meter tief in den Krater (rechte Seite).

Die Aussicht ist nicht weniger atemberaubend als die dünne Luft. Steile Eiswände ragen unter uns empor, die Überreste der Gletscher, die früher mal den ganzen Berg bedeckten. Der Weg zurück zum Gilman's Point ist über die ganze Distanz sichtbar, dahinter der Mawenzi Peak. Zwischen den Wolken taucht der Mount Meru auf, ein über 4000 Meter hoher Nachbarvulkan des Kilimandscharo. Unfassbar schön ist es hier oben.

Für die Bergsteiger beginnt hier der mühsame Abstieg, der oft nur als notwendiges Übel empfunden wird. Für uns ist der Gipfel der Startpunkt für eine 4895 Meter lange Fahrt hinunter zu den Bananenplantagen am Fuße des Berges. Diese Abfahrt ist der Grund, warum wir die Strapazen auf uns nehmen, unser Rad hier heraufzutragen. Und wir wollen möglichst viel davon auch wirklich fahrend zurücklegen.

»Dafür bin ich hergekommen!« Danny ist sichtlich motiviert. Wir atmen tief durch und fahren los. Das Gelände zurück zum Stella Point ist leicht zu bewältigen, wie ein Schotterweg in den Alpen. Nur die Aussicht ist ein bisschen anders und der Sauerstoff weniger. Danach geht es immer wieder schiebend über die felsigen Passagen zurück zum Gilman's Point. Hier ist der Beginn der 100 Höhenmeter langen Schotterabfahrt bis zur Kibo Hut.

Tansania

Im oberen Teil gibt es über die Felsstufen einige kurze unfahrbare Passagen, dann folgt ein Abfahrtsrausch, wie er nur schwer zu übertreffen ist. Die Reifen haben perfekten Grip im Schotter, das Hinterrad sinkt ein und wir surfen regelrecht nach unten. Jeder sucht sich seine eigene Linie, wir nutzen den ganzen Hang. Unterbrochen wird der Rausch nur von unserer Kurzatmigkeit, die uns regelmäßig zu Pausen zwingt. Trotz leichter Kopfschmerzen haben wir alle ein breites Grinsen im Gesicht.

Dieses wird noch größer, als wir bei der Hütte einfahren und uns unsere Trägermannschaft klatschend und singend einen herzlichen Empfang bereitet. Jeder will uns gratulieren. Wir schütteln viele Hände und stoßen mit allen auf unsere erfolgreiche Gipfelbefahrung an. Beim Abendessen herrscht trotz der Müdigkeit ausgelassene Stimmung. Nur so richtig lange dauert die Party nicht. Alle sind wir ziemlich müde und verschwinden früh im Zelt.

Tansania

Der Uhuru Peak hieß nicht immer so: Als 1889 der Deutsche Hans Meyer als Erster den höchsten Gipfel des Kilimandscharo bestieg, taufte er ihn Kaiser-Wilhelm-Spitze. Damals war Tansania noch deutsche Kolonie. 1961 wurde Tansania unabhängig und man benannte den Gipfel um. Übersetzt heißt er seither »Freiheitsgipfel«.

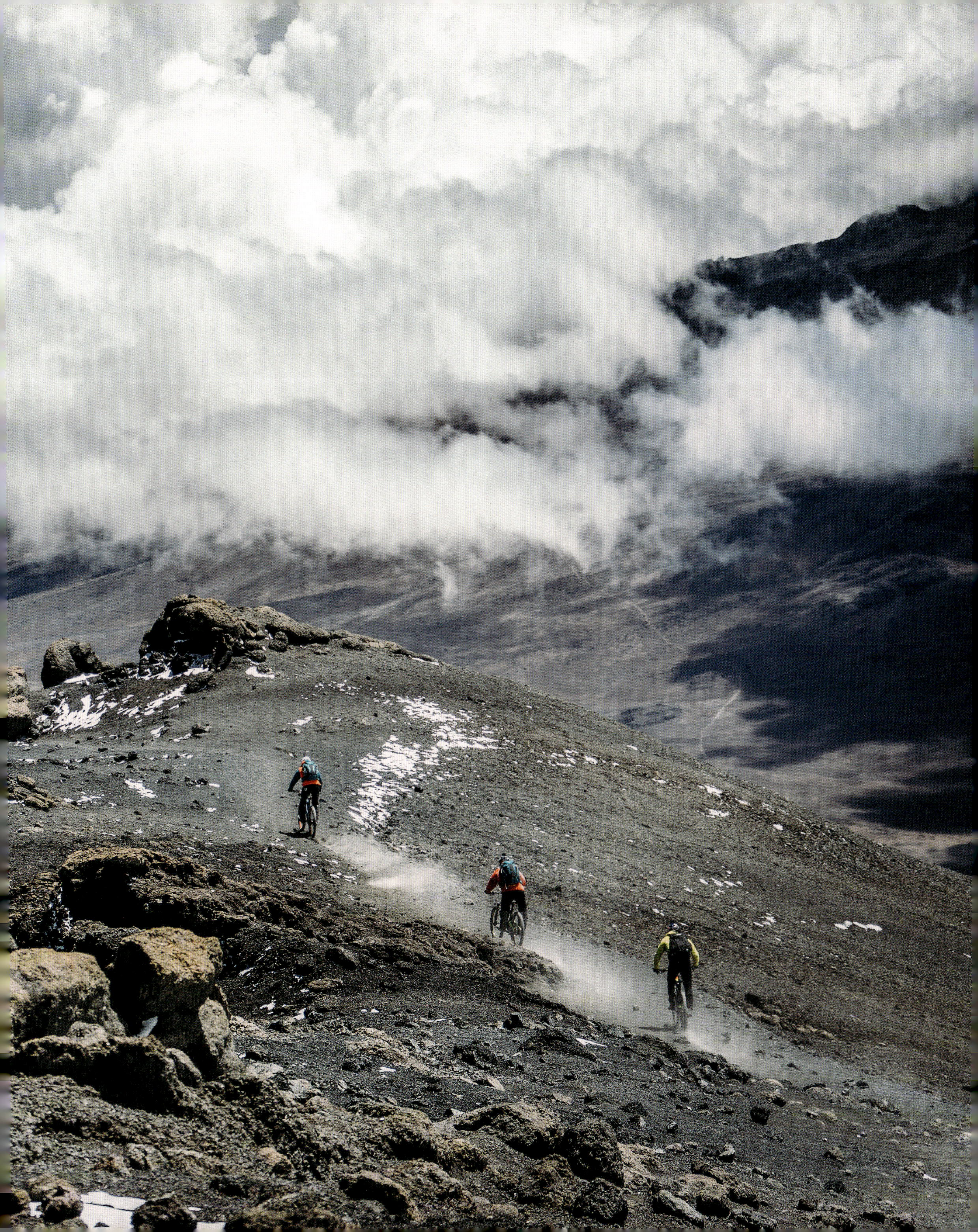

Tansania

Ohne Guides und Träger darf man nicht in den Kilimandscharo-Nationalpark. Unsere Bikes haben wir aber jeden einzelnen Meter selbst befördert. – Unser Camp bei der Kibo Hut mit traumhafter Aussicht. Der Schotterhang hinunter zur Kibo Hut ist erstaunlich gut zu fahren. Auf unserem Rückweg überqueren wir wieder die Hochebene unterhalb des Mawenzi (linke Seite).

In der Nacht schneite es heftig. Wir kriechen aus den Zelten und stapfen zum Frühstück. Bei dieser Schneelage wäre die Gipfeltour wahrscheinlich unmöglich gewesen. »Gut, dass wir gestern unterwegs waren«, freue ich mich. Wir warten, bis der Schnee ein wenig getaut ist, und fahren dann weiter ab. Zurück über die riesige Lavaebene, vorbei am Zebra Rock zur Horombo Hut. Der Rückweg vergeht wie im Flug und ist für unseren Geschmack viel zu schnell vorbei.

An der Hütte beginnt die holperige Rettungsstraße, welche uns durch sämtliche Vegetationszonen zurück zum Fuß des Berges bringt. Durch dichten Urwald rauschen wir aus dem Nationalpark des Kilimandscharo hinaus in die Dörfer zwischen den Bananenplantagen.

Überall winken uns die Leute am Wegesrand zu. Wir sind uns sicher, hier kommen nur selten Mountainbiker vorbei. An einer kleinen Baracke prangt ein Schild mit der Aufschrift »Bar«. Wir machen eine Vollbremsung und lassen uns auf den Plastikstühlen der kleinen Holzterrasse nieder. Der ideale Ort, um unsere Flüssigkeitsdefizite auszugleichen. Hinter uns schreien Affen, vor uns laufen Kinder in zerrissenen Hosen grinsend und winkend vorbei. Noch vor wenigen Stunden stapften wir auf 4700 Metern durch den Schnee. Nun sitzen wir hier in kurzen Hosen und schwitzend unter Bananenstauden.

»In meinen Augen ist der Kilimandscharo der Mount Everest für Biker«, konstatiert Hans, und wir stoßen ein weiteres Mal auf Afrika an.

Tansania

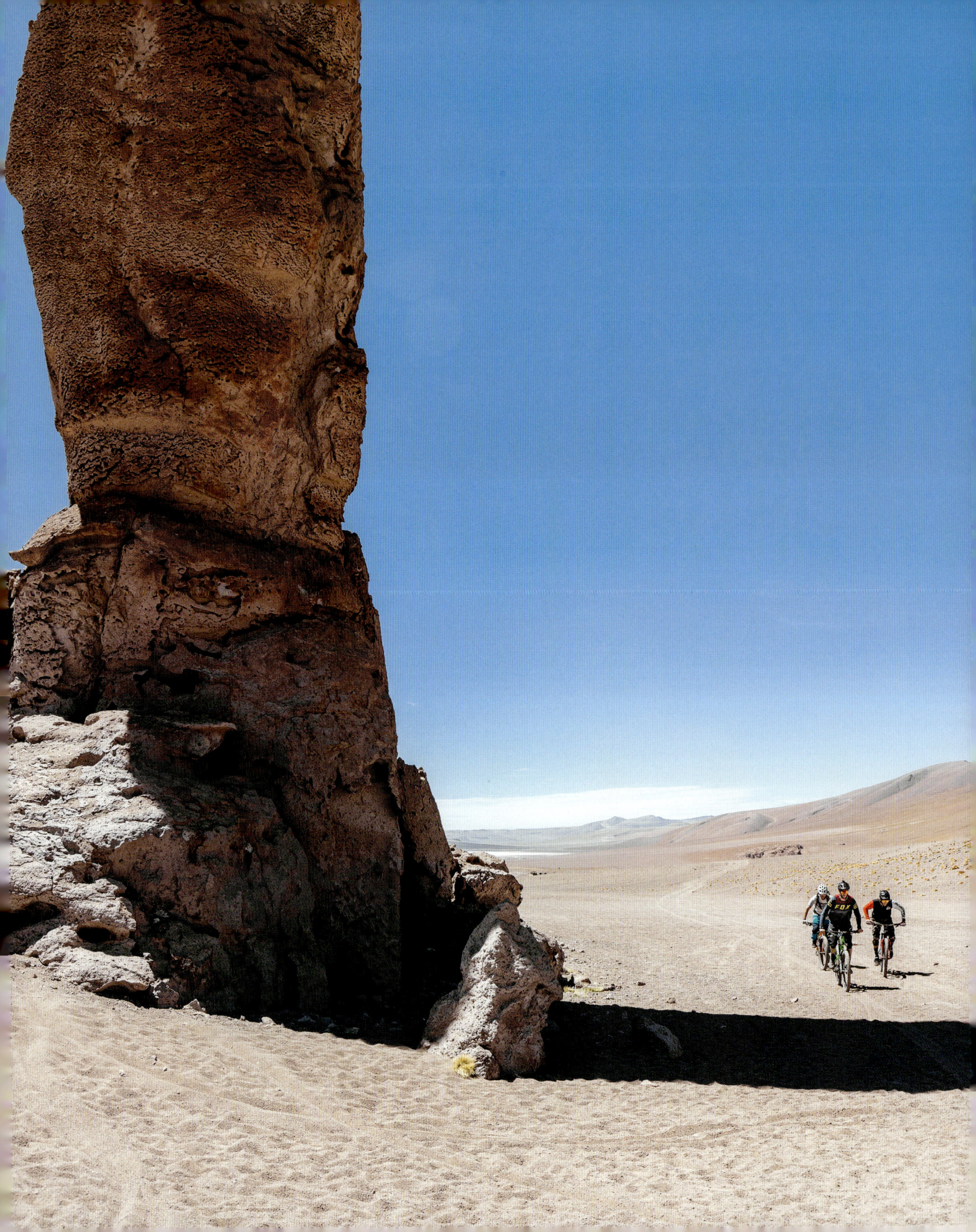

CHILE:
DORT, WO DIE WEGE ENDEN

»Ein Gipfel ist ein guter Grund, um aufzubrechen,
aber niemals das alleinige Ziel einer Reise.«

– Sprichwort –

Auf einen meiner Berichte vom Kilimandscharo bekam ich eine kurze Mail: »Come to Chile, we ride big mountains, too!« Spannend, dachte ich mir, hohe Vulkane in Chile zu befahren hört sich interessant an. Bei den Inka wurden die Berge als Schutzgottheiten verehrt. Diese »Wächter des Tales« heißen in Quechua, der Sprache der Inka: »Apu Wamani«.

Patricio Goycoolea aus Chile hat sich zum Ziel gesetzt, fünf dieser heiligen Berge mit dem Bike zu befahren, um damit auf die Geschichte des ausgestorbenen Volkes aufmerksam zu machen. Seine Einladung, ihn zum letzten großen Berg der mehrjährigen Expedition zu begleiten, kam mir sehr gelegen. Denn eigentlich wollte ich diesen Sommer nach Pakistan, hatte aber nicht ausreichend Zeit gehabt, um die Tour vorzubereiten. Also sagte ich mit Begeisterung zu.

Vor vielen Jahren hatte ich in Chile bereits den Aconcagua bestiegen, mit 6959 Metern der höchste Berg Südamerikas. Zwar ohne mein Bike, aber ich dachte, ich hätte aus diesem Grund eine grobe Vorstellung von dem, was mich erwarten würde. Genügend Erfahrung auf hohen Bergen mit Fahrrad hatte ich über die Jahre ja auch gesammelt. Dass »Big Mountainbiking« auf Chiles Vulkanen eine völlig andere Dimension hat, durfte ich auf leidvolle Weise erfahren. Wieder einmal wurde mein Horizont ein Stück erweitert.

Mit einer Niederschlagsmenge von nur 0,75 Millimetern pro Jahr gilt die Atacama-Wüste als die trockenste der Welt. Sie liegt im Regenschatten der über 6000 Meter hohen Anden.

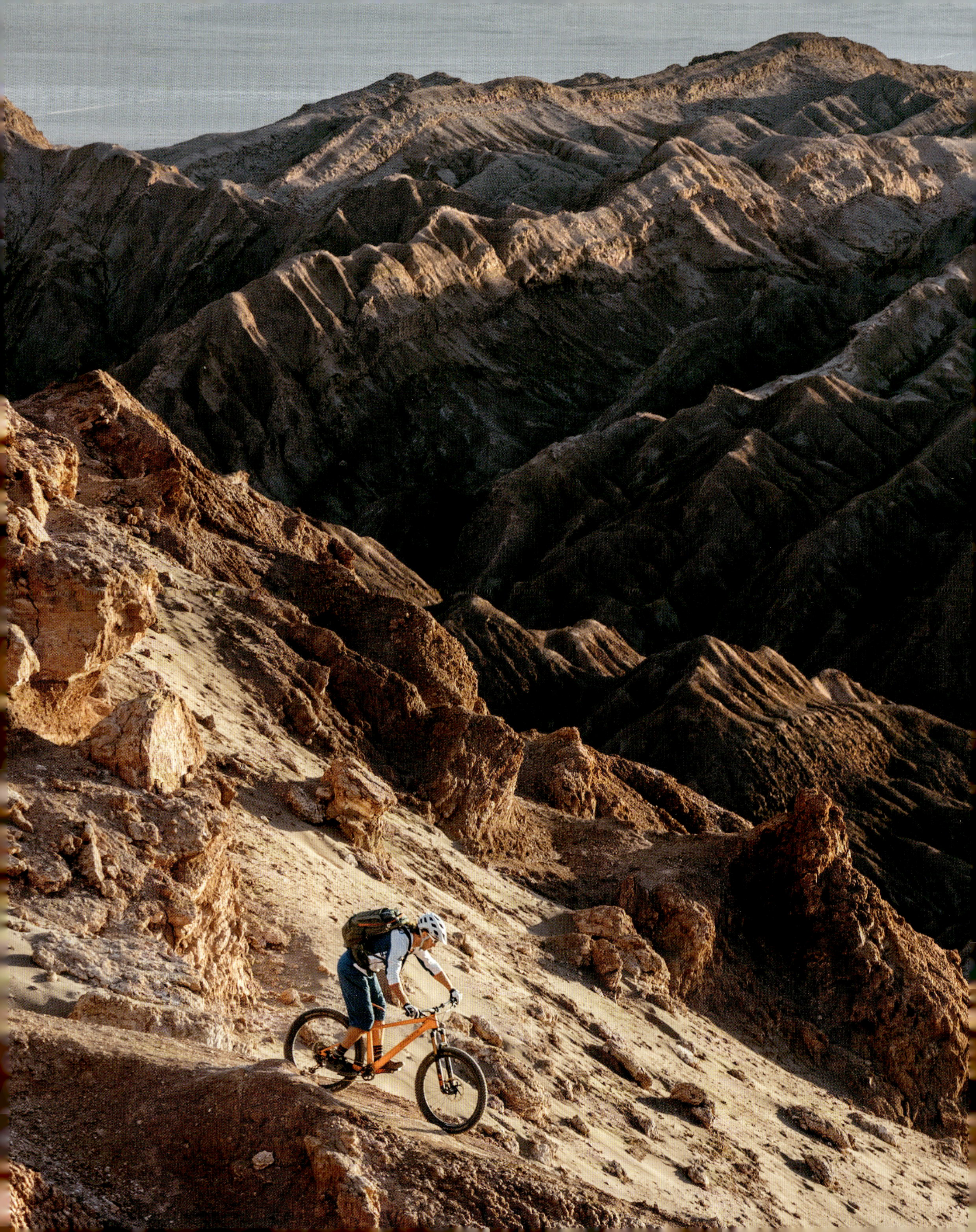

Die bizarren Felsformationen und Dünen des Valle de la Luna, des »Tals des Mondes«, liegen nur wenige Minuten hinter San Pedro de Atacama. Die kleine Wüstenstadt ist das Mekka für alle Wüstenreisenden in Chile.

9 HORIZONTERWEITERUNG AM DRITTHÖCHSTEN VULKAN DER ERDE

»Rückblickend kam ich in Chile auch an die Grenzen meiner Vorstellungskraft.«

– Gerhard Czerner –

Der Llullaillaco ist mit 6739 Metern der dritthöchste Vulkan der Erde. Darüber hinaus ist er der höchste unvergletscherte Berg der Welt, was sicher daran liegt, dass er im trockensten Teil der Atacama-Wüste in Chile thront. Hunderte Kilometer entfernt von der nächsten Zivilisation, oft von gewaltigen Stürmen umtost, nicht selten unter minus 30 Grad kalt. Wahrscheinlich wird er gerade deshalb eher selten von Bergsteigern besucht. Klingt alles in allem nach einem spannenden Ziel zum Biken, dachte ich mir und schickte Pato meine Zusage.

Pato, so die Kurzform von Patricio Goycoolea, hatte ein interessantes Projekt ins Leben gerufen: »Guardián del Valle«. Ziel ist es, fünf heilige Berge der Inka, die »Wächter des Tales«, mit dem Bike zu befahren. Alle Berge sind über 5000 Meter hoch, einige sogar über 6000. So auch das letzte Ziel des Projektes, zu welchem ich nun antrete.

Auch wenn ich anfangs nicht einmal die Namen meiner Reisegefährten kannte, so war mir eines klar: Da alle aus Santiago stammen, haben sie perfekte Bedingungen, um sich zu akklimatisieren. Nur wenige Kilometer hinter der Stadt erheben sich die Berge auf fast 6000 Meter.

Ein leichtes Spiel, hier ein paar Tage in dünner Luft zu verbringen. Dieser Prozess der Gewöhnung an den verminderten Sauerstoffgehalt in großen Höhen entscheidet zum großen Teil über Erfolg oder Misserfolg an hohen Bergen. Wenn es ungünstig läuft, sogar über Leben und Tod. Bei ungenügender Anpassung wird man höhenkrank, was zu einem Lungen- oder Hirnödem führen kann. Ich bewege mich nun schon seit über 20 Jahren in großen Höhen und war bereits selbst höhenkrank. Die Erfahrungen am Mount Kenya mit Danny sind mir ebenfalls noch lebhaft im Kopf.

Die Berge in meiner Umgebung daheim reichen nicht weit über 3000 Meter. Also musste ich andere Möglichkeiten zur Vorbereitung finden. Die Einnahme von Medikamenten zur Unterstützung der Akklimatisation, was durchaus üblich ist, lehne ich ab. Es ist für mich eine Art Doping und damit keine Option. Es gibt heutzutage andere Möglichkeiten. Drei Wochen lang arbeitete ich also zu Hause mit einem Höhentrainingsgenerator. Dieser ermöglicht es, eine einstellbare Höhe zu simulieren. Der Umgebungsluft wird dabei Sauerstoff entzogen und über ein Schlauchsystem zu einer Atemmaske oder in ein Zelt geblasen.

Nachts schlief ich in einem kleinen Zelt, welches Kopf und Brust überspannt. Jede zweite Nacht veränderte ich den Regler für die Höhe. Zugegeben, es ist nicht sonderlich komfortabel: Alle paar Sekunden strömt mit einem lauten »Tschschsch« frische Atemluft hinein. Daher konnte ich nur mit Ohropax schlafen. Aber es funktioniert und das ist entscheidend. Tagsüber absolvierte ich Einheiten auf meiner Rolle mit dem Bike und der Atemmaske. Jetzt, kurz vor Abflug, kann ich damit auf einer Höhe von 5000 Metern ohne Probleme treten. Diese Art der Vorbereitung hatte ich schon für die Reise zum Kilimandscharo praktiziert und gute Erfahrungen damit gemacht.

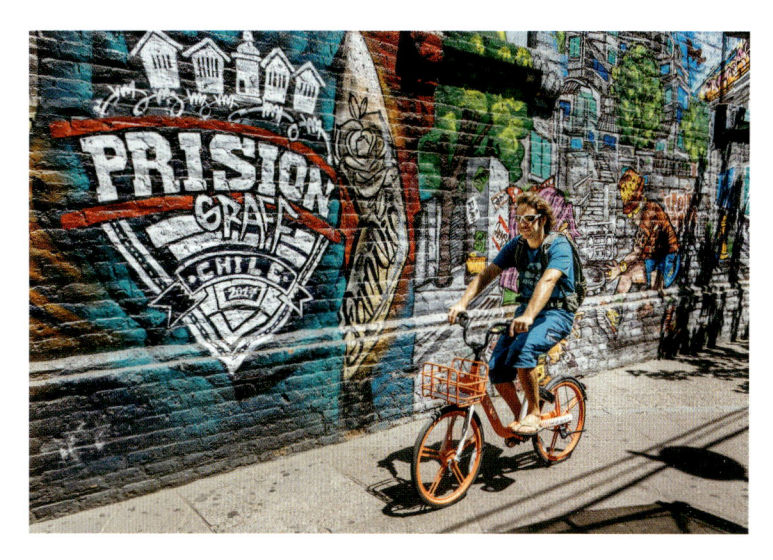

Bevor es in die Berge geht, erkunden wir Santiago de Chile, die Hauptstadt und zugleich größte Stadt Chiles. Sie liegt auf knapp 600 Metern in einem Tal zwischen schneebedeckten Andengipfeln und der chilenischen Küstenkordillere.

In der Hinsicht also fühle ich mich gut vorbereitet. Was die völlig unbekannte Mannschaft angeht, bin ich etwas unsicher. Ich bin froh, dass ich Martin für die Tour begeistern konnte. Somit ist wenigstens ein Freund dabei. Nach 17 langen Flugstunden schlurfen wir mit unserem Gepäck aus dem Flughafen in Santiago. Pato erkennen wir sofort in der Menge: groß gewachsen, schlank, braun gebrannt, eine Action-Cam in der Hand. Auf seinem Shirt prangt mit großer oranger Schrift »Inner Mountain«, der Name seiner Reiseagentur. »Welcome to Chile«, strahlt er. Es ist ein herzlicher Empfang, als ob wir uns schon ewig kennen würden.

Am Nachmittag treffen wir zwei weitere Teilnehmer der Expedition bei unserem Ausflug in den nahe gelegenen Bikepark. Nico, unseren Filmer, und den wohl bekanntesten Enduro-Fahrer in Südamerika: Nico Prudencio. Nach ein paar schnellen Runden über die staubtrockenen Trails in der brütenden Hitze des Tages geht es zum Barbecue, wo auch der Rest der Mannschaft eintrifft: Sebastian, Fotograf, Benjamin, der zweite Filmer, und Federico, ein weiterer Mountainbiker. Die Mannschaft ist komplett. Bereits am ersten Abend haben wir viel zu lachen. Von Anfang an stimmt der Spirit im Team. Wir verbringen die nächsten zwei Tage in den Bergen hinter Santiago, um uns besser kennenzulernen und uns weiter zu akklimatisieren. Schon der erste Gipfel, den wir gemeinsam erreichen, hat eine Höhe von 3850 Metern. Allen geht es gut hier oben, wobei Martin und ich am langsamsten unterwegs sind. »Die Jungs sind echt besser als wir an die Höhe gewöhnt«, schnaufe ich zu Martin gewandt.

Die letzten Einkäufe werden erledigt, Material umgepackt, Fahrräder gecheckt und die Pickups beladen. Am nächsten Morgen verlassen wir die Stadt in nördlicher Richtung hinaus in die Atacama-Wüste. Chile ist ein lang gestrecktes Land, mit etwa 4000 Kilometern Küstenlinie. An dieser fahren wir monoton und schnurgerade dahin. Die Landschaft verändert sich, wenn überhaupt, erst nach Hunderten von Kilometern. Linker Hand immer Küste. Rechter Hand immer Felsen, Steine und Sand.

Nach zwei endlosen Tagen im Jeep erreichen wir endlich die Wüstenoase San Pedro de Atacama. Man sagt, hier gäbe es zwei Arten von Touristen. Die einen kämen wegen der atemberaubenden Natur. Die anderen wegen des berauschenden Kokains. Die Grenze zu Bolivien ist nur wenige Kilometer entfernt und daher scheint es der ideale Drogenumschlagplatz zu sein. Wir aber sind hier, um uns weiter an die Höhe anzupassen und natürlich auch, um die Natur zu genießen.

Auf dem Markt von San Pedro de Atacama kaufen wir nochmals ein. Durch die Wüste zum Llullaillaco: Hinter einfachsten Hütten verbergen sich Restaurants für Fernfahrer und Minenarbeiter.

Chile

Die beiden inaktiven Vulkane Licancabur (5920 m) und Juriques (5704 m) thronen über San Pedro de Atacama. Der Wüstenort liegt 1200 Kilometer nördlich von Santiago inmitten einer kargen und lebensfeindlichen Landschaft. Er ist u. a. für traditionelles andines Kunsthandwerk bekannt.

PUEBLO DE ARTESANOS

Salztonebenen sind typisch für die Atacama-Wüste. Der Salar de Atacama erstreckt sich über 3000 Quadratmeter. – Unser Ziel, der 6739 Meter hohe Llullaillaco, ragt vor uns auf. Auf der linken Seite, im Schatten, führt unsere geplante Route zum Gipfel (rechte Seite).

Die Gegend um San Pedro gehört zu den trockensten Regionen der Erde. Die jährliche Niederschlagsmenge liegt im unteren einstelligen Millimeterbereich, was etwa einem Fünfzigstel des Hitzepols Death Valley in den USA entspricht. Die Sonne brennt unbarmherzig den ganzen Tag vom blauen Himmel. Ein Ausflug zu einem der umliegenden Salzseen steht bei fast allen Touristen auf dem Programm. So auch bei uns. Der Salar de Loyoques liegt auf 4300 Meter Höhe und ist damit ideal zur Höhenanpassung geeignet. Auf dem Weg dorthin sehen wir Herden von Vicuñas, die wie die Alpakas zur Familie der Kamele gehören, wir gemeinhin aber als Lamas bezeichnen. Für uns unverständlich, wie diese großen Säugetiere hier in der Wüste überleben können. Zwischen den grünen Matten, welche am Rand der Salzseen wachsen, stehen rosa Flamingos wie Farbkleckse auf einer Leinwand im flachen Wasser.

Am dritten Tag verlassen wir San Pedro in Richtung Salar de Atacama. Vor etwa 3500 Jahren lag auch hier ein See. Heute besteht die gut 3000 Quadratkilometer große Fläche aus einer harten, rauen, weißen Schicht Salz, verunreinigt mit Wüstensand. Darunter befindet sich eine lithiumhaltige Sole. Darüber flimmert die Luft. Zufließendes Wasser kommt aus sporadisch auftretenden Tümpeln hervor, die wichtige Biotope bilden. Größer als die natürlichen Wasserstellen sind die Solebecken der Lithiumindustrie. Dieser wertvolle Rohstoff ist wichtiger Bestandteil von Batterien und Akkus. Doch der

Abbau des Rohstoffes bringt zahlreiche negative Folgen für die Umwelt und die Bevölkerung vor Ort. Beim Anblick der riesigen Becken stellt sich mir unweigerlich die Frage, ob die E-Mobilität wirklich der Schritt in eine bessere Zukunft ist.

Weiter geht es über staubige Pisten in den endlosen Weiten dahin. Durch alle Ritzen kriecht der Staub in die Fahrzeuge. Nach etwa sieben Stunden biegen wir von der Hauptpiste ab, um ein paar Reifenspuren zu folgen. Sie führen uns zu einem großen Schild, auf dem »Parque Nacional Llullaillaco« steht. Wir sind froh, den richtigen Abzweig genommen zu haben. Mit Leichtigkeit hätten wir uns in diesem Labyrinth von Fahrwegen und Strommasten verfahren können. Vor uns thront der Vulkan in seiner ganzen Pracht. Er wirkt wirklich mächtig. Verständlich, dass die Inka in diesen majestätischen Bergen Gottheiten sahen. Voller Vorfreude, aber auch ein wenig demütig, setzen wir unsere Fahrt in Richtung Basislager fort.

»Da vorne ist es«, posaunt Frederico am Steuer sichtlich erleichtert. Wir erreichen ein paar kleine Hütten auf 4200 Metern. Endlich raus und die Beine strecken, kochen und die Taktik der nächsten Tage besprechen. Am folgenden Morgen heißt es packen für die Hochlager. Nur das Nötigste darf mit, aber auch nichts sollte vergessen werden. Bis auf 4800 Meter können wir noch mit den Jeeps fahren. Das entspricht fast der Höhe des Montblanc! Mühsam kämpfen die Jeeps sich im ersten Gang die Hänge des Vulkans nach oben.

Zwischen großen Felsblöcken ist Ende der Fahrt. Rucksäcke schultern und los. Wir wollen schon heute einen Teil des Materials bis auf etwa 5300 Meter bringen. Im Schneckentempo geht es auf dem losen Vulkangestein schwer

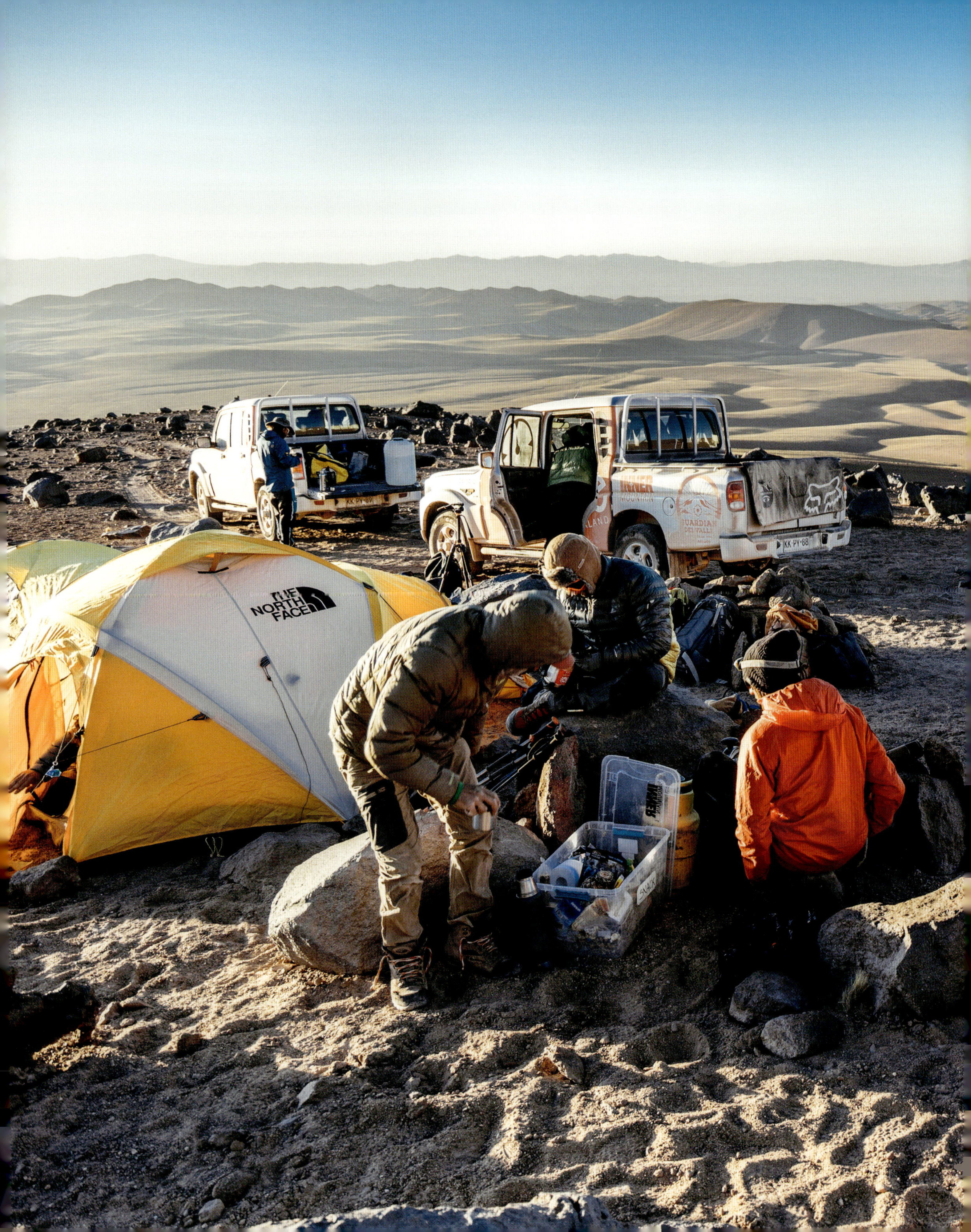
THE NORTH FACE

atmend dahin. Die Aussicht wird immer grandioser. Unglaublich, wie vielfältig die Farben der verschiedenen Gesteinsarten hier oben sind. Unten im Basislager gibt es noch kleine Büsche und Flechten, hier oben ist kein Grün mehr zu sehen. Vom Materialdepot aus erkennen wir den nächsten Abschnitt des Aufstiegs. Endlos ziehen sich die mit Felsen übersäten Lavahänge in den Himmel. Wie gewohnt scanne ich den Berg nach Wegen: Fehlanzeige.

»Und wo wollen die Jungs hier Rad fahren?«, drücke ich Martin gegenüber meine Verwunderung aus. Er zuckt nur mit den Schultern. Wir sitzen eine ganze Weile hier und lassen den Berg auf uns wirken. Andächtige Stille. Nur der Wind heult von Zeit zu Zeit um die Felsen. Zweifel über Sinn oder Unsinn der Idee, die Räder hier hochzutragen, kommen in mir auf. Ich trage ja gerne bergauf, aber dann will ich den Großteil bergab auch fahren können. Auf den letzten Bergen gab es wenigstens irgendeine Art von Steig oder Pfad, auf welchem wir dann, mehr oder weniger, biken konnten. Aber hier? Der Berg ist von dieser Seite so selten besucht, dass es keinen Weg gibt. Nur Felsen, Geröll und Schotter. Ich bin ein wenig enttäuscht und weiß nicht so recht, wohin mit meinen Gedanken. Meine chilenischen Freunde scheinen sich nicht darum zu kümmern und sind frohen Mutes.

Nach dem Abstieg bauen wir die Zelte neben den Fahrzeugen auf. Ein grandioses Naturschauspiel beginnt. Der Sonnenuntergang lässt die Farben der Wüste noch kräftiger werden. Mit dem Verschwinden der Sonne wird es sofort eiskalt. Die Temperaturunterschiede in der Wüste sind enorm. Tagsüber bis zu 40 Grad plus, nachts zweistellige Minusgrade. Im dicken Daunenschlafsack eingepackt, geht mir Geschichtliches zum Berg durch den Kopf.

Expeditionsleben auf 4800 Metern. Außer uns weit und breit kein Mensch. Die Ausgesetztheit ist eine der Herausforderungen. Wir sind völlig auf uns gestellt.

Chile

1999 fanden Archäologen in einem Schrein nahe dem Gipfel drei Kindermumien, sie waren dreizehn, sieben und sechs Jahre alt. Die Kälte konservierte die Toten so gut, dass sie bei ihrem Auffinden noch immer aussahen, als schliefen sie. Daher konnten sie sehr genau untersucht werden. Die älteste Mumie wurde bekannt unter dem Namen Llullaillaco, »Jungfrau«. Ihr Todeszeitpunkt lag zwischen 1430 und 1520.

Das Opfern von Menschen war bei den Inka ein fester Bestandteil der Kultur. Die Auserwählten wurden umsorgt und gefeiert, ihr Ansehen stieg. Ein Jahr lang wurde der grausame Ritus vorbereitet. Die »letzte Reise« der Opfer begann wahrscheinlich stets in der Hauptstadt des Inkareiches, in Cusco. Von dort wanderten sie dann samt Priestern und Gefolge über Wochen und Monate zum Ort ihrer Opferung. Für die 1420 Kilometer von Cusco nach Llullaillaco hatte ein Fußmarsch mindestens zweieinhalb Monate gedauert. Man geht davon aus, dass die Kinder am Gipfel, von Substanzen wie Koka und Alkohol stark umnebelt, einfach einschliefen. Ein gruseliger Gedanke. Irgendwann schlafe ich ein.

An einem wunderschönen Morgen mit Blick auf die Weiten der Atacama erwache ich und komme aus dem Staunen nicht mehr heraus. Den heutigen Tag nutzen wir, um unsere Fahrräder so weit hoch wie möglich zu tragen. »Je weiter, desto besser«, erklärt Pato seine Idee, »dann haben wir am Gipfeltag weniger weit zu tragen.« Also stapfen wir wieder los in Richtung Materialdepot auf bekanntem Weg. Diesmal geht es noch mühsamer, das zusätzliche Gewicht drückt ganz schön. Noch dazu müssen wir alles, was wir tags zuvor auf 5300 Metern gelassen haben, nun auch aufnehmen und in unser höchstes Lager

Der für die Vulkane typische »Büßerschnee«, auf Spanisch *penitentes*, ist zwar schön anzusehen, aber ihn zu überwinden ist anstrengend. Wir versuchen, ihn möglichst zu umgehen. – Ständig weht Wind und die Luft ist fast unerträglich trocken. Wasservorräte haben wir mitgebracht. Hier oben gibt es keinen Tropfen (linke Seite).

auf 5600 Meter bringen. Zelte, Essen, Steigeisen, dicke Bekleidung, die Bikes, alles in allem hat jeder sicher um die 30 Kilo zu schleppen.

Optisch ist der hier oben anzutreffende »Büßerschnee« eine Augenweide. Bis zu zwei Meter hohe Schnee- und Eispyramiden haben sich aufgrund der ungleichmäßigen Abschmelzung durch die starke, direkte Sonnenstrahlung und geringe Luftfeuchtigkeit gebildet. Zum Überwinden sind sie jedoch sehr beschwerlich. Einige solcher Felder haben wir zu durchqueren. Das eh schon langsame Tempo wird noch mehr gedrosselt. An manchen Stellen brauchen wir über 20 Minuten für 100 Meter Strecke. Immer steiler wird es zum Hochlager. Das feine Geröll wird gröber und die Steine werden zusehends größer. Bald balancieren wir nur noch auf riesigen Steinblöcken. Mit dem Bike auf dem Rücken ein sehr mühsames Unterfangen.

Ich bin auf 5600 Metern bedient für den heutigen Tag. Die weitere Strecke wird noch steiler und die Felsblöcke größer. Darüber dann ein großes Schneefeld. Pato, Frederico und Nico aber buckeln ihre Bikes noch ein paar Höhenmeter hinauf. Dann drehen auch sie um. Ich habe letzte Nacht nicht gut geschlafen und fühle mich noch nicht richtig angepasst an die Höhe. Mir geht es ein bisschen zu schnell nach oben. Alle übrigen fühlen sich den Umständen entsprechend gut, und so halten wir uns an unseren Zeitplan und steigen zu den Autos ab, um weiter hinunter ins Basislager zu fahren. Ein Ruhetag steht auf dem Programm, bevor wir einen Gipfelversuch starten wollen.

Chile

Auf dem Weg zum Hochlager auf 5600 Metern verliert sich die Pfadspur in dem felsigen Gelände. Ich beginne mich zu fragen: Wo nur sollen wir hier Rad fahren?

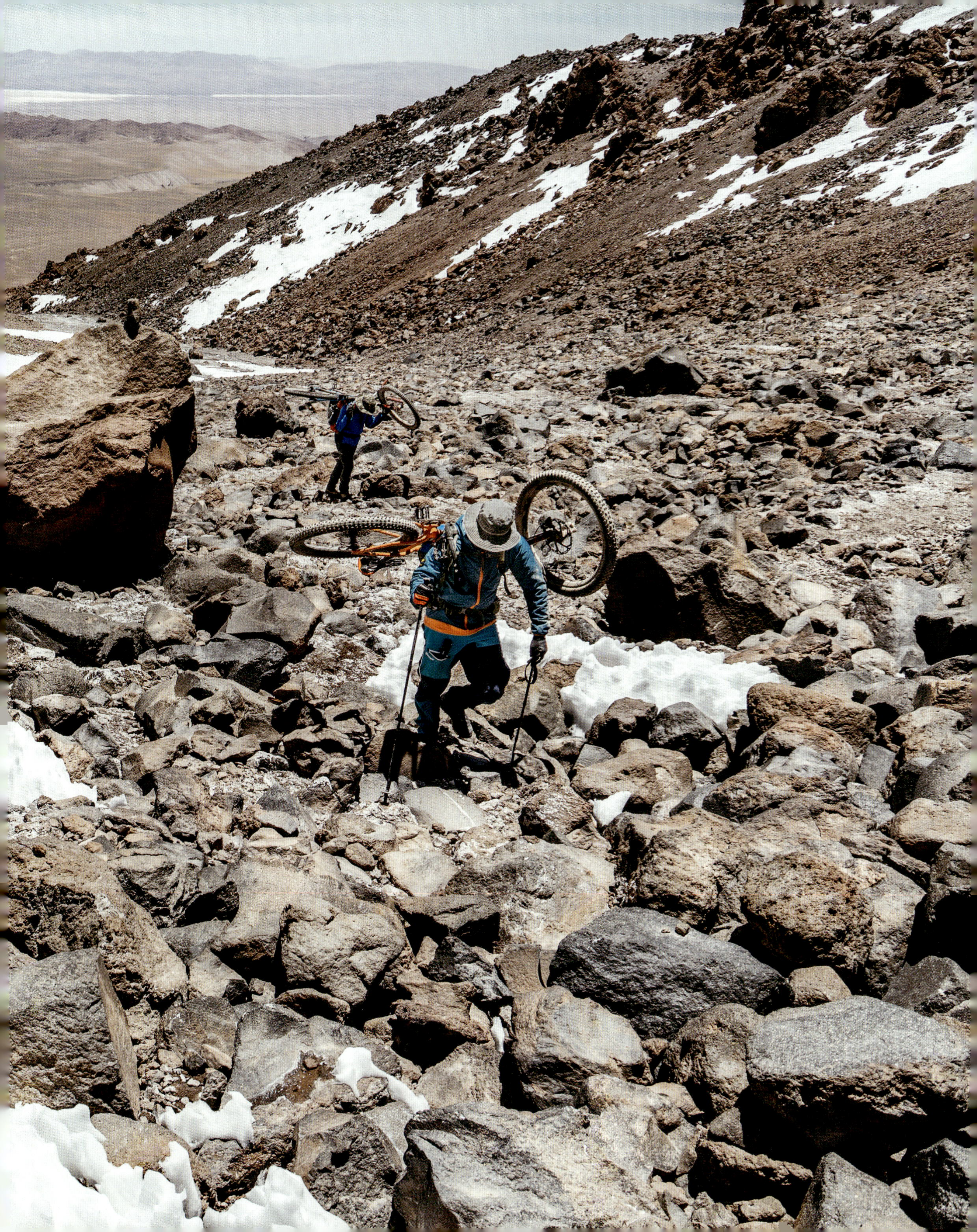

Alle schlafen lang am nächsten Morgen. Die letzten beiden Tage waren fordernd. Doch Martin und ich wollen noch mal eine Nacht weiter oben verbringen, um uns besser an die Höhe anzupassen. Also packen wir mittags unsere Sachen, um auf 5300 Metern unser Nachtlager aufzuschlagen. Die anderen erholen sich im Basislager. Es ist ein überwältigender Abend dort oben inmitten dieser grandiosen Vulkanlandschaft. In der Nacht werde ich wach, weil mir schlecht ist. Ich bekomme Schüttelfrost und muss mich übergeben. Auch am nächsten Morgen habe ich noch Kopfschmerzen und fühle mich nicht gut. Martin hat keine Probleme.

Der Rest der Mannschaft kommt herauf. Es gibt ein großes Hallo. Aber in meiner Verfassung kann ich den Gipfel sicher nicht mit ihnen erreichen. Schweren Herzens entscheide ich mich, mein Bike aus dem Hochlager zu bergen. Kein Berg ist es wert, die eigene Gesundheit ernsthaft zu gefährden. Meine Zweifel über die Fahrbarkeit des Geländes untermauern die Entscheidung unbewusst sicher noch.

Ich verabschiede mich wehmütig von meinen Freunden und bleibe noch eine Weile alleine sitzen, während sie weiter nach oben steigen. Die folgende Abfahrt zurück ins Basislager ist extrem anstrengend für mich, aber ein einmaliges Erlebnis. Völlig einsam in der Atacama-Wüste hinab über die endlosen Vulkanhänge zu den Hütten des Lagers. Ich bin überwältigt von der Schönheit der Ausgesetztheit in dieser lebensfeindlichen Gegend.

Lagerromantik in der Atacama-Wüste auf 5300 Metern: Abendessen aus der Tüte, ein traumhafter Sonnenuntergang und ein winziges Zelt für zwei.

Chile

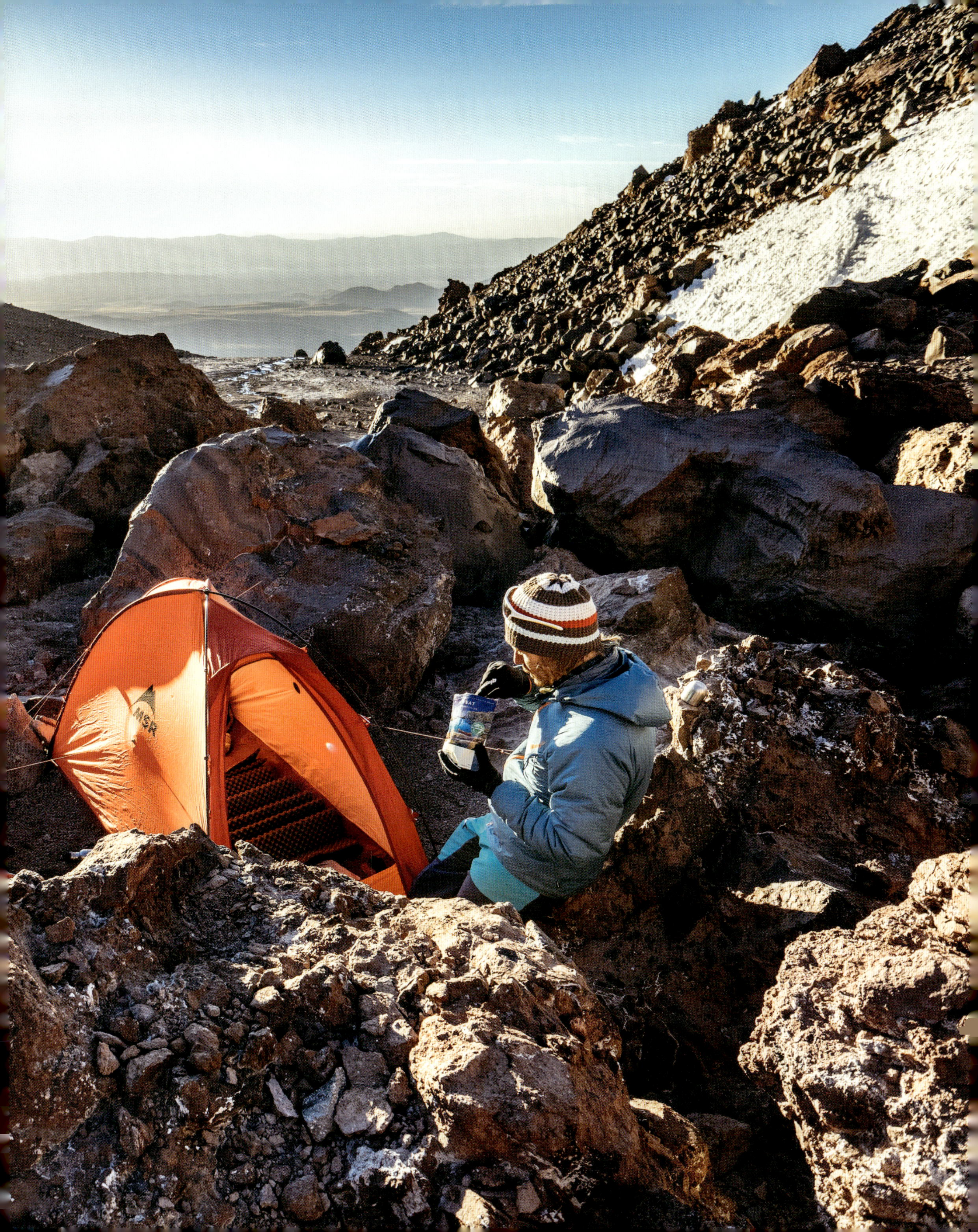
MSR

Pato und Frederico kämpfen sich im Sonnenaufgang in Richtung Gipfel. Um Mitternacht sind sie gestartet. – Sobald die Sonne am Horizont verschwindet, fallen die Temperaturen in den zweistelligen Minusbereich. Tagsüber brennt die Sonne unerbittlich. Die Belastungen für den Körper sind enorm (rechte Seite).

Von unten verfolge ich die Ereignisse am Berg über das Funkgerät: Bei minus 25 Grad startet der Rest der Gruppe um Mitternacht in Richtung Gipfel. Eine steile Rinne empor, dann, am Rande des Schneefeldes, Steigeisen anlegen. Vorsichtig weiter hinauf, auf einen Rücken zu. Die Felsen haben bald die Größe von Kleinwagen erreicht. Als die ersten wärmenden Sonnenstrahlen die Gruppe treffen, machen sie eine Pause. Die Orientierung ist schwer durch das Blockwerk. Martin ist als Erster gegen 14 Uhr am Gipfel. Der Rest erreicht um 15.30 Uhr den Gipfel auf 6739 Metern. Mit den Bikes auf dem Rücken! Was für eine Leistung! Sicher sind sie die Ersten, die von der chilenischen Seite ihre Fahrräder dort hinaufgetragen haben.

Lange verweilen sie nicht, es ist schon relativ spät. An Fahren ist zunächst aber nicht zu denken. Also heißt es bergab tragen. Alle sind extrem müde und schwach. Die erste längere Strecke fahren können sie auf dem Schneefeld. Hochkonzentriert einige Meter im Sattel, dann stehen bleiben und verschnaufen. In dieser Höhe ist biken extrem zermürbend, das kenne ich. Doch Ausblick, Gipfelerfolg, Gesamterlebnis, all das steht im Vordergrund bei solchen Unternehmungen.

Der riesige Geröllhang hinunter zum Lagerplatz von 5800 auf 5300 Meter ist dann aber noch ein fahrerisches Highlight für Pato, Frederico und Nico. Um 22 Uhr treffen sie, von den Strapazen gezeichnet, endlich im Basislager ein. Ich habe Spaghetti gekocht und heiße sie mit gefüllten Tellern herzlich willkommen. Die Freude über die Besteigung ist riesig. Es war ja nicht nur der Erfolg am Llullaillaco, sondern auch der krönende Abschluss von »Guardián del Valle«, dem gesamten Projekt von Patricio. Das Adrenalin hält sie noch lange wach und es wird die ganze Nacht kräftig gefeiert.

»Big Mountainbiking«, wie Pato und seine Freunde ihren Sport selbst nennen, ist mit dem Mountainbiken, wie ich es bis dato kannte, nicht zu vergleichen. Neben der für mich unzureichenden Akklimatisation kam ich rückblickend in Chile auch an die Grenzen meiner Vorstellungskraft. In den Alpen aufgewachsen, findet Mountainbiken für mich auf Wegen statt. Abseits von diesen habe ich nichts verloren, da ich die Umwelt zerstören würde. So eignen wir »Alpenbiker« uns bestimmte Fahrtechniken an, um schwierige Wege möglichst schonend zu befahren. Ebenso ist der Anblick eines schön angelegten Trails für mich eine Augenweide und Motivation.

Auf fast 7000 Meter hohen Vulkanen, wo keine Menschen unterwegs sind und es keine Wege gibt, gelten andere Spielregeln. Das Herangehen an die Geländewahl, die Fahrtechniken, der Blick für die Möglichkeiten, alles ist dort komplett anders. Auch wenn ich den Gipfel nicht gemeinsam mit meinen neuen Freunden erreichen konnte, war es eine wunderbare und lehrreiche Zeit, welche ich nicht missen möchte. Denn wie heißt es so schön: Ein Gipfel ist ein guter Grund, um aufzubrechen, aber niemals das alleinige Ziel einer Reise.

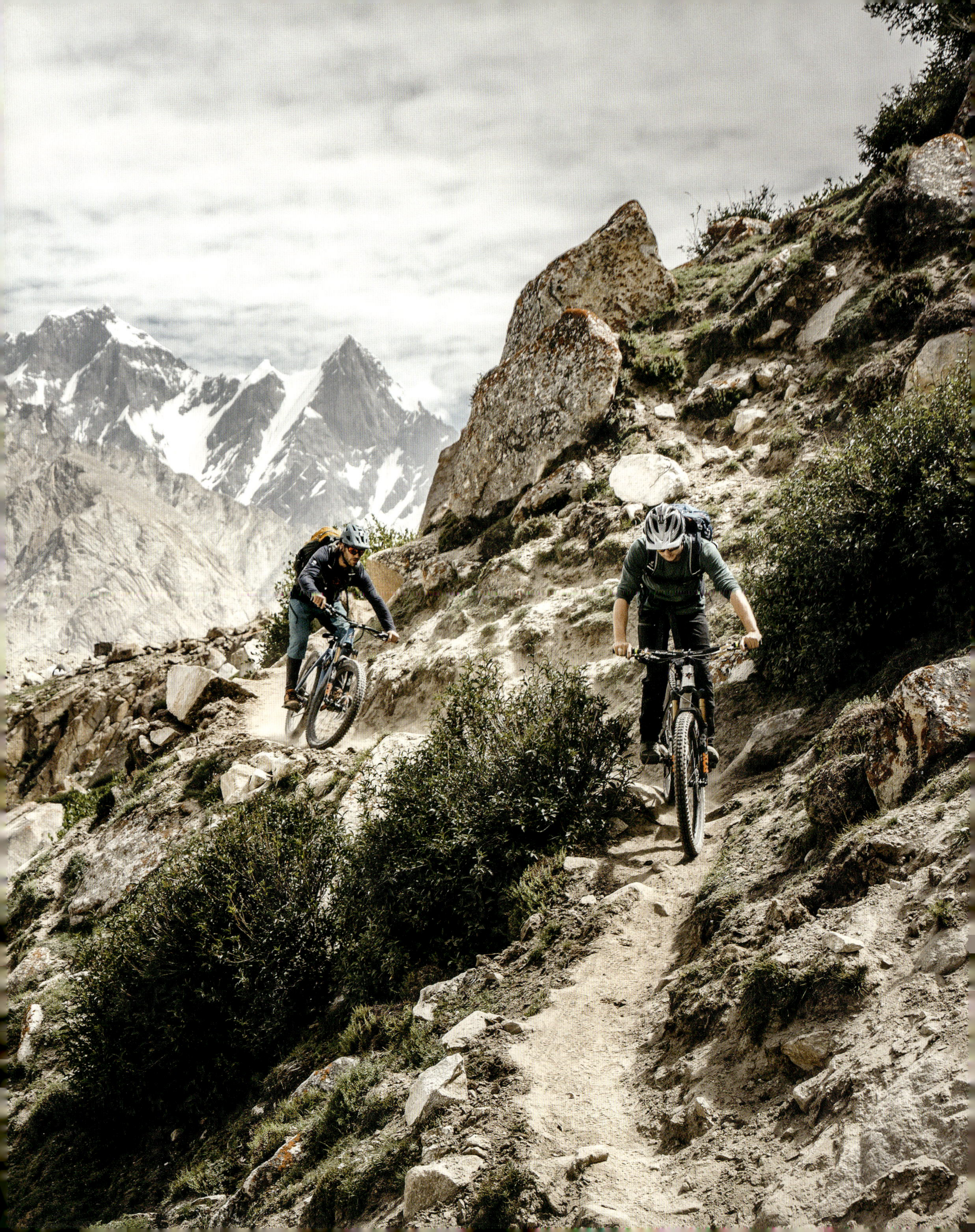

PAKISTAN:
EIN JUGENDTRAUM WIRD WAHR

»Auch wenn die Fahrräder mehr Zeit auf uns als wir auf ihnen verbracht haben, wir möchten keine Sekunde missen.«

– Gerhard Czerner –

In den letzten Jahren war ich auf fast allen Kontinenten unterwegs. Beim Radfahren, Bergsteigen und Klettern. Ich durfte viele der großen Gebirge dieser Erde erleben: den Himalaya und die Anden, den Kaukasus und den Tian Shan, die Torres del Paine und natürlich die Alpen. Doch einen Gebirgszug, welcher mich seit meiner Jugend begeisterte, konnte ich noch nicht besuchen: den Karakorum! Eines der steilsten und majestätischsten Gebirge der Welt.

Es war an der Zeit, diesen Traum endlich Realität werden zu lassen. Dass es nicht einfach werden würde, war klar. Dass es so hart werden würde, damit hatte ich nicht gerechnet. Die Reise geriet zu einer der beeindruckendsten meines bisherigen Lebens. Und ich bin unendlich dankbar für diese außerordentliche Zeit. Pakistan hinterließ mit seinen offenherzigen Menschen, den gewaltigen Bergen und der noch wilden, ungezähmten Natur vielfältige und wunderbare Eindrücke. Wieder einmal bestätigte sich mir: Eindrücke sind Abdrücke, die bleiben. Für immer.

Der Karakorum beherbergt vier über 8000 Meter hohe Berge und 63 eigenständige 7000er plus Nebengipfel. Jeden Tag unserer Reise sind wir aufs Neue von der steilen Bergwelt beeindruckt.

In Hushe, einem 3100 Meter hoch gelegenen Bergdorf, beginnt unsere Biketour. Am Abend gebe ich für die Kinder noch eine kleine Trialshow. Das ganze Dorf ist auf den Beinen und alle rufen: »Jump, jump!«

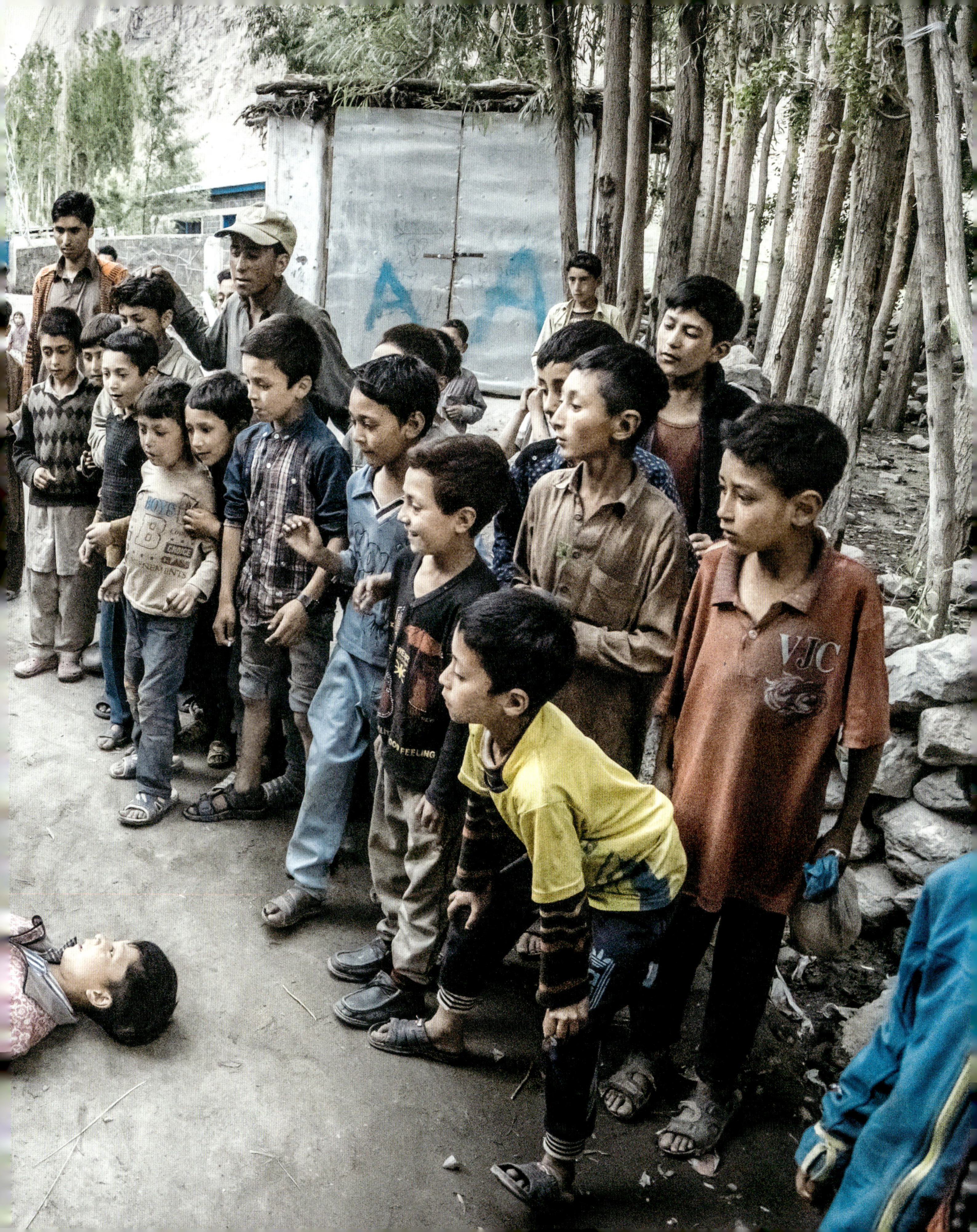
VJC

10 ZUM BEEINDRUCKENDEN CONCORDIAPLATZ IM KARAKORUM

»This is no city, this is mountain adventure.«

– Isaak, unser Guide –

In stockdunkler Nacht kämpfen wir uns schwer atmend seit Stunden an Fixseilen eine steile, vereiste Felswand hinauf. Die Steigeisen kratzen am Gestein und finden nur schwer Halt. Die Lunge brennt hier oben auf 5500 Metern, und nach jedem zweiten Schritt brauchen wir eine kleine Pause, um zu atmen. Die Fahrräder, welche auf unseren Rucksäcken festgezurrt sind, lassen unsere Last am Rücken auf über 20 Kilogramm anschwellen. Das Gleichgewicht zu halten ist eine echte Herausforderung in diesen kräftezehrenden Stunden. Noch haben wir die Hoffnung aber nicht aufgegeben, den Gondogoro La, die größte Hürde auf unserem Weg, zu überwinden ...

Als ich vor zwei Jahren mit der konkreten Planung begann, konnte ich nicht wissen, wie hart dieser Aufstieg werden sollte. Rückblickend war das auch gut so. Ich wollte mir einen Jugendtraum erfüllen und den Concordiaplatz im Norden Pakistans besuchen. Er gilt als das Herz des Karakorum. Hier vereinen sich zwei riesige Gletscher: der Godwin-Austen- und der Baltoro-Gletscher. An keinem Ort der Erde stehen mehr 7000 und 8000 Meter hohe Berge auf so engem Raum. Unter ihnen auch der »Berg der Berge«: der K2.

Nach der erfolgreichen Planung begab ich mich auf die Suche nach Reisegefährten. Mit Jakob Breitwieser fand ich einen motivierten Mountainbiker, mit Martin Bissig den passenden Fotografen und Filmer. Die Reaktionen auf unser geplantes Reiseland waren zu Hause im Vorfeld oft von Unverständnis und Vorurteilen geprägt. Kein Wunder, in westlichen Medien hört man im Zusammenhang mit Pakistan meist nur von Terror und Angst. Bei denjenigen, die das Land schon mal besucht hatten, verhielt es sich anders: Begeistert ermutigten sie uns.

Dann endlich ist Mitte August. Wir landen mit gemischten Gefühlen in Skardu, dem größten Ort in der Region Baltistan. Gelegen am Zu-

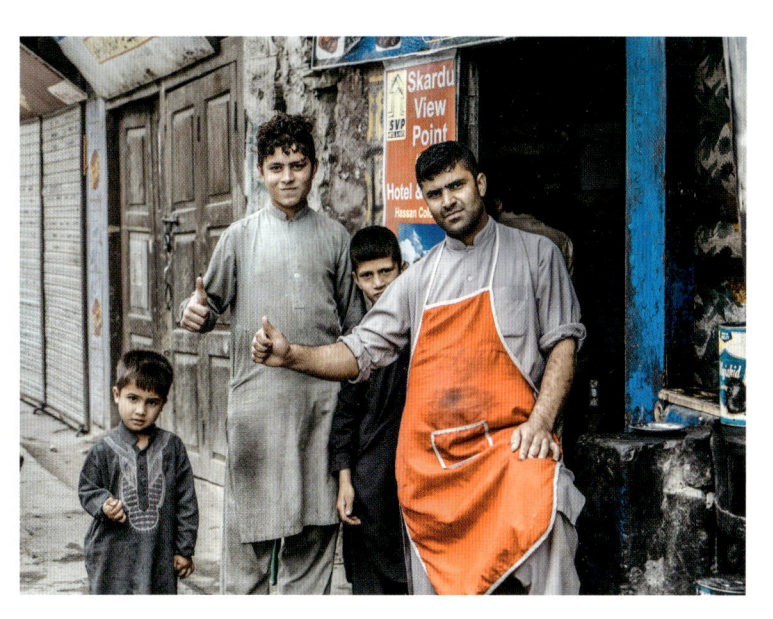

Nach Ankunft in Skardu, Hauptort der Region Baltistan in Pakistan, besichtigen wir mit den Bikes die 30 000-Einwohner-Stadt. Der Friedhofskomplex im Bezirk Qatal Gah (linke Seite) fasziniert uns ebenso wie das geschäftige Treiben in den Straßen. Ob Händler oder Handwerker – alle sind interessiert und herzlich.

Pakistan

sammenfluss von Shigar und Indus, letzterer entspringt in Tibet am heiligen Mount Kailash, ist die kleine Stadt Ausgangspunkt für alle bergsteigerischen Unternehmen im Karakorum. Wir sorgen mit unseren Bikes für große Aufregung auf der mit Hunderten Läden gesäumten Hauptstraße im Ort. Überall winken uns die Leute zu, bitten um gemeinsame Fotos, verwickeln uns in kurze Gespräche und laden uns zum Tee ein. Es scheint, als hätten Pakistans

Wir treffen einen Mann, der schon mit Reinhold Messner unterwegs gewesen war. Mit Isaak, unserem Guide, und der Trekkingagentur feilen wir an unserer Route.

Bewohner mindestens das gleiche Interesse an uns wie wir an ihrem Land. Mit dieser Herzlichkeit und Gastfreundlichkeit haben wir nicht gerechnet. Wir sind völlig überwältigt. Nach nur wenigen Stunden in Pakistan hat sich unser Bild des Landes völlig verändert.

In Skardu treffen wir auch unseren Guide für die nächsten zwei Wochen: Isaak, 60 Jahre alt, mit rauschendem Vollbart. Gemeinsam besprechen wir die Reisedetails. Noch nie habe er Radfahrer auf dem Trek gesehen, versichert er uns. Auf die Frage, ob Mountainbiken dort möglich sei, erhalten wir die Auskunft: »Ja, schon möglich. Inshallah!« Übersetzt bedeutet das so viel wie: »So Gott will.«

Wir gewöhnen uns schnell an diese Gottgefälligkeit der gläubigen Muslime hier vor Ort. Sie relativiert viele Dinge, deren Ausgang man eh nicht vorhersehen kann. Darüber hinaus erkundigen wir uns bei Touristen, die gerade zurück aus den Bergen kommen, nach ihrer Einschätzung der Bedingungen. Die ganze Palette an Möglichkeiten steckt in den Antworten. Von »Wir steckten hüfthoch im Schnee« bis »Ihr könnt sicher 70 Prozent fahren« ist alles dabei. Was sollen wir dazu sagen außer: »Inshallah!«

Zwei Tage dauert die Fahrt mit einem Jeep nach Hushe, Startpunkt unserer Mountainbiketour. Jakob wird hier leider von einem Magen-Darm-Virus heimgesucht und liegt flach. Wir sind froh, unsere Zelte im Garten eines sogenannten Guesthouse aufgebaut zu wissen. Das Haus ist extrem schmutzig und wir hätten die Nächte dort nicht verbringen wollen. Der eigene Schlafsack ist uns hier lieber.

Mit dem Bike rolle ich später durch das Dorf und werde innerhalb von Minuten zur Hauptattraktion. Die mir nachlaufende Traube von Kindern motiviert mich, meine Künste des Trialsports herauszukramen. Als ich beginne, auf Vorder- und Hinterrad zu hüpfen, Stufen rauf- und runterzuspringen, kennt die Menge kein Halten mehr. Applaus, lautes Anfeuern und unzählige, auf mich gerichtete Handykameras. Noch selten hatte ich ein so begeistertes Publikum. Allerdings komme ich ganz schön aus der Puste hier auf 3100 Metern. Ich muss regelrecht fliehen, um mich nicht völlig zu verausgaben.

Im dicht bepflanzten Garten treffen wir am Abend die restlichen Teilnehmer der Mannschaft. Fünf weitere Personen sind Teil unserer kleinen Reisegruppe: vier Träger und ein Koch. Allesamt machen sie auf uns einen freundlichen und extrem sportlichen Eindruck. Das Gepäck wird gewogen und gleichmäßig verteilt. Interessierte, aber auch skeptische Blicke werfen sie auf die Fahrräder. Was wohl in ihren Köpfen vorgeht?

Jakob fühlt sich am nächsten Morgen zum Glück besser, und so können wir uns auf die erste Etappe unserer Expedition begeben. Bis zum höchsten Punkt unserer Tour, dem Gondogoro La mit 5650 Metern, sind fünf Tage eingeplant. Das Hauptaugenmerk meiner Planung lag auf der Akklimatisation. Um erfolgreich über den Pass steigen zu können, müssen sich unsere Körper langsam an die Höhe anpassen. Dementsprechend gemächlich rollen wir aus dem Ort hinaus und genießen die ersten Meter auf unseren Rädern. Überraschenderweise ist der Weg flach angelegt und teilweise sogar von Steinen befreit worden. So können wir viel Zeit im Sattel verbringen und bergauf radeln. Die Berge ragen steil wie Pfeilspitzen in den Himmel. Um die Gipfel der uns umgebenden Granitriesen sehen zu können, müssen wir den Kopf in den Nacken legen. Beeindruckend!

Im ersten Camp auf 3600 Metern verbringen wir zwei Nächte, um uns an die Höhe zu gewöhnen. So kann auch Jakob weiter genesen. Tagsüber ist es unerwartet heiß und die Luft extrem trocken. Selbst auf dieser Höhe gibt es dichte Vegetation und sogar Bäume. Um der Hitze zu entgehen, starten wir am dritten Tag bereits um 5.30 Uhr morgens zu unserer nächsten Teilstrecke. An Fahren ist hier nicht mehr zu denken. Wir legen die Bikes auf die Rucksäcke. Der Pfad führt zu Beginn steil auf eine Gletschermoräne hinauf. Oben wird es flacher und Schieben ist wieder möglich. Stück für Stück geht es weiter empor. Vorne ragt der 7800 Meter hohe Masherbrum in den strahlend blauen Himmel. Links unten liegt der schuttbedeckte Gletscher.

Dort, wo die Pfade ausgetreten sind, können wir vor traumhafter Kulisse gut biken. Die ersten 7000 Meter hohen Berge tauchen auf. – Karakorum bedeutet übersetzt »schwarzes Geröll«. Auch die Flüsse transportieren die Steine mit lautem Rumpeln nach unten und sind von den Sedimenten grau verfärbt (linke Seite).

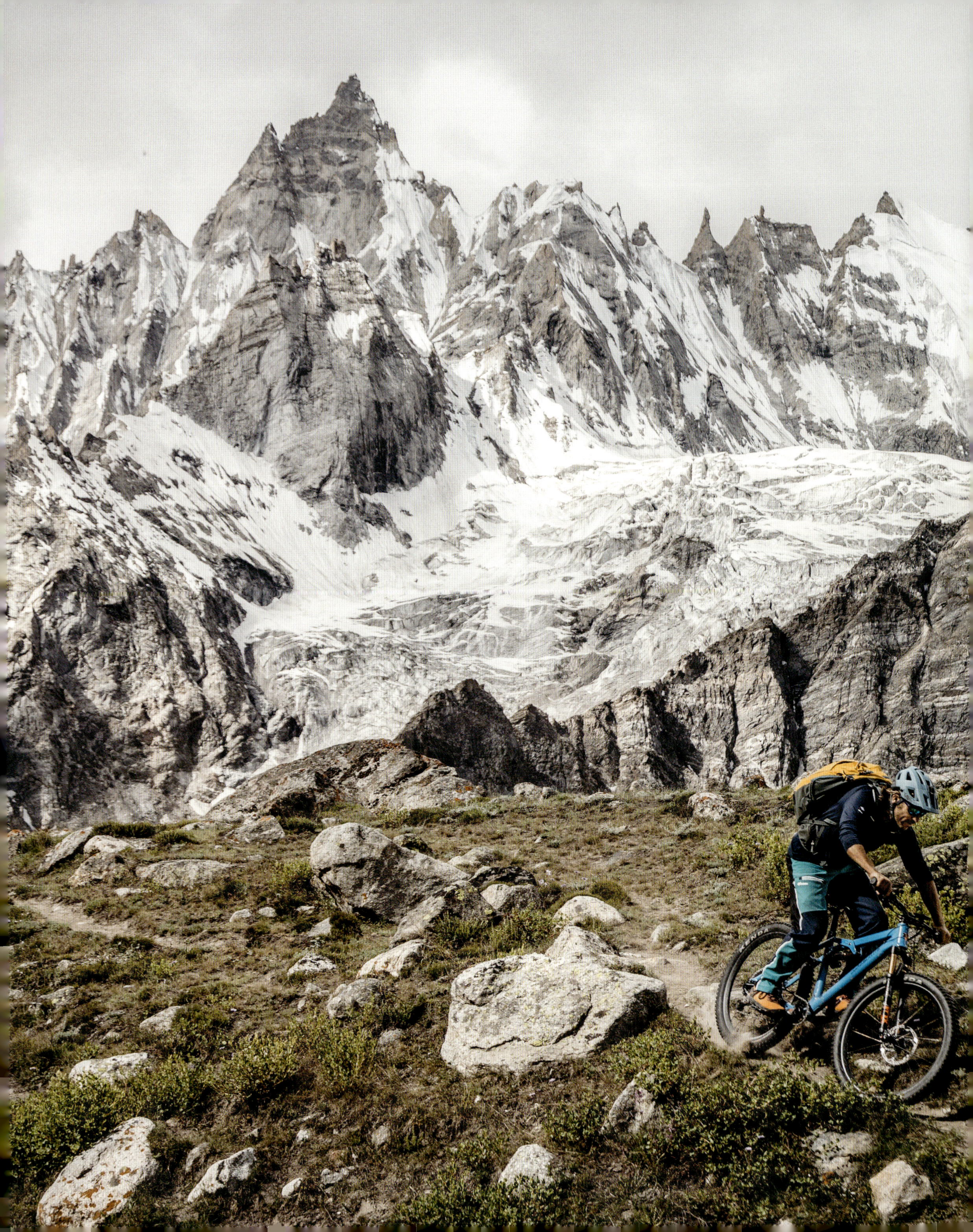

Auf 4100 Metern erreichen wir die bereits errichteten, leuchtend gelben Zelte und werden herzlichst empfangen. Die Träger laufen um vieles schneller, im Schnitt brauchen sie nur die Hälfte unserer Zeit. Die jungen Männer sind unglaublich fit, stets gut gelaunt und für jeden Scherz zu begeistern. Obwohl sie praktisch kein Englisch sprechen, finden wir immer einen Weg, um mit ihnen zu kommunizieren, und haben viel Spaß. So auch an diesem Abend. Die beiden Hühner, die von Hushe aus in einem Karton den Weg hierher getragen worden sind, haben weniger Grund zur Freude. Gackernd genießen sie die letzten Stunden, bevor sie am Abend im Kochtopf verschwinden. Biohuhn par excellence!

Erneut früher Aufbruch zum Camp vor dem Pass am nächsten Morgen. »Isaak, wie ist der Weg denn heute?«, erkundigt sich Jakob. Isaak grinst: »Too easy. No problem. Little biking.« Acht Stunden schieben und tragen wir daraufhin unsere Bikes bis zum Camp auf 4600 Metern. Erschöpft blicke ich zu Isaak. Auf meine Anmerkung, dass es heute gar nicht so »easy« war, erhalte ich freundlich zur Antwort: »This is no city, this is mountain adventure.« Jakob und ich müssen laut lachen. Für den Rest der Tour sollte das unser Mantra werden: Wir sind nicht in der Stadt. Dies ist ein Bergabenteuer! Wir wollten es ja so.

Dalsampa, unser Lagerplatz auf 4100 Metern, gehört zu den eindrucksvollsten, die ich kenne. Die Hängegletscher aus den steilen Wänden gegenüber fließen hinunter in den Gondogoro-Gletscher. Das Camp befindet sich auf der Seitenmoräne.

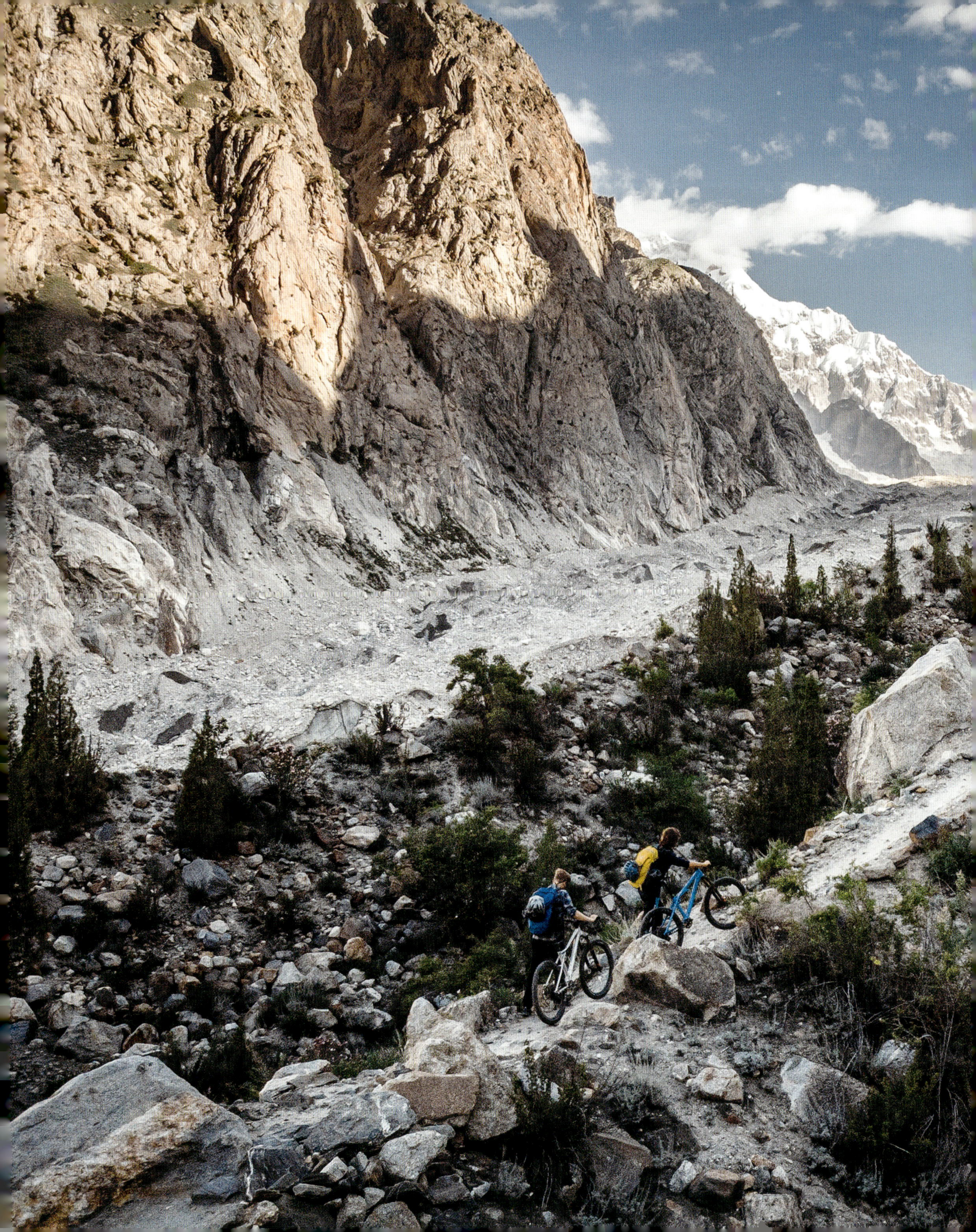

Der Gondogoro-Gletscher begleitet uns bis zum gleichnamigen Pass. Hinten links kommt der mächtige Masherbrum (7821 m) zum Vorschein. Langsam, aber stetig arbeiten wir uns der 4000-Meter-Marke entgegen.

Die scharfe Spitze des Laila Peak (Bildmitte) ragt in den gewaltigen Nachthimmel. – Den Aufstieg zum Gondogoro La, mit 5650 Metern höchster Punkt unserer Tour, beginnen wir um 21 Uhr. An Fixseilen sichern wir uns die steile Wand empor, klettern die ganze Nacht und sind bei Sonnenaufgang am Pass (rechte Seite).

Vor uns liegen noch über 1000 Höhenmeter zur Passhöhe. Um nicht den gesamten Aufstieg mit dem Gewicht der Räder am Rucksack bewältigen zu müssen, nutzen wir den kommenden Tag, um diese auf 5000 Metern zu deponieren. Diese Taktik kenne ich bereits vom Kilimandscharo. Die umliegenden Berge werden immer steiler und höher. Kurzatmig sitzen wir schließlich am Depot und schauen auf den vor uns liegenden Hang. »Das sieht echt steil aus.« Mehr bekomme ich nicht raus. Jakob nickt schweigend. Ziemlich erschöpft kehren wir am Nachmittag zurück zu den Zelten. Spannung liegt in der Luft. Wird es uns morgen gelingen, mit den Rädern den Pass zu erreichen? In diesem Moment fühlen wir uns gar nicht danach.

Die Nacht war erholsam, und so packen wir euphorisch unsere Ausrüstung und schmieden Pläne: Startzeit heute Abend 21 Uhr. Dann die Nacht hindurch laufen und um etwa fünf Uhr morgens die Passhöhe erreichen, bevor die Gruppen von der anderen Seite sich an den dort installierten Fixseilen nach unten bewegen und uns lose Steine auf den Kopf werfen können. Sicherheit geht vor Schlaf. Für den Weiterweg zum nächsten Lager rechnen wir mit vier Stunden. Die Ausrüstung ist durchaus über dem Standard einer klassischen Moutainbiketour: warme Bekleidung für bis zu minus 15 Grad, dicke Bergschuhe, Steigeisen, Wanderstöcke, Stirnlampe, Klettergurt und eine Steigklemme, damit wir uns in den Fixseilen einhängen können, um nicht abzustürzen. Das Briefing von Isaak fällt heute überraschend aus. Statt des sonst freundlichen »Too easy« bekommen wir mit ernster Miene die Auskunft: »Not easy. Little hard. But, Inshalla, you can do it.« Verunsichert sehen Jakob und ich uns an. Wir hatten es ja gestern schon vermutet. Nun haben wir die Bestätigung.

Pakistan

Pakistan

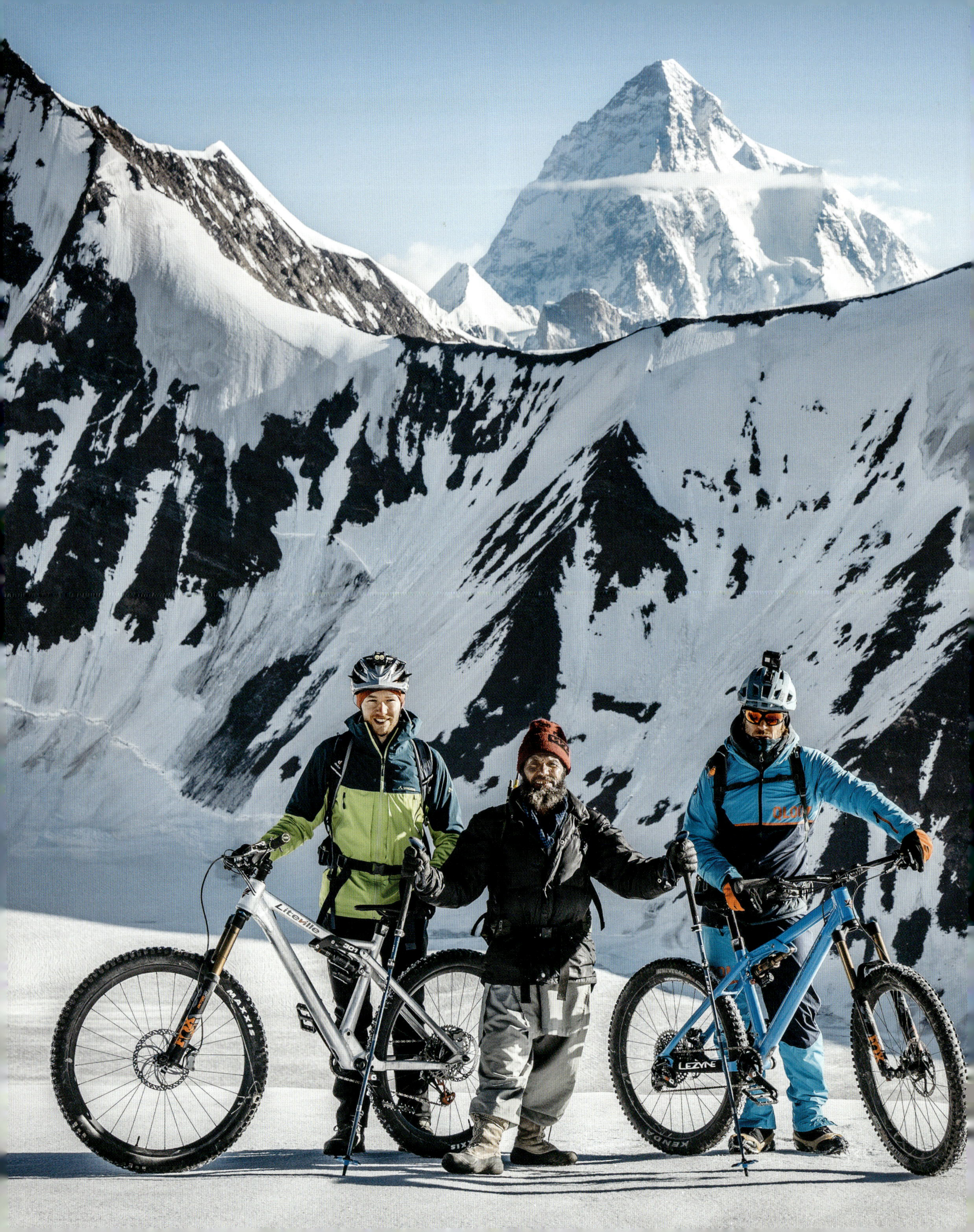
Liteville
MAXXIS
LEZYNE

Dick eingepackt geht es pünktlich los, begleitet von Tausenden Sternen. Als wir die Bikes um Mitternacht auf die Rucksäcke laden, hat jeder über 20 Kilo Gepäck. Wir stapfen langsam und schwer atmend durch die Nacht. Außer unseren eigenen Geräuschen herrscht absolute Stille. Das Gelände wird immer steiler. Bald ist der Untergrund vereist und die Steigeisen kommen zum Einsatz.

Kurz darauf beginnen die angekündigten Fixseile. Wie ein Geländer schlängeln sie sich nach oben in die finstere Nacht. Wir sind erleichtert, uns hier sichern zu können: Klettergurt anziehen, Steigklemme einhängen und weiter. Schritt für Schritt. Langsam. Sehr langsam. Zwischendurch gibt es senkrechte Abschnitte, welche ohne die Seile sicher unüberwindbar gewesen wären. Das Gewicht der Räder lastet schwer auf unseren Schultern. Es wird immer anstrengender. Die Zeit kommt uns endlos vor. Endlich hellt der Horizont auf und das Gelände wird flacher. Schließlich sind die ersten Bergsteiger und Träger im Abstieg und kommen uns entgegen. Um sie vorbeizulassen, müssen wir uns immer wieder aus den Seilen aushängen und in der Kälte zitternd warten. Fragende Blicke treffen uns.

Auch Guide Isaak ist froh, dass wir den Pass erreicht haben. Überwältigend strahlt die Gipfelpyramide des K2, mit 8611 Metern zweithöchster Berg der Erde, im Morgenlicht. – Fixseile führen durch die Gletscherspalten auf der anderen Seite des Gondogoro La nach unten. Fahrbar sind leider nur wenige Etappen (oben).

Gegen fünf Uhr morgens erreichen wir völlig ausgelaugt die Passhöhe auf 5650 Metern und fallen uns in die Arme. Der Gondogoro La erstreckt sich vor uns in seiner weißen Pracht. Wir haben es wirklich geschafft! Die aufsteigende Sonne wird kräftiger und wärmt unsere durchgefrorenen Körper. Wir gießen uns eine Tasse heißen Tee ein und genießen überwältigt die grandiose Aussicht. Vier der 14 Berge über 8000 Meter stehen in strahlendem Weiß vor uns: Gasherbrum 1 & 2, Broad Peak und der K2.

Auch Isaak ist sichtlich erleichtert, mahnt aber zum Aufbruch, denn der Abstieg ist noch lang. Wir treten in die Pedale und fahren los. Nach 300 Metern ist die Abfahrt aber bereits wieder vorbei: erneut Fixseile. Mist, so hatten wir uns das nicht vorgestellt. Durch Gletscherspalten hindurch schlängelt sich die seilversicherte Steigspur bergab in ein riesiges Gletscherbecken. Die Bikes schiebend, steigen wir vorsichtig hinunter. Am Talgrund ist die Schneeoberfläche völlig aufgeweicht. Immer wieder brechen wir bis zur Hüfte ein. Das Vorankommen ist eine Qual. Bis zum Camp Ali fahren wir keinen Meter mehr. Ein kurzer Blick auf das Handgelenk: elf Uhr.

Nach einer Tasse Nudelsuppe und einem kurzen Nickerchen beschließen wir dennoch, den jungen Tag zu nutzen, um weiter zum Concordiaplatz zu gelangen. Wie üblich erkundigen wir uns bei Isaak über die Strecke und bekommen erfreulicherweise wieder zu hören: »Too easy. No problem! Biking!« Diesmal hat er recht. Auf dem riesigen Baltoro-Gletscher können wir biken. Wie Ameisen kommen wir uns angesichts der Dimensionen vor. Praktisch alle umliegenden Berge sind höher als 6500 Meter. Weit vorne thront der K2 mit 8611 Metern. Eine wahrlich riesige Berggestalt. Zu seinen Füßen liegt der Concordiaplatz, der »Thronsaal der Berggötter«, wie ihn ein amerikanischer Jour-

Pakistan

nalist nannte. Ihn erreichen wir erst um 19 Uhr. 22 Stunden waren wir unterwegs, mit nur zwei Stunden Pause. Sicher einer der längsten und anstrengendsten Tage unseres Lebens! Aber auch einer der beeindruckendsten. »This is no city! This is mountain adventure ...«, lacht mir Jakob müde zu.

Der mit schwarzem Geröll bedeckte Baltoro-Gletscher ist 62 Kilometer lang. Ihm folgen wir talauswärts. Der Gletscher ist ständig in Bewegung: Eistürme bilden sich und vergehen wieder. – Am Concordiaplatz treffen sich Godwin-Austen- und Baltoro-Gletscher. Im Hintergrund der K2, den Gipfel des Broad Peak (8051 m) verdeckt gerade mein Hinterreifen (linke Seite).

Pakistan 231

Pakistan

Großer Respekt gebührt den Trägern vor Ort, ohne die wohl kaum ein Tourist diese Touren überstehen würde. Mit einem Bruchteil der Ausrüstung, welche wir zu benötigen glaubten, sind sie unterwegs. Viele laufen mit einer Art Gummi-Gartenschuhe tagelang über den Gletscher. Selbst für die steilen, vereisten Passagen am Gondogoro La verwenden sie keine Bergschuhe oder Steigeisen wie wir. Sie stülpen sich einfach Wollsocken über die Gummischuhe, um auf dem Eis nicht zu rutschen!

Nach einem gemütlichen Ruhetag geht es weiter. Das große Ziel, der Concordiaplatz, ist zwar erreicht, aber noch sitzen wir auf dem Gletscher inmitten der Bergriesen. Das Ende der Tour befindet sich erst in einem kleinen Bergdorf namens Askole. Vier Tage planen wir bis dorthin. Drei Tage stolpern wir mit unseren Fahrrädern mehr schiebend als fahrend über den schuttbedeckten Gletscher, bevor dieser abrupt endet. Danach führt der Weg am Ufer des Gletscherflusses Braldu entlang. Das ständige Auf und Ab und die Millionen Steine, welche das Eis über weite Strecken völlig bedecken, machen ein Fahren weiterhin oft unmöglich. Trotzdem ist es ein einmaliges Erlebnis, in dieser eindrucksvollen Welt aus Granit und Eis unterwegs sein zu dürfen. Und jeder rollbare Meter ist ein kleines Highlight. Zu unserem Glück entpuppt sich wenigstens die letzte Tagesetappe als fast durchgehend fahrbar.

Geröll macht das Vorankommen anstrengend. Und immer wieder heißt es, auf Gletscherseen achtzugeben. – Mit 7932 Metern reicht der markante Gasherbrum IV fast an die magischen 8000 Meter. Auch in den Bergen sind die Begegnungen mit den Pakistani immer freundlich. Der Karakorum zeigt einmal mehr seine Imposanz (linke Seite).

Pakistan

Unsere immer gut gelaunte Mannschaft hat uns fantastisch unterstützt. Ohne sie wäre die Tour nicht möglich gewesen. Danke! – Wir haben Glück, dass alle Brücken in relativ gutem Zustand sind. Denn manchmal reißt das Wasser eine Brücke davon und haarsträubende Bachüberquerungen sind die Folge (linke Seite).

Die Abende dieser letzten Tage nutzen wir, um unseren Trägern einen Wunsch zu erfüllen: Sie wollen das Radfahren lernen. Was für ein Spaß für alle Beteiligten! Und tatsächlich, am Ende der Tour beherrscht es jeder Einzelne von ihnen. Unsere kleine Abschiedsfeier dann in Askole ist sehr emotional. Alle sind glücklich über den reibungslosen Verlauf der Tour und doch ein bisschen traurig über das Ende der gemeinsamen Zeit. Wir haben das Gefühl, unsere Mannschaft hatte Gefallen an uns und unserer ungewöhnlichen Idee gefunden, das große Karakorum-Trekking mit den Mountainbikes zu versuchen. Und natürlich sind sie begeistert vom Radfahren.

Selbst wenn rückblickend unsere Fahrräder mehr Zeit auf uns verbracht haben als wir auf ihnen, auch wenn es die wohl anstrengendste Radexpedition unseres Lebens war: Wir möchten keine Sekunde davon missen. Wir sind uns sicher, viele der Begegnungen wären ohne unsere Fahrräder im Gepäck nicht so intensiv ausgefallen. Manchmal habe ich das Gefühl, das Fahrrad ist wie ein Zauberstab, der Sprachbarrieren und Berührungsängste auf magische Weise überwinden hilft. Pakistan, wir kommen wieder: »Inshalla!«

REGISTER

Abincun 116, 135, 137
Aconcagua 191
Ägäis 75, 76
Al-Hawiyah 91
Alpen 32, 47, 50, 51, 61, 213
Anden 191, 195
Arabische Halbinsel 79, 97
Aroumd 35
Askole 233, 234
Atacama, -Wüste 191ff., 194, 196, 204, 208
Atlasgebirge, Hoher Atlas 30, 32, 34
Azoren 98–113
Balcony Walk 85, 88
Baltistan 216, 217
Baltoro-Gletscher 230, 231
Bandas-Camp 161, 162
Broad Peak 231
Caldeira Velha 113
Cathedral Trail 109
Chile 190–211
China 115–137
Chogoria-Route 154, 160, 162
Concordiaplatz 216, 230, 230, 233
Cusco 204
Dalsampa 223, 236
Deqin 122
Djebel Shams 85, 86, 87
Djebel Toubkal 29, 32, 33, 36ff., 40, 68
Dolomiten 47ff., 52, 53, 54, 60, 61
Duokha La 115, 128, 129, 131
Elbrus 26
Faial da Terra 110
Furnas, Valle das Furnas 109, 111
Gasherbrum IV 233
Gilman's Point 167, 178, 179, 184
Gondogoro La (-Pass) 216, 220, 226, 229, 236
Gondogoro-Gletscher 223, 225
Griechenland 62–77
Grödner Joch (Passo Gardena) 48, 51, 60
Horombo Hut 172, 173, 183
Hushe 214, 219
Imlil 32, 34, 35, 45

Israel 236
Italien 46–61
Juriques 198
K2 229, 230
Karakorum 213ff., 221, 233
Kaukasus 26, 213
Kenia 138–165
Khan Tengri 26
Khawa Karpo 118ff., 121, 135, 236
Kibo 167, 171, 174, 179
Kibo Hut 167, 173, 174, 176, 184, 189
Kilimandscharo 142, 167, 170ff., 180, 183
Lago Fedaia 54
Lagoa do Fogo 109, 236
Laila Peak 226
Langkofel 59, 61
Licancabur 198
Lijiang 118
Litochoro 68, 75
Llullaillaco 194, 200, 201ff., 211
Mackinder Valley 147, 152, 153
Marmolata 53, 54, 55, 61
Marokko 28–45
Marrakesch 45
Masherbrum 221, 236
Maskat 97
Matterhorn 50
Mawenzi (-Peak) 168, 173, 177, 184, 189
Montblanc 32, 50, 201
Moshi 171
Mount Kenya 139, 142, 143, 144, 151, 154, 164, 194
Mount Meru 184
Mytikas 63, 70, 71
Nizwa 89, 91
Old Moses Camp 142
Olymp 63, 66ff., 68, 69, 71, 75, 76, 236
Oman 78–97
Osttibet 115–137
Pakistan 212–235, 236
Pico Alto 105, 107, 110
Plateau der Musen 65, 71
Point Lenana 152, 154, 157, 160

Anhang

BILDUNTERSCHRIFTEN

Pordoi (-Pass) 51, 53, 56
Praia Formosa 107
Ramlat a-Wahiba 89, 91, 92
Refugio Seo 63, 69, 71
Sahara 36, 40
Salar de Atacama 200
Salar de Loyoques 200
San Pedro de Atacama 196, 197, 198, 200
San Pedro de Atacama 22, 193, 196, 197
Santa Barbara 104, 105
Santa Maria 102, 107
Santiago de Chile 194, 195
São Miguel 99, 102, 103, 107, 109, 111, 236
Sella (-Gruppe, -Joch, -Pass, -Ronda) 47, 50, 52, 53, 56, 59, 60
Sete Cidades 107
Shangri-La (Zhongdian) 118, 212
Shipton's Camp 144, 145, 154, 158
Sidi Chamharouch 36
Simba Col 160
Skardu 216, 217, 219
Stella Point 178, 184
Sur 79, 95, 97
Tansania 166–189
Uhuru Peak 167, 170, 184, 186
Vale das Furnas 111
Valle de la Luna 193
Vila Franca do Campo 109
Wadi An Nakhur 83, 85, 86
Wadi Bani Khalid 96, 97
Yosemite-Nationalpark 26
Zebra Rock 172, 173, 189

Umringt von einer Schar Neugieriger in Hushe, einem Bergdorf in Pakistan (Seite 1)

Auf ausgesetzten Wegen in der Judäischen Wüste in Israel (Seite 2/3)

Ein wenig Überwindung hat es uns gekostet, über die wackelige Hängebrücke in Pakistan zu laufen. Manchmal schwappen die Wellen des Braldu sogar über die Brücke. (Seite 8/9)

Einer der schönsten Lagerplätze, die ich kenne: Dalsampa auf 4100 Meter Höhe, am Aufstieg zum Passübergang Gondogoro La in Pakistan, Karakorum. Momente wie diese lassen mich stets von Neuem aufbrechen. (Seite 10/11)

Die Vielfältigkeit der Landschaften unserer Erde fasziniert mich immer wieder. Wenn dann noch so schöne Trails hindurchführen wie hier in Israel nahe des Toten Meeres, umso besser. (Seite 12/13)

Unterschiedliche Kulturen und Religionen führen zu verschiedenen Bräuchen. Auch wenn wir vieles nicht verstehen, spüren wir doch die Besonderheit der Orte. So auch in Osttibet auf dem Pilgerweg um den heiligen Berg Khawa Karpo. (Seite 14/15)

Sonnenaufgang am Lagoa do Fogo, dem »Feuersee« auf São Miguel, größte Insel der Azoren. Der Kratersee liegt in der Inselmitte in der inneren Caldera des Schichtvulkans Água de Pau. (Seite 16/17)

Schon als Kind fand ich es spannend, im Zelt zu übernachten. Noch heute fühle ich mich dort oft wohler als in einem Hotel. Selbst wenn, wie hier am Olymp in Griechenland, der Wind die ganze Nacht an den Zeltwänden rüttelt und einen fast nicht schlafen lässt. (Seite 18/19)

Ich empfinde es stets als Privileg, in eindrucksvollen Landschaften wie hier in Pakistan unterwegs sein zu dürfen. Der Anblick des 7821 Meter hohen Masherbrum lässt uns spüren, wie klein wir Menschen sind. (Seite 20/21)

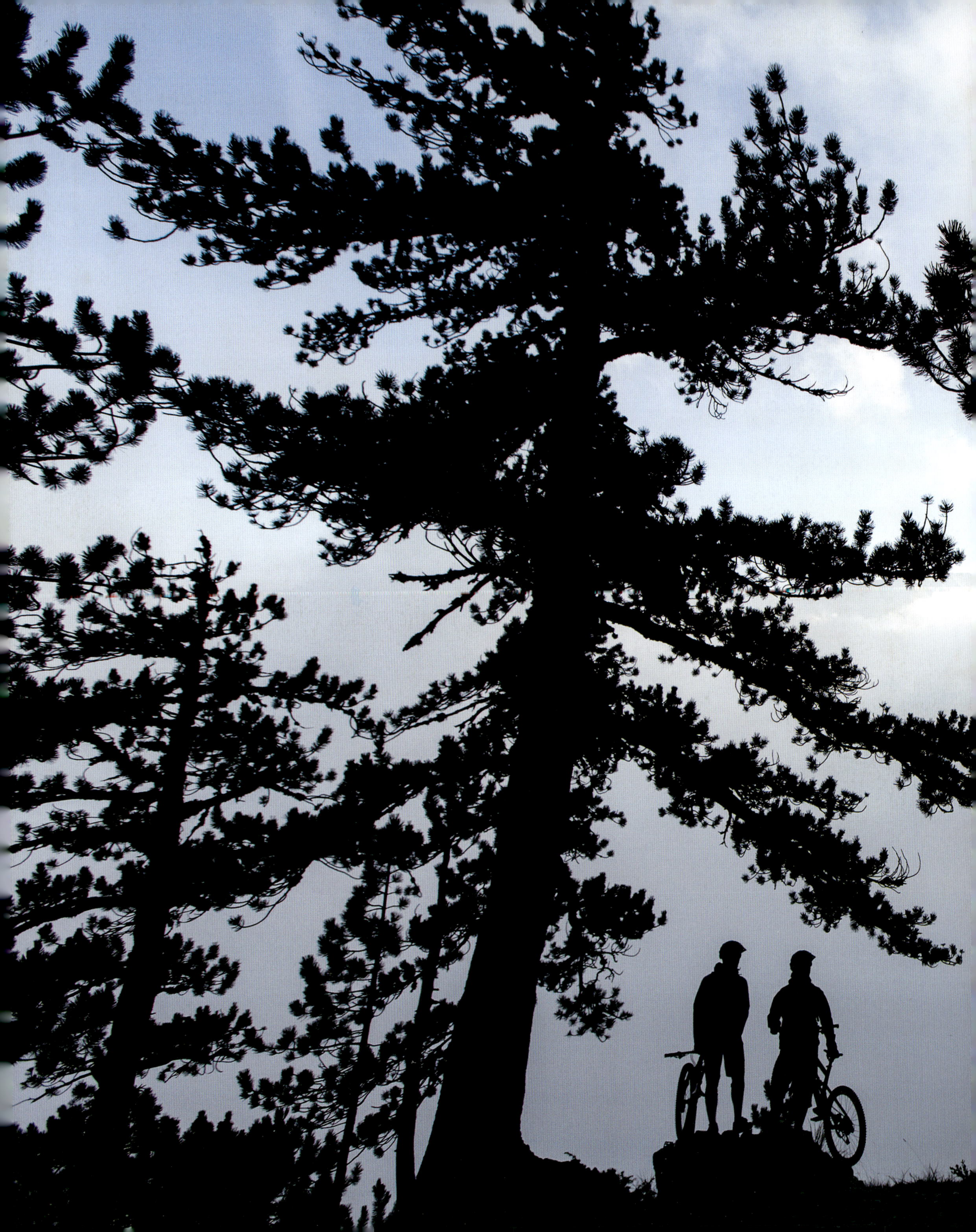

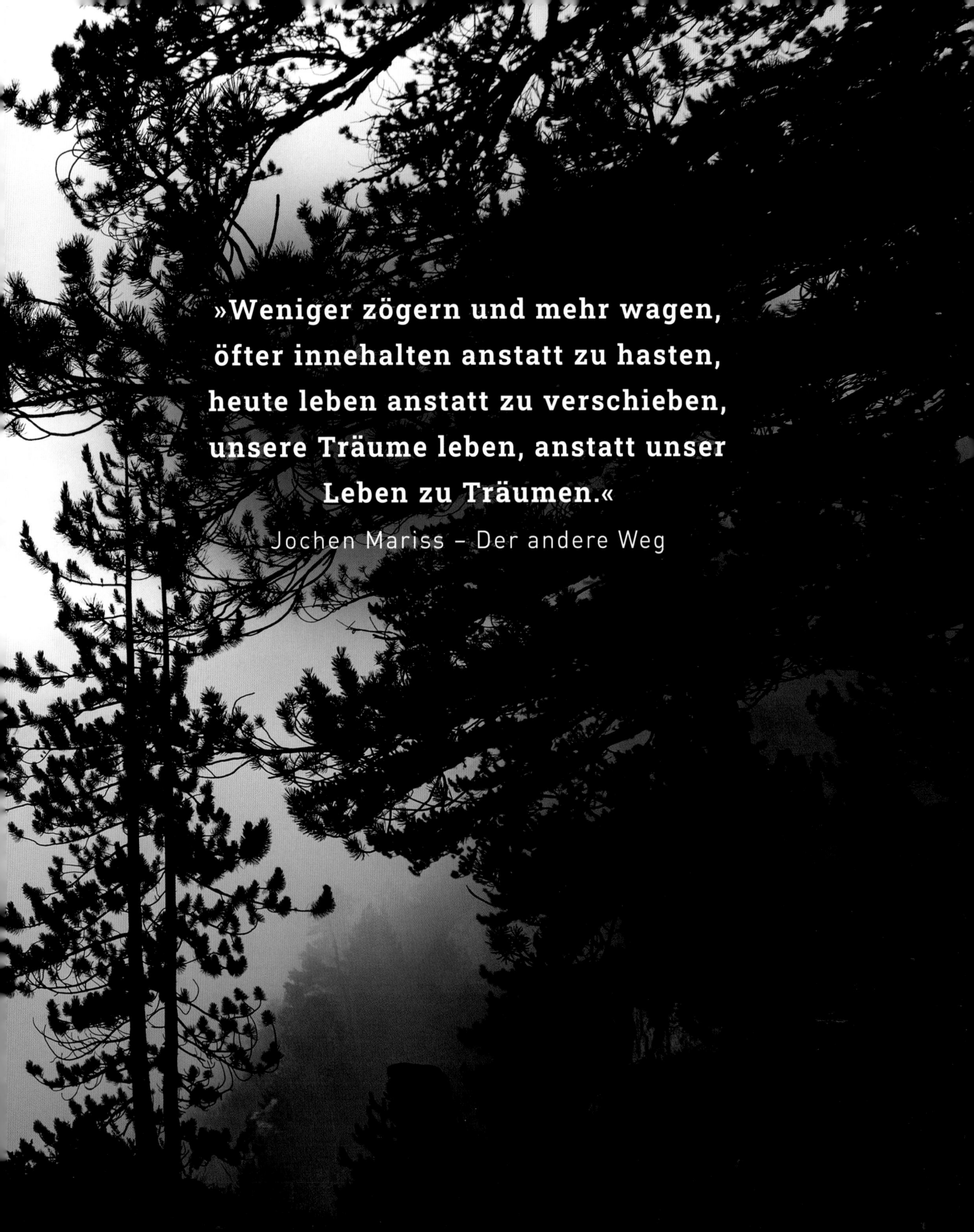

> »Weniger zögern und mehr wagen,
> öfter innehalten anstatt zu hasten,
> heute leben anstatt zu verschieben,
> unsere Träume leben, anstatt unser
> Leben zu Träumen.«

Jochen Mariss – Der andere Weg

IMPRESSUM

Verantwortlich: Joachim Hellmuth
Redaktion: Michaela Zelfel
Art Direction: Peter Feierabend
Design: Frank Behrendt
Umschlaggestaltung: Leeloo Molnar
Repro: LUDWIG:media, Zell am See
Kartografie: Heidi Schmalfuß Kartografie, München
Herstellung: Bettina Schippel
Printed in Italy by Printer Trento

★★★★★

Sind Sie mit diesem Titel zufrieden? Dann würden wir uns über ihre Weiterempfehlung freuen.
Erzählen Sie es im Freundeskreis, berichten Sie Ihrem Buchhändler, oder bewerten Sie bei Onlinekauf.
Und wenn Sie Kritik, Korrekturen, Aktualisierungen haben, freuen wir uns über Ihre Nachricht an Bruckmann Verlag, Postfach 40 02 09, D-80702 München oder per E-Mail an lektorat@verlagshaus.de

Unser komplettes Programm finden Sie unter

🌐 www.bruckmann.de

Alle Angaben dieses Werkes wurden vom Autor sorgfältig recherchiert und auf den neuesten Stand gebracht sowie vom Verlag geprüft. Für die Richtigkeit der Angaben kann jedoch keine Haftung übernommen werden, weshalb die Nutzung auf eigene Gefahr erfolgt. Insbesondere bei GPS-Daten können Abweichungen nicht ausgeschlossen werden. Sollte dieses Werk Links auf Webseiten Dritter enthalten, so machen wir uns die Inhalte nicht zu eigen und übernehmen für die Inhalte keine Haftung.

In diesem Buch wird aus Gründen der besseren Lesbarkeit das generische Maskulinum verwendet. Weibliche und anderweitige Geschlechteridentitäten werden dabei ausdrücklich mitgemeint, soweit es für die Aussage erforderlich ist.

Empfehlung der Redaktion
Sie sind auf der Suche nach weiterführender Literatur? Dann empfehlen wir Ihnen den Bildband »Eis und Palmen – Mit Rad und Ski über die Alpen« von Jochen Mesle und Max Kroneck. Sowie das Handbuch »Deutschlands schönste Radfernwege« von Thorsten Brönner.

Bildnachweis: Alle Bilder im Innenteil und auf dem Umschlag stammen von Martin Bissig. Mit Ausnahme von S. 22–27 (alle aus Privatarchiv) sowie S. 67 von Stefan Etzel.

Umschlagvorderseite:
Am Eingang des Charakusa Tals im Karakorum, Pakistan
Umschlagrückseite:
Hauptbild oben rechts: Fahrspaß auf der größten Insel der Azoren: Sao Miguel.
Links: Traumhafte Abendstimmung auf Sao Miguel, Azoren (oben), Trialeinlage in einem Fischerdorf, Azoren (Mitte).
Auf dem Pilgerweg des Khawa Karpo, Tibet (unten). Rechts unten: Im Old Moses Camp am Mt. Kenya.

Die Deutsche Nationalbibliothek verzeichnet diese Publikation in der Deutschen Nationalbibliografie; detaillierte bibliografische Daten sind im Internet über http://dnb.d-nb.de abrufbar.

1. Auflage 2021
© Bruckmann Verlag GmbH
Infanteriestraße 11a
80797 München

ISBN: 978-3-7343-2024-8

Gerhard Czerner ist seit vielen Jahren als Rad fahrender Reisejournalist unterwegs und verwirklicht dabei Reiseträume. Seine spannenden Reportagen werden international in vielen Magazinen veröffentlicht. Auf Reisen geht es ihm mehr um Erfahrung als um Befahrung. Das Unterwegssein steht für ihn stets vor der sportlichen Leistung – seine Wettkampfkarriere liegt weit zurück. Als Fahrtechnik-Trainer und Tourguide ist er weltweit unterwegs. Der Naturliebhaber und Radsportler ist gleichzeitig auch Bergsportler. Die Erfahrungen aus beiden Bereichen, machen viele seiner Bike-Expeditionen erst möglich.

Martin Bissig gilt als einer der meist publizierten Outdoor- und Mountainbikefotografen in Europa. Im 2018 und 2019 waren seine Reiseberichte in über 100 Veröffentlichungen in mehr als 25 Ländern zu sehen. Für das Schweizer Fernsehen hat er für mehrere Outdoor-Projekte die Kamera und die Drohne bedient. Seit Januar 2019 ist Martin Bissig als zweiter Schweizer offizieller Canon Europe Ambassador. Er ist auch als Canon Academy Trainer sowie als Dozent tätig.